TOTEM

Jake Hinkson est originaire de l'Arkansas. Né en 1975, ce fils de prêcheur baptiste découvre en cachette à quatorze ans le roman policier. Les deux obsessions de ses jeunes années – la religion et le crime – l'habitent encore aujourd'hui. Il vit à Chicago, où il passe le plus clair de son temps à écrire et à fréquenter les salles de cinéma.

AU NOM DU BIEN

Digne héritier de Jim Thompson et de Harry Crews, l'auteur dézingue dans ce roman furieusement noir et cynique une Amérique bigote corsetée par une morale hypocrite où, au nom du bien, le pire est toujours possible. Diablement féroce !

L'Obs

Après *L'Enfer de Church Street* et *Sans lendemain, Au nom du Bien* enfonce le clou avec une rage jouissive. Admirateur de Flannery O'Connor et de Jim Thompson, Hinkson livre un texte polyphonique, radicalement noir, portrait au tranchoir d'une petite communauté étouffante, prisonnière de valeurs hypocrites et d'une morale d'un autre âge.

Télérama

Le récit prend des virages serrés sans jamais déraper. Les personnages acquièrent une densité, une émotion et une rage rares.

Lire

Jake Hinkson démasque les voies impitoyables du puritanisme. Sous la bigoterie couvent la frustration, l'intolérance et la violence. Tartuffe se porte bien en Amérique. Et il vote Trump !

Paris Match

Un roman choral aux dialogues corsés (formidablement traduits), et d'une noirceur qui vire au rouge sang. Jake Hinkson n'a pas son pareil pour épingler cette Amérique de culs-bénis et de cons en sursis, de donzelles rebelles et de brebis galeuses. Il met surtout l'accent sur l'hypocrisie du pasteur, sur ses petits arrangements avec le Ciel et ses grands écarts avec lui-même.

L'Express

DU MÊME AUTEUR

Ainsi va le monde, 2024

Rattrape-le !, 2022

Sans lendemain, 2018 ; totem n°119

L'Homme posthume, 2016

L'Enfer de Church Street, 2015 ; totem n°85

Jake Hinkson

AU NOM DU BIEN

Roman

Traduit de l'américain
par Sophie Aslanides

TOTEM

TOTEM n°169

Titre original : DRY COUNTY

ISBN 978-2-35178-772-4
ISSN 2105-4681

Illustration de couverture © Mathieu Persan
Conception graphique de la couverture : Valérie Renaud

Pour mon ami, Oliver Gallmeister

I

Samedi matin

1

Richard Weatherford

Le portable posé sur ma table de nuit se met à vibrer juste avant le lever du jour. Je crains tout d'abord que quelque chose soit arrivé à un membre de ma paroisse. Plus d'une fois, j'ai été réveillé par l'annonce d'un accident de voiture, ou d'un incendie qui a ravagé la maison d'une famille, ou par l'appel d'un paroissien bouleversé par le pronostic pessimiste d'un cancérologue. Ne prenant qu'un instant pour me frotter les yeux et sortir du sommeil, je me prépare à entendre une affreuse nouvelle de ce genre, mais lorsque j'approche l'écran bleu de mon visage et que je vois le numéro de Gary s'afficher, j'étouffe un juron. Je sors du lit le plus doucement possible et, le téléphone tressautant dans ma main, je réussis à traverser la chambre sans réveiller ma femme.

— Tu peux parler ? demande-t-il.

Mes pieds nus avancent lourdement sur le plancher frais tandis que je me dépêche de m'éloigner des portes des chambres où mes enfants dorment. Je descends les marches de l'escalier deux par deux. Une fois que j'ai atteint le bas sans encombre, j'entre dans la cuisine et je chuchote :

— Il est quatre heures du matin.

— Cinq, fait-il, il est plus près de cinq heures.

Je jette un coup d'œil à l'heure sur le four à micro-ondes. 4 h 56.

J'ai envie de lui hurler dans les oreilles mais je ne peux pas, alors j'énonce d'une voix rauque, étranglée et furieuse :

— Je suis au lit avec ma femme.

— Tu me parles depuis ton lit ?

— Non. Je suis descendu en vitesse quand mon portable s'est mis à vibrer.

Bien que j'essaye de parler doucement, ma voix se répercute dans les grands espaces vides de ma maison. J'ai toujours aimé notre énorme cuisine qui donne directement dans la salle à manger, qui à son tour ouvre sur le salon occupant tout le devant de la maison. Cependant, ces vastes volumes paraissent maintenant amplifier mes chuchotements au point qu'ils résonnent autant que des annonces dans un stade.

Je me précipite au bout du couloir, vers la porte du sous-sol.

— Tu étais censé venir me retrouver, hier.

Je referme sans bruit la porte derrière moi.

— Et tu crois que m'appeler chez moi à l'aube est la meilleure chose à faire ?

— Est-ce que Penny a entendu le téléphone ?

— Je t'interdis de prononcer son nom.

Je descends maladroitement les marches en bois et me mets à faire les cent pas entre le banc de musculation des garçons et des cartons poussiéreux pleins de vieilles babioles empilés contre le mur.

— Tu m'entends ? Je t'interdis de prononcer son nom.

— C'est qu'on est sensible… Et si je raccrochais, là ? Après, il se passe quoi ?

Prenant appui sur un carton portant une étiquette DÉCORATIONS DE NOËL où je reconnais l'écriture parfaite de Penny, je dis :

— Non. S'il te plaît, ne raccroche pas.

— Il faut qu'on parle. Aujourd'hui.

J'inspire profondément et je me dis : Voilà ce que j'ai gagné. Voilà ce que gagne un idiot.

— Ça va être difficile pour moi de m'échapper aujourd'hui. C'est la période la plus chargée de l'année. J'ai des responsabilités. Beaucoup de responsabilités. Je ne peux pas quitter la ville comme ça.

— Eh bien, retrouvons-nous en ville.

— Gary, non.

— C'est seulement pour parler. Et ce ne sera pas nécessairement une longue conversation. Mais il faut qu'elle ait lieu aujourd'hui, je ne plaisante pas. Je ne te donne pas le choix.

Je parviens à inspirer une nouvelle fois.

— Où veux-tu qu'on se retrouve ?

— Dans ton bureau.

— Je ne vais pas te donner rendez-vous à l'église. Ne sois pas bête.

— Fais gaffe à ce que tu dis, Richard.

— Je ne vais pas… Je suis désolé. Je dis juste, réfléchis… C'est le pire endroit possible. Il va y avoir des allées et venues toute la journée à l'église aujourd'hui.

— Un samedi ?

— Demain, c'est Pâques. Nous avons les derniers réglages à faire pour la représentation de la Passion. Les musiciens, les acteurs, les techniciens lumière et son. Plus les Dames auxiliaires qui vont s'affairer à droite à gauche pour aider à mettre tout au point…

— OK. Derrière l'école, alors.

— Tu veux dire l'espèce de cratère derrière ?

— Ouais.

— Mais si quelqu'un nous repère, cela ne fera qu'attirer l'attention sur nous. Tu vois ce que je veux dire ?

— Hé, c'est comme tu veux. Soit on se retrouve dans un lieu public et on essaye de passer inaperçus, soit on se voit dans un endroit plus à l'écart. C'est toi qui décides.

Je me frotte le visage.

— Derrière l'école, alors.

— Quand est-ce que tu peux venir ?

— Le plus tôt sera le mieux. Ça diminue les chances qu'on nous voie ensemble. Dans une heure, ça t'irait ? Tu pourrais y être dans une heure ?

— Oui.

— OK.

— Richard ?

— Quoi ?

— Si tu ne viens pas aujourd'hui, nous entrerons dans la phase conséquences.

Je suis là, en pantalon de pyjama et vieux T-shirt, mes pieds nus sur le sol en béton froid, et j'éprouve une peur indescriptible à l'idée du danger que ce garçon représente pour moi, mais malgré tout, ma voix tremble d'indignation quand je lui dis :

— J'y serai.

Je coupe la communication et je remonte l'escalier. Mes pieds sont engourdis et sales. Je monte à l'étage et tente de me glisser aussi doucement que possible dans notre chambre.

En mon absence, les premières lueurs timides du soleil naissant ont donné au ciel une couleur grise soutenue, brumeuse. Penny se tourne vers moi.

— Qu'est-ce qui se passe ? demande-t-elle.

Tout en retrouvant la chaleur de notre lit, je lui réponds :

— Terry Baltimore.

Je suis abasourdi par la facilité avec laquelle ce mensonge sort de ma bouche, pas seulement prompt mais également parfait dans sa formulation. Terry Baltimore est une épave brisée, tout ce qui reste d'un homme dont la vie a été dilapidée dans l'ivresse et l'oubli. Une de ces personnes qui apparaissent de manière sporadique dans une église ou une autre. Il a appris les mots qu'il faut dire – il me dit qu'il a offert sa vie détruite au Christ et que désormais il veut juste suivre le chemin étroit et resserré qui mène à la vie –, mais il porte toujours la puanteur avec lui. Pas seulement la puanteur de l'alcool, mais celle de l'échec. Je crois que le Christ a le pouvoir d'accorder la rédemption à n'importe qui, mais j'ai appris il y a longtemps qu'il ne la donne pas à tout le monde. Pour les Terry Baltimore du monde entier, le Christ n'est qu'un prétexte à l'arnaque de plus. Je le sais, et je le supporte car c'est mon travail. Mon travail n'est pas de sauver Terry Baltimore ; mon travail, c'est de tenir le discours de la rédemption jusqu'à ce que Terry Baltimore décide enfin de passer à autre chose. Ils le font toujours. Une fois qu'ils ont épuisé la bonne volonté et la charité temporaire de certains de nos paroissiens âgés ou plus crédules, les Terry Baltimore s'en vont toujours sans un mot, sans laisser la moindre trace, et on n'entend plus jamais parler d'eux.

— Il est cinq heures du matin, me dit Penny.

— Je sais. J'imagine que pour Terry, la nuit a été longue.

— Pouah.

À nouveau, je suis ébahi par la perfection de mon mensonge. Penny a bon cœur, et sa foi est bien réelle, mais son sens de l'obligation chrétienne ne va jamais jusqu'à risquer d'entamer son propre confort. Elle aime assurer le catéchisme pour les élèves de primaire et déjeuner avec les dames de la paroisse parce qu'elle se retrouve toujours à diriger les prières. Elle n'est pas du genre à s'attarder dans le monde crasseux, brisé, des Terry Baltimore, foi ou pas foi. De tous nos fidèles, Terry est celui qu'elle croira le plus volontiers capable du pire et celui à qui elle en parlera le moins volontiers. Il est l'excuse parfaite.

— Et qu'est-ce qu'il voulait ?

— Il veut me voir, il veut prier avec moi. Je crois qu'il est en pleine crise de foi.

— Quand ?

— Maintenant.

— Maintenant ? Il est…

— Je sais quelle heure il est, ma chère.

— Et le samedi précédant Pâques, en plus.

— Je le lui ai fait remarquer.

— Je suis sûre que non. Et il veut prier pour quoi ?

Je hausse les épaules.

Elle me demande :

— Tu vas y aller ?

Je me tourne vers elle. C'est drôle mais je suis déçu par son manque de charité.

— Ne crois-tu pas que je devrais ? Au fond de ton cœur, est-ce que tu penses que le Seigneur veut que je reste allongé ici dans mon lit tandis qu'un homme qui m'a appelé au secours se languit à l'autre bout de la ville ?

Elle serre son gros oreiller et ferme les yeux.

— Je vais y aller rapidement… et faire ce qu'il y a à faire. Puis je reviens. Une heure, max.

— OK, dit-elle. Essaye de ne pas réveiller tes enfants, s'il te plaît. Les petits vont venir sauter sur mon lit à la seconde où ils ouvriront les yeux.

Je dépose un baiser sur son front et je vais à la salle de bain. J'aurais envie d'enfiler des vêtements à la va-vite et partir, mais je dois me comporter aussi normalement que possible. Je dois me préparer et me conduire comme s'il ne se passait rien sortant de l'ordinaire, et cela signifie me conformer à mon rituel matinal.

Je fais couler l'eau de la douche jusqu'à ce qu'elle soit chaude, je me déshabille et j'entre dans la cabine. L'eau brûlante me fouette la peau, et chasse les restes de paresse que je pourrais encore ressentir. Je me savonne. Je me lave le corps, mais lorsque je coupe l'eau et que je sors de la douche, la peau fumante, encore dégoulinante, je laisse échapper un grognement involontaire.

Dieu, je suis tellement désolé.

S'il te plaît, aide-moi.

S'il te plaît, fais-le partir.

J'enroule une serviette autour de ma taille et je me rase, penché sur le lavabo. Mes cheveux sont collés sur mon crâne, et cela accentue mes traits épais. Je suis beau, d'une beauté un peu rafistolée. Photographié sous le bon angle – comme cela a été le cas pour la photo officielle sur le site web de l'église –, j'ai beaucoup de charme. Mais si l'angle est défavorable, on dirait que mon visage a été assemblé à partir de pièces détachées. Mes oreilles sont un peu décollées, mon nez est disproportionné par rapport à mes joues et les lèvres sont un peu trop épaisses en proportion de ma mâchoire.

Voilà à quoi je ressemble ce matin, pas tant un visage façonné par Dieu qu'une espèce d'accident de la génétique.

Je secoue la tête. Le miroir est le chemin le plus rapide pour s'éloigner de Dieu.

QUAND je pars pour retrouver Gary, le soleil se glisse déjà entre les arbres au fond de mon jardin et le quartier est en train de se réveiller dans un festival de bâillements et d'étirements. Je fais une marche arrière avec l'Odyssey et salue de la main M. Newman qui récupère son journal sur la pelouse, à côté.

Il agite la main à son tour, puis désigne la pancarte plantée dans son jardin : PAS D'ALCOOL DANS LE COMTÉ DE VAN BUREN.

J'ai la même pancarte, bien entendu. Nous échangeons un signe de connivence, les pouces dressés.

Plus loin dans la rue, Carrie Close charge ses enfants dans sa voiture à hayon. Son fils Allen prend des leçons de natation à Little Rock le samedi et elle doit partir tôt pour arriver à l'heure. Carrie a l'air de parler durement à Allen et ses jeunes sœurs tandis qu'elle referme la portière, mais dès qu'elle me voit, elle sourit et agite la main.

Au bout de la rue, je tourne pour prendre School Hill Road. En montant, je double un gros camion rouge dont le chauffeur écoute de la musique très fort. Cela doit être de la country, me dis-je, même s'il y a vingt-cinq ans, quand j'étais au lycée, on aurait plutôt parlé de rock. Quoi qu'il en soit, le volume est bien trop fort pour un samedi matin tôt.

School Hill Road passe devant le lycée. Puis elle redescend devant les bâtiments du collège et de l'école primaire ; ensuite, l'asphalte disparaît pour laisser place à une route de graviers qui longe le terrain de rodéo – un grand enclos de terre battue flanqué de tribunes en bois nu au milieu desquelles est installée la cabine du présentateur. Juste avant d'atteindre le terrain de baseball, je tourne à droite pour traverser un vaste champ de verdure et me diriger vers les arbres.

Je n'ai pas grandi à Stock, alors je n'ai pas appris où se trouvaient les coins et les recoins de la ville quand j'étais enfant. Mais depuis que j'ai été nommé pasteur de cette église il y a dix ans, Penny et moi élevons nos enfants ici. Même si les plus grands, tous en âge de faire des études supérieures, sont nés lorsque nous vivions en Caroline du Nord, ils sont devenus majeurs en Arkansas. Les plus petits sont nés ici et n'ont jamais rien connu d'autre. Finalement, mes enfants sont originaires d'ici alors que d'une certaine façon j'ai l'impression que je me sentirai toujours comme un immigrant fraîchement arrivé dans cette étrange contrée. Les enfants m'ont appris la langue, m'ont montré ses coutumes. Ils m'ont aussi appris certaines choses grâce aux potins qu'ils rapportaient à la maison. C'est ainsi que j'ai connu l'existence du cratère caché près des arbres entre le terrain de rodéo et le stade de base-ball.

Le champ a l'air normal depuis la route de graviers, juste une étendue herbeuse montant en pente douce vers les arbres. Si on quitte le chemin et qu'on se dirige vers le bois, on découvre qu'après une petite montée, le sol descend soudain dans une grande fosse qui est invisible depuis la route. C'est l'endroit, me dit-on, où les petits voyous vont boire.

Je m'arrête au bord du cratère de terre nue. Au centre, les vestiges calcinés d'un feu de camp qui ressemblent à l'impact d'une bombe. Je sors du minivan et je descends sur la terre meuble jusqu'au centre noirci, stérile. De vieilles canettes de bière. Une bouteille cassée. Des mégots.

— Bonjour Frère Weatherford, dit Gary qui émerge des arbres, les mains dans les poches de son jean noir.

Je parcours des yeux le bord de la fosse.

— Il n'y a personne dans le coin, dit-il.

Il descend en glissant le long de la paroi et s'arrête de l'autre côté du tas de cendres.

— Les gamins ne viennent pas si tôt, du coup, les flics non plus.

Son étroit visage est pâle et il est vêtu d'un coupe-vent sombre par-dessus un T-shirt noir portant le nom d'un groupe profane. Il a abandonné l'université, mais dans la lumière diffuse du matin, il paraît presque trop jeune pour avoir commencé des études supérieures. Le voir me donne un peu la nausée.

— Tu sais que tu ne dois pas m'appeler, lui dis-je. Mais qu'est-ce que tu avais dans la tête ?

— J'avais dans la tête le fait que je suis allé jusqu'à Petit Jean et que je suis resté là-bas une heure à t'attendre.

— Je t'ai dit que j'étais surchargé. Mes enfants sont tous là pour Pâques.

— Ne te cache pas derrière tes enfants. C'est vraiment répugnant.

Mes joues s'empourprent.

— Je suis là, maintenant.

— Eh bien, venons-en au fait. Où est mon argent ?

— Ton argent ? Tu veux dire mon argent.

— Que tu as dit que tu me donnerais.

— J'ai dit que j'y réfléchirais.

— Pourquoi tu me fais ça, Richard ?

— Qu'est-ce que je te fais ?

— Tu m'obliges à te faire du mal. Je ne veux pas. Ce n'est pas moi.

— Vraiment ? Tu n'es pas en train de me faire chanter ?

Il me lance un regard déçu que j'utilise parfois face à mes enfants. Personne d'autre dans ma vie, pas même Penny, ne me regarde avec une condescendance aussi franche. Je me déteste de lui avoir donné ce genre de pouvoir.

— Nous nous sommes mis d'accord sur le fait que la meilleure chose à faire pour moi était de passer à autre chose, de partir de ce trou à rats et de commencer une nouvelle vie ailleurs. Putain, c'était ton idée.

— Tout ce que j'ai dit, c'est…

Il m'interrompt d'un geste de la main.

— Je veux juste ce que tu m'as promis. Si tu veux rester là à discuter, on peut, mais chaque seconde qui passe augmente le risque que quelqu'un nous voie ensemble.

Je lève les yeux vers le haut de la fosse, le contraste de la terre nue contre le ciel d'un bleu crayeux.

Gary dit :

— Voilà le problème principal. Tu ne veux pas qu'on te voie avec moi. Jamais. Tu ne veux pas que les gens apprennent, pour nous. Jamais. Tu as eu ce que tu voulais de moi, et maintenant, tu veux juste que je disparaisse. Mais cela ne peut pas arriver tant que tu ne m'auras pas donné trente mille dollars. Tu comprends ça ? Je ne te fais pas chanter. Tu me payes pour que je m'en aille et que je me comporte comme si je ne te connaissais pas. Il s'agit de ce que *tu* veux que *je* fasse. Je ne vais pas faire tout ça gratuitement.

Je me frotte les yeux.

— Et où suis-je censé trouver trente mille dollars ?

— Tu n'arrêtes pas de me raconter comment tu as réussi. Tu peux trouver cette somme.

— Pas comme ça, pas sans que personne ne le sache. Je n'ai pas trente mille dollars planqués au fond d'un tiroir.

— Eh bien, tu vas devoir les trouver quelque part, dit-il calmement, comme s'il disait à un enfant de ranger sa chambre. J'en ai assez d'attendre.

Il reporte son attention sur le tas de cendres froides et de canettes de bière calcinées.

— Si tu ne m'aides pas, je suppose que je n'ai plus qu'à rester en ville, et révéler la vérité.

— Tu tiens absolument à devenir le scandale local ?

Avec un sourire, il secoue la tête et donne un coup de pied qui envoie un peu de terre dans les cendres.

— Ces péquenauds me traitent de pédé depuis la fin de l'école primaire, Richard. Ils diront juste : "On le savait." C'est toi qui portes ta bonne réputation accrochée autour du cou comme une corde de pendu.

Essayant de prendre une voix assurée, je tente le tout pour le tout.

— Ce serait ma parole contre la tienne. Les gens me croiraient.

— Certains oui. Mais honnêtement, il faudrait combien de personnes qui me croient pour détruire ta réputation auprès de tout le monde ? Dix ? Cinq ? Une ? (Gary donne un petit coup de pied dans une bouteille du bout de sa botte.) En fait, il suffirait d'une personne. Penny.

— Quoi ?

J'ai envie de traverser les cendres et me jeter sur lui, de l'attraper par le T-shirt et le frapper de toutes mes forces. Mais je ne peux pas bouger.

— Qu'est-ce que tu viens de dire ?

C'est tout ce que je parviens à sortir.

Il tourne la tête vers moi, une expression proche de la pitié sur le visage. Comme s'il était l'homme le plus raisonnable du monde, il réplique :

— Tout dépend de toi, Richard. Si tu me donnes l'argent pour partir, je partirai. Je disparaîtrai. Et ensuite, ta vie pourra redevenir normale. N'est-ce pas ce que tu veux ?

Le vertige me prend, et il me faut fermer les yeux pour ne pas perdre l'équilibre.

— Je te tuerai si tu t'approches de ma famille…, dis-je.

La menace ne le désarçonne pas du tout. Il se contente de répondre :

— Ce serait bien plus facile si tu m'aidais à quitter la ville.

Lorsque j'ouvre à nouveau les yeux, ils sont mouillés. J'ai la bouche sèche. Mes oreilles bourdonnent. C'est comme s'il m'avait giflé.

Son pâle visage est marbré de taches rosées et sa poitrine mince se soulève sous son T-shirt, mais son regard est aussi impénétrable que celui d'un tireur dans une école.

Ce n'est pas un jeune homme inoffensif. Il n'hésitera pas. Il sait quoi dire, et il sait à qui le dire.

— Très bien, nom de Dieu, dis-je, utilisant le nom de Dieu en vain pour la première fois depuis des années. Je trouverai ton argent.

2

Brian Harten

La putain d'alarme de la voiture me réveille. J'ai toujours détesté ce truc. C'est Roxie qui l'a fait installer – c'était mon cadeau d'anniversaire, il y a quelques années.

— Qui irait voler ma bagnole à Stock? je lui ai dit.

Elle a répondu que j'étais un salopard ingrat.

Elle a pas tort. Maintenant, elle est partie, mais j'ai toujours l'alarme.

Ce matin, c'est bien d'en avoir une, on dirait.

L'alarme hurle alors je bouge mon cul et je sors du lit – avec rien d'autre qu'un caleçon –, et je monte les stores.

Sur le parking de la résidence, deux gars sont en train de charger ma voiture à bord d'une grosse dépanneuse blanche. L'un d'eux arrive à couper l'alarme. Je sais pas trop comment il s'y est pris, mais elle s'arrête, comme ça.

Je cours à la porte et je l'ouvre brusquement.

— Hé! je crie au mec qui se trouve du côté des manettes de contrôle.

Il est aussi gros que le camion. Il a une grosse tête chauve aussi blanche que le soleil. Il me lance un regard en coin sans arrêter d'actionner les leviers.

L'autre type contourne le camion et s'approche. Il est renfrogné, il a une bouche minuscule et des dents de devant complètement de travers qui se chevauchent tellement qu'on dirait des têtes de hache.

Il dit :
— Saisie, mec.
— N'importe quoi. Posez ma voiture tout de suite.
Il brandit un papier.
— Brian Harten, c'est vous ?
— Ouais.
— C'est votre voiture ?
— Ouais.
— Elle est saisie.
Je lui prends le papier des mains, me torche le cul avec et le jette par terre.
— Qu'est-ce que tu penses de ça ? je dis.
— Allez, mec, j'ai même pas encore pris mon petit déjeuner, dit le petit rat.
Le gros type réagit :
— J't'ai dit que t'aurais dû prendre un truc avec moi chez McDo.
Le petit rat se tourne vers lui.
— J't'ai d'jà expliqué, mec, c'est fini les animaux pour moi. Et pour toujours.
— Eh ben, t'aurais pu prendre un sandwich œuf-fromage.
— Les animaux et les produits animaux, mon pote. Terminé.
— Tu pourras jamais être vegan dans cette ville, dit le gros.
— Bien sûr que si.
— Qu'est-ce que tu vas faire, bouffer des graines et des baies, des trucs comme ça ?
— Posez ma putain de voiture, je hurle.
J'avance vers le petit bonhomme.
— OK, le gars en culotte, il dit, vous reculez. Si vous voulez gueuler après quelqu'un, prenez le téléphone et

gueulez contre vos créanciers. Nous, on peut pas vous aider. (Il se tourne vers le gros.) Et toi, mec, tu sais même pas de quoi tu parles. Tu as lu ce bouquin que je t'ai donné ?

— Pas question que je lise un putain de livre. Je lisais déjà pas quand ils nous obligeaient à lire des livres. Et si par hasard je devais lire un bouquin, ce serait pas un bouquin sur les putains de vegans, et tout ce bordel.

— Sur les animaux, mec.

— J'emmerde les animaux.

— Je peux vous payer, les gars, dis-je. Vingt dollars chacun. Dites-leur juste que vous n'avez pas réussi à me trouver.

— On peut pas, mon pote.

— Trente chacun.

— Nan. Désolé. Vous devriez aller passer vos coups de fil. Nous, on doit prendre la bagnole.

J'enfonce un doigt dans l'épaule rachitique du rat.

— Tu m'écoutes pas, connard. J'ai besoin de cette bagnole.

Il se tourne vers moi, approche son petit visage du mien, ses vilaines dents dépassant de sa lèvre supérieure.

— Ne me touchez pas. Y aura pas de deuxième avertissement.

Je recule d'un pas et lui mets une droite. Je sais pas pourquoi. C'est franchement con. Je suis là, dehors, avec seulement un caleçon entre ma bite et le monde entier et je lui mets un pain.

Je le chope en pleine figure, mais ça me fait plus mal à la main qu'à lui, et tout à coup, il se transforme en Jason Bourne. Il me cogne trois fois avant que je puisse parer, puis il me cisaille les jambes et je me retrouve par terre. Un dernier coup de poing en pleine face pour être sûr que j'aie bien compris.

Je me recroqueville. Il recule et me traite de connard. Le gros se marre comme une baleine.

Ils remontent dans le camion. Le petit se frotte la main et peste contre moi, et le gros dit :

— Kung Fu Tofu, mon héros !

Ils s'en vont et je regarde ma voiture disparaître au coin de la rue.

Je me relève. Porte la main à mon nez. J'ai l'impression que mon visage gonfle comme un ballon de baudruche. Des gouttes de sang tombent sur mon ventre blanc poilu. Ma jambe est écorchée à l'endroit où elle a heurté l'asphalte.

— Putain de merde.

Je me retourne pour repartir en boitillant chez moi, et tous mes voisins sont en train d'épier derrière leurs stores. Je leur fais un doigt, à tous, et je vais jusqu'à ma porte.

Fermée.

J'insulte la porte comme si elle avait baisé ma femme.

Putain. De. Bordel. De. Merde.

Je clopine jusqu'à l'arrière du bâtiment. La porte de mon patio est verrouillée, alors je grimpe sur le climatiseur et je passe par-dessus, m'éraflant la jambe au passage.

S'il te plaît, Jésus. Fais que la porte coulissante…

Elle est verrouillée.

Fait chier. Putain, fait chier.

Je vais jusqu'à la porte d'Erikson. Je frappe.

Il vient ouvrir, et je sens les odeurs de shit et de bacon derrière lui. Il est habillé comme s'il était prêt à partir quelque part, mais il ne quitte jamais son appartement, alors, j'imagine qu'il est juste tombé du lit ce matin.

— J'ai vu ce qui s'est passé, dit-il.

— Ouais, bon…

— Tu t'es pris une sacrée dérouillée.

— Ouais.

— Ce type, il était pas grand, mais il savait bouger, c'est sûr.

— Je suis enfermé dehors, la porte a claqué.

Il me toise, puis hoche la tête. Il a les clés des appartements à la ceinture.

— Allons-y, dit-il.

Alors que je le suis jusqu'à chez moi, il dit :

— Ta caisse s'est fait saisir, c'est ça ?

— Je crois bien.

— Ça veut dire que tu vas avoir du mal à payer le loyer ?

— Non.

Il me lance un regard par-dessus son épaule.

— Écoute, mec, lui dis-je. Je te payerai le loyer quand il faudra. D'ici là, t'as pas le droit de m'emmerder avec ça.

On arrive à ma porte et il l'ouvre.

— Dépannage serrures à toute heure, il fait.

— Ouais, merci.

Il regarde le sang qui macule mon bide.

— Ce petit gars, il t'a mis une belle branlée.

JE rentre et je file sous la douche. Ils m'ont pris ma putain de voiture. Je me fous la tête sous l'eau.

Et maintenant ?

Ray. Il faut que je voie Ray. Il pourra me prêter le fric.

Une fois que j'ai vérifié que j'ai pas le nez cassé, je m'habille et je pars à toute vitesse.

Je coupe par la place, je passe devant le tribunal, devant chez Pickett's ; j'ai encore mal au nez. Je n'arrête pas de le tripoter comme si j'avais peur qu'il se remette à saigner. Mais ça va. Ça fait mal, c'est tout.

Stock.

Je déteste cette ville.

Non, c'est pas vrai. Je la déteste pas. Je l'aime bien, disons. Je regrette juste que les connards du coin qui gèrent les choses me lâchent pas la grappe.

J'arrive au trottoir qui longe School Hill Road et je commence à monter. Putain, c'est raide. Je l'ai pas prise à pied depuis que j'étais enfant. Je descendais chez Pickett's pour jouer au Pac-Man dans le hall. Je me suis fait choper en train de piquer un coca, un jour. C'était débile de faire un truc pareil. La dame m'a quand même laissé partir. Elle était sympa.

Je traverse un petit quartier résidentiel. De jolies maisons, avec des pancartes plantées dans le jardin qui disent soit TRUMP : MAKE AMERICA GREAT AGAIN, soit TED CRUZ 2016. Je ne vois pas de pancarte avec Hillary ou Bernie, pas dans ce quartier, en tout cas. Mais dans presque tous les jardins, il y en a une qui dit PAS D'ALCOOL DANS LE COMTÉ DE VAN BUREN.

Connards. Où est passée la liberté dans ce pays, putain ? Ces gens en ont rien à foutre de l'alcool. Enfin, pas vraiment. La moitié des habitants de cette ville ont en ce moment même de la bière dans leur frigo. Ces trouducs prohibitionnistes veulent juste imposer aux autres leurs trucs. Ils se fichent pas mal de qui ils emmerdent. Il m'a fallu six mois pour obtenir des juges de paix qu'ils acceptent de voter sur la proposition de soumettre cette mesure à un scrutin.

Putains de pasteurs, ils m'ont mis des bâtons dans les roues à chaque étape. Weatherford, le salopard de la First Baptist Church, à leur tête. C'est pathétique.

Pathétique. Tu es en train de me dire que toute ta putain de mission dans la vie, c'est de t'assurer que les gens puissent pas acheter de quoi picoler en ville ? C'est ça, ton grand problème ?

Jésus a bien transformé de l'eau en vin, non ? J'ai fait cette remarque pendant le dernier conseil municipal. Weatherford a dit que le vin était en fait juste du jus de raisin non fermenté. Mais putain, comment il sait ça, lui ? Le vin de J.-C. était un putain de pinot noir, pour ce qu'en sait Richard Weatherford.

Arrivé en haut de la colline, je prends la rue de chez Ray. Il a une petite maison, un jardin devant, un arbre. Je pourrais vivre dans un endroit comme ça si on montait le magasin et qu'on arrivait à le faire tourner. Rien de sophistiqué, au début. C'est comme ça que les gens foirent. Comme toutes les rock stars, les rappeurs, par exemple. Ils font du fric, et ensuite, ils claquent tout comme des cons. Pas moi. Je vais juste m'acheter une petite maison avec un jardin pour commencer.

Je frappe à sa porte.

Il faut une minute, mais Ray vient ouvrir. Il a l'air surpris.

— Hé, salut…

— Ils m'ont saisi ma bagnole.

— Quoi ?

— Des gars sont venus ce matin et l'ont embarquée.

— Merde.

Il me rejoint dehors, ce qui est bizarre, un peu. D'habitude, on entre. Je crois pas qu'on se soit jamais baladé dans son jardin avant, mais c'est ce qu'il fait. Les mains dans les poches arrière de son jean, les cheveux planqués sous un bandana, il mate sa propriété comme si c'était la première fois qu'il la voyait.

— Tu crois que tu pourrais me filer le fric pour la récupérer ? je demande. J'ai besoin d'un véhicule pour bouger et faire les trucs qu'on doit faire avant le vote. Je te rembourserai une fois qu'on aura un peu de rentrées.

Il prend une inspiration.

— Ouais, bon, écoute Brian. J'ai beaucoup réfléchi. Lacy et moi, on a parlé. Je crois que peut-être… peut-être qu'il va pas se faire, ce magasin, finalement.

Je le regarde fixement pendant une minute avant de penser à dire :

— Mais qu'est-ce que tu racontes ?

Il lève la main et fait un grand geste qui englobe tout.

— Mec, cette ville est pas prête pour un magasin d'alcools. On en parlait hier soir, et Lacy a dit un truc très juste. "Tu sais, peut-être dans dix ans, peut-être dans cinq ans, la ville sera prête. Mais pas maintenant." Je crois qu'elle a raison. T'as vu comment tout le monde a perdu la boule sur ce truc ? Ils ont déjà fabriqué toutes ces pancartes PAS D'ALCOOL DANS LE COMTÉ, et c'était juste pour empêcher que les juges de paix envisagent la mise au vote. Et maintenant, ils commencent à dire qu'on risque de devoir attendre les élections de novembre pour mettre la motion au scrutin. Novembre, mec. Si ça se trouve, ils vont repousser le truc indéfiniment. On s'est emballé trop vite. On aurait dû y aller plus doucement.

Je marche vers lui.

— Mais qu'est-ce que tu fais ?

— Quoi ? Rien. C'est juste que…

— Ray, fais pas ça, mec. Tout l'argent que j'ai est embarqué dans ce projet de magasin. Putain, et tout l'argent que j'ai pas est embarqué dedans aussi. Ils m'ont pris ma voiture, mec. J'ai rien. Tu comprends ce que je dis ? Si on ouvre pas ce magasin, je me retrouve sans rien.

Il n'arrive même pas à me regarder. Il garde les yeux rivés sur le sol comme une chochotte.

— Je suis désolé, Brian. Je suis carrément désolé. Si notre plan s'était goupillé comme on l'avait prévu, on serait dedans, déjà. Et j'adorais l'idée d'avoir un commerce. Tu le sais.

— Adorais ? Mec, parle pas comme si c'était déjà fini.

Il prend une profonde inspiration.

— C'est la chose la plus difficile que j'aie jamais faite, Brian, mais je vais devoir revenir sur ma promesse.

— C'est Lacy qui t'a fourré ça dans la tête ? Dis-lui de venir nous rejoindre. (Je me dirige vers la maison.) Laisse-moi lui parler.

— Elle est pas là.

— Elle est où ?

— Au boulot.

— Allons à l'intérieur, faut qu'on parle.

— Je peux pas… Les gamins dorment.

J'enfonce mon pouce dans mon cœur.

— J'ai des gamins, moi aussi, Ray. J'ai des gamins. Et les miens, de gamins, t'y penses ?

Il baisse la tête comme si j'étais son père alcoolique, comme s'il attendait que l'orage passe. Je vois bien qu'il veut pas qu'on parle. Il a plus rien à dire. Tout ce qu'il veut, c'est que je parte pour qu'il puisse rentrer à la maison.

— Ray…

— Je suis désolé, Brian. Je suis super désolé. Je sais à quel point tu tenais à ce projet.

— Qu'est-ce que tu vas faire ? Juste continuer à bosser à l'usine de ciment ?

— Ouais.

— Mais tu détestes ce boulot.

— Non, il dit. J'aimais bien l'idée d'ouvrir un magasin avec toi. Mais je ne déteste pas mon boulot. J'irai bosser lundi comme tous les jours, et ça ira.

— Ouais, bon, pas moi. J'ai dit à Tommy d'aller se faire foutre, alors j'ai plus de boulot.

Il secoue la tête.

— Bon sang. Je suis désolé.

— Je croyais que j'avais un partenaire sur qui je pouvais compter. C'est pour ça que j'ai lâché mon job.

— Non. (Son visage devient rouge, et il pointe un index sur moi.) Tu as lâché ton job. Pas moi. Ne me mets pas ça sur le dos. Je n'ai pas dit à mon patron d'aller se faire foutre. Si t'es allé trop vite en besogne avec Tommy Weller, c'est ton problème.

— T'es une putain de gonzesse. Une gonzesse qui se fait manipuler par sa gonzesse. Une gonzesse qui a aucune idée de ce qu'est un mec qu'a des couilles.

— Mais de quoi tu parles, Brian ?

— Je parle de réaliser ses rêves. De croire en soi.

— Tu me traites de gonzesse ? Tu parles comme Céline Dion.

Je lève les bras en signe d'impuissance.

— Oublie, mec. Simplement… te retire pas, s'il te plaît. Attends le vote, juste.

— Si on se retire maintenant, on réduit nos pertes, on peut encore se sortir de ce plan sans se retrouver à poil.

— Pas moi, je dis. J'ai besoin que ce magasin ouvre, Ray, j'en ai vraiment besoin. Je suis revenu m'installer ici. C'est moi qui ai mis le fric pour que O'Keefe garde le local pour nous.

— Hé mec, j'y ai mis ma part.

— Je sais, je sais. C'est juste que… je peux pas encaisser. Tu as un boulot, deux boulots avec celui de Lacy. Moi, j'ai plaqué le mien. Je pourrai pas gérer. Je me retrouverai à poil. Je vais devoir me déclarer en faillite personnelle.

Sa tête pend comme si elle pesait un million de kilos.

— Je suis tellement désolé, Brian. Je t'assure.

Et le truc, c'est que je sais qu'il est désolé. On dirait qu'il est prêt à fondre en larmes. Mais il pleure pas. Il prend la plus grande inspiration que j'aie jamais vue, et il dit :

— Je sais que je te déçois. On a juste foncé trop vite sur ce projet. C'est aussi simple que ça. Erreur de débutant. On aurait dû se concentrer sur la première étape, faire valider le vote. C'est autant de ma faute que de la tienne. J'ai vraiment pensé qu'on avait tout prévu, aussi, mais c'était pas le cas. On s'est fait baiser la première fois que les juges ont refusé de voter sur la motion. C'est là qu'on a commencé à perdre de l'argent, exactement là. Et il faut qu'on l'accepte. Si on arrête maintenant, on ne perdra que ce qu'on a déjà donné à O'Keefe. C'est une perte importante, mais c'est mieux que d'injecter de l'argent et du temps dans un projet qui ne se concrétisera jamais. Pas dans cette ville. Pas maintenant. Pour faire court, ce magasin ne se fera pas, mec. Je suis désolé, mais il ne se fera pas, c'est tout.

J'ai envie de lui dire quelque chose. Le traiter de dégonflé à nouveau, le pourrir d'insultes, le supplier, mais j'ai déjà vidé mon sac. Il me reste plus rien. Ray va jusqu'à sa porte, l'ouvre et rentre chez lui. Il me regarde pas une seule fois.

3

Sarabeth Simmons

NICKI Minaj me sort brutalement de mon sommeil. *No Frauds* beaucoup trop tôt et beaucoup trop fort. J'attrape mon téléphone. Merde. Pickett's.

Je décroche.

— Je suis en route.

— Tu es en retard, me dit l'autre conne.

— Je sais, je dis, en posant les pieds par terre. Je suis en route. J'ai eu un problème de bagnole.

— Tu es en retard, elle répète.

Elle a rien d'autre à dire.

Je raccroche.

Je reste assise là sur mon lit pendant une seconde, la tête dans les mains. J'ai une douleur violente dans l'œil droit et tout ce que j'ai à l'intérieur du crâne a l'air de vouloir sortir. Je me frotte le ventre. Mon estomac me donne l'impression de vouloir sortir, lui aussi, mais je ne vais pas dégueuler. Pas mon genre.

Je me lève et je vais jusqu'à la porte de ma chambre. Je tends l'oreille un instant pour voir si Tommy est toujours là. Il va travailler aujourd'hui, je crois. Je n'entends rien alors j'ouvre la porte et je passe la tête. Rien.

Je file à la salle de bain et je ferme la porte à clé. Quand je vois ma gueule dans le miroir, je suis comme choquée.

Peut-être que c'est juste la gueule de bois, mais j'arrive pas à croire que c'est ma tête, mon corps. Gary dit que je suis belle, mais Gary est gentil. Ce que je vois dans la glace est juste bizarre.

Ma tête a la forme d'une boîte mais mon menton est pointu. Mes yeux sont trop grands et ma bouche est trop petite. Mon ventre est plus gros que mes seins et mon cul est à peu près inexistant.

Beurk.

Je pisse et pendant que je suis assise, je me prends la tête à deux mains. Ma tête de forme bizarre me déteste ce matin.

Il faut que j'arrête de boire. Je viens juste d'avoir dix-neuf ans et depuis que j'ai quinze ans, je bois comme si j'étais dans une putain de chanson country. C'est con.

Je me lave vite fait. Je n'ai pas le temps de prendre une douche, mais je me lave les dents et je mets du déodorant. Ensuite, j'enfile mon jean le plus propre, sors un T-shirt du placard, attrape mon gilet de travail et me dirige vers la porte.

Je suis presque arrivée au bout du couloir quand je réalise que Tommy et Maman sont dans la cuisine.

Il ne porte qu'un caleçon et des chaussettes, et son gros ventre est aussi blanc qu'une dinde pas cuite. Maman dit qu'il garde ses chaussettes au lit, c'est peut-être le pire truc que j'aie jamais entendu de ma vie. Il est assis à la table en train d'astiquer ses vieux trophées de base-ball de quand il était au lycée pendant que Maman lui prépare son petit déjeuner. Elle porte la chemise de Tommy et une culotte rose. Exactement ce que j'ai envie de voir le matin au réveil.

— Tiens, regardez qui voilà, dit Tommy.

Il pose la coupe. Ses cheveux partent dans toutes les directions et il est assis là, en caleçon et chaussettes sales, avec la gueule de quelqu'un qui s'apprête à faire passer un entretien d'embauche.

— Suis en retard, je dis. Faut que je file.

Je m'assois à la table de la cuisine et je commence à mettre mes chaussettes et mes chaussures.

— À quelle heure tu es censée y être ? il demande.

Je hausse les épaules.

— Ça, il dit en m'imitant, c'est pas une heure.

Maman prépare du pain perdu. Elle ne se retourne pas, elle continue à battre ses œufs.

Tommy dit :

— Alors, à quelle heure t'étais censée être au boulot ?

Je noue mon lacet.

— Je ne suis pas obligée de te le dire. Je vais me faire engueuler en arrivant là-bas. Pas besoin de me faire engueuler par toi à la maison.

— Il faut bien que quelqu'un t'engueule ici, à mon avis, il dit. T'es pas censée embaucher une heure en retard.

Je mets ma deuxième chaussure.

Il dit :

— T'imagines si tout le monde embauchait une heure en retard ?

Je m'interromps et je le regarde fixement.

— J'aimerais bien. Alors les gens arrêteraient de m'emmerder. (Je reprends mon laçage.) Et puis c'est pas tes oignons ce que je fais, ou quand je le fais.

Il se tourne vers le dos de Maman.

— Je me demande ce qui a bien pu te passer par la tête pour élever une fille comme ça. Y a pas un homme qui a envie de la voir le matin au réveil.

Maman met du pain dans la poêle et le remue avec une fourchette.

Tommy me regarde.

— Tu pourrais apprendre deux ou trois choses avec moi, ma fille. Tu te rends compte que je suis le salopard le plus friqué que tu connaisses ?

— Ça me déprime rien que d'y penser.

Je lace ma deuxième chaussure.

— J'ai quatre business qui m'appartiennent.

— C'est ce qu'on m'a dit.

— Tant que je paye le loyer de cette maison…

— Tu me loues pas, moi.

— Tant que je paye le loyer de cette maison…

— Et en plus, grâce à moi, t'as des prix sur l'épicerie chez Pickett's.

Je me lève.

Il se lève aussi.

— Tant que je paye le loyer de cette maison, je continuerai à dire ce que j'ai envie de dire, putain.

Et il reste planté là comme s'il venait de dire quelque chose de super important.

Je lui rétorque :

— Tant que t'es debout, pourquoi t'irais pas mettre des vêtements.

Il sourit et regarde le dos de Maman. Elle empile les tranches de pain sur une assiette. Il revient à moi et descend le devant de son caleçon pour me montrer son bazar tout poilu.

— Dégueu ! je crie. Maman…

Tommy s'assoit. Maman se verse une tasse de café. Elle tourne la tête à peine pour me lancer par-dessus son épaule :

— Sarabeth, tu vas être encore plus en retard au boulot.

J'ENTRE sur le parking des employés, à côté des bennes à ordures, derrière chez Pickett's. Je prends une profonde inspiration avant de sortir de la voiture. Il est neuf heures cinq, j'ai donc plus d'une heure de retard.

Quand je passe à côté des bennes, l'odeur de pourriture me frappe comme un maillet. J'ai toujours mal à la tête et mes yeux sont douloureux. Maintenant, mon cœur se met à battre fort. J'ouvre la porte de derrière et j'entre. Pourquoi j'ai peur ? La réserve est déserte et les lumières sont éteintes dans le bureau du patron. Je pointe et je m'avance dans le magasin.

Je laisse échapper un grognement quand je vois qu'il n'y a pas un seul client. Au moins, s'il y avait du monde, je pourrais éviter l'autre conne. Mais elle est la seule personne présente dans tout le magasin.

Elle est devant, à la caisse.

Quand elle m'entend entrer, elle se retourne et croise les bras et me regarde droit dans les yeux. Elle est grande, elle a deux mentons et une choucroute sur la tête qu'elle a dû fixer à la laque en 1994. Je m'approche et je m'arrête de l'autre côté de la caisse.

Je me contente de soutenir son regard pendant un moment, jusqu'à ce que ça devienne gênant. Puis je détourne les yeux et je jette un rapide coup d'œil autour de moi. Le magasin est tout propre. Toutes les lumières sont allumées. Tout est en place. Un samedi matin calme comme les autres. Une seule personne suffit à tenir la boutique jusqu'à pratiquement midi. De toute manière, la plupart des gens prennent leur voiture pour aller à Walmart. Cette conne, elle le sait, et moi aussi.

— Tu as quelque chose à dire ? demande-t-elle enfin.

Je me tourne vers elle.

— J'ai eu un problème de bagnole.

— C'est tout ? Tu arrives une heure et demie en retard et c'est tout ce que tu as à dire ?

— J'ai une heure de retard.

— Tu es censée être ici une demi-heure avant l'ouverture, tu le sais.

Je soupire.

— Je suis désolée, j'ai eu un problème de voiture.

— Quel genre de problème ?

J'ai chaud au visage, tout à coup. Qu'est-ce qu'elle croit, que je suis mécano ? Et pourquoi cet interrogatoire ?

— Je ne sais pas, elle voulait pas démarrer.

— Comment tu as fait pour venir ?

— Elle a fini par démarrer.

Elle me regarde fixement. Évidemment, je mens, mais qu'est-ce qu'elle en a à foutre ? Elle ne fait rien depuis une heure. Rien que rester plantée là. À poster des trucs cons sur Facebook. Peut-être qu'elle a vendu un journal ou un litre de lait. Si j'avais été là, j'aurais glandé ici pendant qu'elle était derrière, à raconter son petit déjeuner à Facebook.

— Il faut que tu sois au comptoir, elle dit, parce que j'ai des choses à faire derrière.

Ouais, la page la plus naze de Facebook va pas se mettre à jour toute seule.

— OK.

Elle se déconnecte de la caisse. Je me connecte.

— Le sujet est loin d'être clos, elle dit.

J'opine ; elle s'en va vers la réserve en secouant la tête.

Je m'installe derrière le comptoir et je sors mon portable de ma poche. J'ouvre Facebook et je vais sur son profil.

Cinq.

Quatre.

Trois.
Deux.
Un.
Elle ajoute un statut :

> Un conseil à la jeunesse américaine. Soyez là où vous devez être à l'heure où vous êtes censé y être !!! OK ??? Ça vous aidera à garder votre boulot !!!

Juste pour faire chier, je clique sur LIKE sous son post et je range mon portable dans ma poche.

Un vieux monsieur entre dans le magasin et me salue d'un geste de la main. Je lui rends son salut. Il continue à avancer. Je remarque qu'il tient un sac Walmart.

UN peu avant le déjeuner, Gary m'envoie un message.

"T'es au boulot ?"

"Ouais", je réponds.

"Je vais venir te voir."

"Vaut mieux pas, je dis."

"???"

"L'autre conne, je réponds. J'étais en retard et elle me pourrit la vie."

Une minute passe, puis nouveau message. "J'ai parlé à Saint Connard."

J'étouffe un cri de surprise. "Quand ?"

"Ce matin."

"Où ?"

"Au cratère."

"Il a g."

— Tu écris des SMS ?

Je sursaute, je lève les yeux et l'autre conne, elle est juste là, à côté de moi.

— Vous m'avez fait peur, je lui dis.

Elle reste plantée là, à me regarder bêtement.

Elle est sur le point de dire quelque chose quand Jason entre. Il a déjà son gilet sur lui.

— B'jour.

— Jason, lui dit-elle. Quand t'auras pointé, viens directement ici.

Il dit d'accord et part dans la réserve.

— Quand il revient, me dit-elle, toi, tu viens me voir.

Elle croise Jason et je l'entends lui dire :

— Vas-y, connecte-toi à la caisse.

Quand il arrive, il me demande :

— Comment ça se passe ?

— J'étais un peu en retard ce matin, et maintenant, elle se comporte comme si je m'étais lancée dans la campagne de soutien d'Hillary.

Jason sourit et secoue la tête.

Je me déconnecte. Il se connecte. Je me dirige vers le fond.

Elle est assise à son bureau, faisant comme si elle examinait des formulaires.

Je passe la tête dans l'entrebâillement de la porte.

— Hem.

Elle se tourne.

— Tu préférerais peut-être t'asseoir.

J'entre et je m'assois.

— OK.

— Nous allons devoir nous séparer de toi.

— Parce que je suis arrivée en retard.

— Tu veux vraiment que je détaille toutes les manières dont tu as aggravé ton cas ? Tu es arrivée en retard. À nouveau. Ce n'est pas la première fois. Ni la cinquième fois. Et ensuite, tu écris des SMS.

— Il n'y a personne dans le magasin.

Elle hoche la tête.

— Ouais. Je savais que tu allais dire ça.

— Parce que c'est vrai.

Elle sourit. Elle a la réponse toute prête, et elle est tellement pressée de la sortir que sa voix se casse.

— Pickett's ne te paye pas pour écrire des SMS.

— Ils vous payent pour poster des conneries sur Facebook ?

Là, son visage prend une expression vilaine.

— Sarabeth, je n'ai aucune envie d'entendre ce genre de langage. Tu y vas, tu pointes en sortant et tu rentres chez toi.

— Peut-être qu'on devrait parler à monsieur Pickett.

Elle ouvre les mains, paumes vers le ciel.

— J'ai déjà parlé à monsieur Pickett, ma chère, mais tu peux tout à fait l'appeler si tu veux. (Elle pousse son téléphone vers moi.) Tiens. Je suis même prête à composer le numéro pour toi.

Elle ne bluffe pas, on dirait. C'est pas comme si Pickett me connaissait ou en avait quelque chose à faire de moi. Il me passerait un savon et me dirait que je l'ai bien cherché pendant qu'elle resterait assise là, à me regarder.

Je me lève et je sors du bureau. Derrière moi, je l'entends se lever et me suivre jusqu'à la pointeuse.

Je me retourne.

— Qu'est-ce que vous faites ?

— Je t'escorte jusqu'à la sortie. C'est comme ça qu'on procède.

— Vous croyez que je vais voler quelque chose ?

— Allez, Sarabeth, il est temps d'y aller.

Elle me regarde pointer, puis elle me suit jusqu'à la porte de derrière.

Je la pousse violemment, essayant de la claquer derrière moi, mais elle est munie d'un de ces machins en haut qui ressemble à une pompe à vélo qui l'amortit – impossible de la claquer. Je l'entends se refermer avec un cliquetis derrière moi.

Je vais d'un pas lourd jusqu'à ma voiture et je mets le moteur en marche. Je sors du parking comme une furie.

Il ne me faut pas longtemps pour réaliser que je ne sais pas où je vais.

Je roule dans la ville. J'ai les idées étonnamment claires, maintenant, comme si ma gueule de bois s'était dissipée. Tournant le dos au centre-ville et à la place, je prends la grande route, je passe les stations essence, le McDonald, le Dollar General et le Subway. Ils paraissent tous petits, on dirait des cubes en plastique. Pourquoi ? Par les fenêtres, je vois les gens qui font la queue, ou qui retournent à leur voiture, et ils ne me semblent pas plus réels que les enseignes en plastique. Je passe devant le grand magasin Cowboy Supply and Feed – deux péquenauds avec des Stetson sur la tête sont appuyés sur leur pick-up en train de causer – et je me retrouve à traverser le Little Red River Bridge. Il est haut au-dessus de l'eau. Quand j'ai eu mon permis, je faisais des rêves où je traversais ce pont en voiture et il disparaissait et je me retrouvais à m'envoler de ce qui restait comme d'un tremplin. Beaucoup plus bas, sur la rivière, je distingue à peine la silhouette minuscule d'un homme sur un bateau en train de pêcher, à l'ombre.

La route décrit une courbe et sur la gauche, en bas d'une petite pente, il y a l'église baptiste de Stock, First Baptist Church.

Je sors mon portable, fais défiler les noms jusqu'à trouver Gary, et j'appuie sur APPELER.

— Salut, il dit.

— Je me suis fait virer.

— Quoi ? Quand ?

— Tout de suite. Il y a deux minutes. Cette vieille conne m'a fait venir dans son bureau et m'a virée.

Je l'entends respirer pendant qu'il réfléchit. Je passe devant le KFC, le vétérinaire équin, la bibliothèque.

— Eh ben, dit-il, tu l'emmerdes. Et son magasin aussi. Parce que la bonne nouvelle, c'est que tu n'as plus besoin de ce boulot.

Mon cœur est au bord de l'explosion.

— Tu as l'argent ?

— Pas encore. Mais il a dit qu'il le trouverait.

— Oh.

— Ouais. Très tôt ce matin, je l'ai appelé, et je l'ai réveillé. Je l'ai obligé à sortir du lit et à venir me retrouver.

— Est-ce qu'il t'a dit pourquoi il s'est pas pointé à Petit Jean ?

— Ses enfants, il a dit. Il n'a pas pu s'échapper.

— Et l'argent ?

— Il a dit qu'il le trouverait.

— Mais tu lui as dit qu'il *devait* te donner l'argent, hein ?

— Oui.

— C'est la seule manière pour que ça marche – lui dire qu'il n'a pas le choix.

— Je sais. Je lui ai dit que je raconterais tout à sa femme.

— Ouais, évidemment. Et à tout le monde en ville.

— Bien sûr, mais c'est d'elle qu'il a peur. "L'enfer n'a pas pire fureur qu'une femme bafouée."

— C'est une citation de la Bible ?

— Non, de William Congreve. Une pièce que j'ai lue à l'université.

— T'es tellement putain d'intelligent, Gary.

— Une pièce que j'ai lue à l'université avant de me faire virer…

Je ris.

J'arrive au feu à côté de la poste, je prends à droite et j'entre sur le parking de Walmart. Il y a pas mal de voitures, mais elles sont toutes agglutinées près de l'entrée. Je me gare tout au bout et je reste là.

— Alors, qu'est-ce que tu penses qu'il va faire ? je lui demande.

— Il va trouver un moyen d'obtenir l'argent.

— Et tu es sûr de ça ?

— Oui. Tu aurais dû le voir quand je lui ai dit que j'allais tout raconter à sa femme. J'ai cru qu'il allait se chier dessus.

— Parce que l'enfer n'a pas pire fureur que celle de l'épouse en pétard d'un pasteur.

— C'est exact.

— Mais… et si… Juste de façon hypothétique, disons qu'elle s'en fiche. Il se passera quoi ?

— Amos Pettibone.

— Quoi ?

— J'irai voir Amos Pettibone.

— Mais qui c'est, ça, Amos Pettibone ?

— Le président des diacres.

— Je ne comprends pas ce que ça veut dire.

— Eh bien, si le pasteur est le PDG de l'église, les diacres sont comme le conseil de direction. Ce sont eux qui ont le pouvoir de le virer. Et Richard et Amos se détestent comme seuls deux chrétiens peuvent se détester. Ils se serrent la main, sourient et disent "Mon Frère, le Seigneur m'a transmis le message que je te passe aujourd'hui" et ensuite ils disent très gentiment à l'autre d'aller se faire mettre. Quand Richard et moi on a commencé à fricoter, il me faisait toujours jurer de ne jamais en parler à personne. Il était toujours super paranoïaque sur ce sujet. Tout ce truc genre, "c'est notre petit secret", tu vois ? C'est Frère Amos. Frère Amos est celui dont il a peur. Il a peur de sa femme et du diacre. Ses deux points faibles.

— Bien. (Je laisse échapper un soupir.) Ça me paraît bien. Je suis tellement pressée de me casser. Je ne peux plus vivre avec Maman et Tommy, ou sinon, je vais m'ouvrir les veines.

— N'achète pas la lame de rasoir tout de suite, dit Gary. Richard va devoir nous payer. Qu'est-ce qu'il peut faire d'autre ?

4

Richard Weatherford

QUAND j'arrive à la maison, les enfants sont réveillés. Les plus grands sont occupés à leurs affaires. Mary aide sa mère à préparer le petit déjeuner pendant que Matthew lit le journal, assis à la table de la cuisine. Mark est dans la salle de bain, en haut. À cause de ses soucis, il lui faut un peu plus de temps pour faire les choses. Je l'entends chanter faux et mal articuler les paroles d'un gospel d'Elvis tout en se préparant.

Dans le salon, les deux petits sont en train de se disputer. J'ai à peine refermé la porte de la maison que Johnny et Ruth me foncent dessus et exigent que j'arbitre leur différend.

— Je ne… Pas maintenant, les enfants.

Johnny dit :

— Mais Papa…

J'attrape son petit menton et je me penche pour plonger mes yeux dans les siens. Tous mes enfants savent ce que ce geste signifie.

— Pas maintenant, Jonathan.

— Oui Papa, répond-il en tremblant.

Tandis que je m'éloigne vers la cuisine, j'entends sa petite sœur, soudain gagnée soit par la culpabilité, soit par la compassion, lui dire qu'ils peuvent tous les deux jouer avec l'objet quelconque qu'ils se disputaient juste avant. J'ai mis fin à leur querelle sans vraiment essayer – en évitant délibérément la dispute, en fait.

Penny, penchée sur l'évier, se tourne vers moi. Les manches de son pull gris anthracite sont remontées jusqu'aux coudes et elle évacue des écorces d'orange et des coquilles d'œuf dans le broyeur.

— Alors, comment ça s'est passé ?

— Quoi ?

Matthew pose le journal.

— Comment allait Terry Baltimore ? Tu aurais dû me réveiller. J'aurais bien aimé aller avec toi.

De tous mes enfants, Matthew est le seul que j'ai jamais emmené avec moi faire des visites.

— S'entretenir avec Terry, ça vaudrait un baptême du feu, lui dit Mary.

Elle est jolie, ma Mary, avec ses cheveux blond vénitien comme sa mère. Elle les a coupés plutôt court et ça ne me plaît pas beaucoup. J'ai envisagé de lui en parler, mais Penny m'a mis en garde. *Elle sait déjà que tu n'aimes pas sa coupe de cheveux, m'a-t-elle dit. Comment ? ai-je répondu. Parce que tu en as parlé deux fois depuis qu'elle est rentrée à la maison. Mais je n'en ai pas dit du mal. Je n'ai fait que remarquer comme ils étaient courts. Penny a affirmé : le fait que tu le remarques deux fois, c'est comme en dire du mal, pour n'importe qui d'autre.* Je ne m'en remets pas toujours à l'avis de Penny concernant nos enfants – l'intuition des mères est largement surestimée selon moi –, mais je reconnais qu'elle en sait plus long sur les cheveux de Mary que moi.

— Alors, dit Penny, comment ça s'est passé ?

Je lève les bras dans un geste exprimant la futilité. L'espace d'un moment terrible, je réalise que tout le monde attend ma réponse ; tous ont déjà aux lèvres un sourire ravi par avance, car ils savent que je vais dire quelque chose de drôle sur Terry Baltimore. Ce qui est terrible, c'est la force du sentiment d'imposture qui me traverse au moment où je réalise que je vais mentir à tous ces gens que j'aime.

Je soupire.

— C'est Terry Baltimore.

Ils gloussent tous, un peu déçus peut-être parce que je n'ai pas ajouté que Terry Baltimore est une épreuve que le Seigneur m'envoie ou que je prie encore et toujours pour un miracle. Ils retournent tous à leurs occupations.

Penny me regarde tandis que je me dirige vers la porte.

— Tu vas appeler ton père ? Nous sommes quasi prêts à manger.

Je grogne presque. J'ai oublié le coup de fil à mon père. C'est une tradition importante entre nous. Ma mère était la communicante dans notre famille, toutes les informations et toute l'affection entre mon père et moi passaient par elle. Quand elle est morte, l'année de mes trente ans, mon père et moi avons perdu notre traducteur émotionnel. Et nous nous sommes retirés dans notre vie, chacun de son côté. J'ai ma famille et mon église. Mon père a ses voisins et quelques vieux copains du temps où il était dans l'armée. Les seules exceptions à ce silence entre nous sont Pâques et Noël, quand l'un de nous appelle l'autre et que nous nous plions à la conventionnelle conversation d'échange de nouvelles. Comme de mauvais chrétiens, nous ne nous pointons que les jours de fête, ces appels sont nos seuls rituels.

— Je vais dans mon bureau écrire la liste des prières. Je l'appellerai plus tard.

Je remonte le couloir jusqu'à mon bureau et j'y trouve Johnny assis par terre, les bras serrés autour de ses jambes repliées, en train de ruminer.

— Johnny, j'ai besoin d'aller dans le bureau.

Il ne me répond pas, ce qui m'exaspère au plus haut point.

— Tu m'as entendu ?

— Oui Papa.

Il se lève et s'éloigne d'une démarche abattue très théâtrale. Visiblement, il a besoin que je lui accorde de l'attention, voulant peut-être remettre sur le tapis sa querelle avec Ruth.

Mais je n'ai pas de temps à consacrer à des âneries pareilles. Je referme la porte derrière moi. Je n'ai pas de verrous sur la porte, et je n'en ai pas besoin. Tout le monde dans la famille sait qu'il ne faut pas entrer quand la porte est fermée. Ils savent qu'ils peuvent frapper seulement au cas où quelque chose exige mon attention de manière urgente. Quand la porte est fermée, il est clair que je suis en consultation avec le Seigneur.

Je me mets à genoux et je serre les mains.

S'il te plaît, mon Dieu…

J'ai prié pour des milliers de personnes dans ma vie, peut-être des dizaines de milliers. Des gens dans le besoin. Des gens qui souffraient. Les malades. Les mourants. Ceux qui ont été sauvés et ceux qui ne le sont pas encore. Mais maintenant, j'essaye de prier pour moi, et c'est comme si je n'avais jamais prié de ma vie. Je ne sais pas comment parler à Dieu. Comment lui parler de ça. Bien sûr, il sait tout, déjà. Il a vu tout ce que j'ai fait. Et c'est exactement pour cela que je ne peux pas lui en parler, que je ne peux lui demander ni de me pardonner ni de m'aider.

J'ai brisé le lien et maintenant, je dois le réparer.

Si je ne donne pas d'argent à ce garçon, il me détruira. Voilà mon drame.

Penny me pardonnerait-elle ? Et si je lui en parlais avant que Gary ne le fasse ?

La réponse est une vague d'écœurement.

Je repense à une nuit il y a plus d'un an, des mois avant que je commence à voir Gary. Notre froideur physique – ma froideur – a conduit à une dispute un soir, des larmes et des paroles dures chuchotées pour que les enfants n'entendent pas. *Faut-il vraiment que nous parlions de ça ? demandai-je. Tu ne m'as pas touchée depuis que j'ai accouché de Ruth. Tu sais ce que cela provoque chez moi ? Écoute, dis-je, les hommes vieillissent. Je t'ai déjà donné cinq enfants. Penny secoua la tête. Je ne parle pas de faire des enfants, Richard. J'ai besoin de savoir que je suis encore séduisante. Je ne suis pas une vieille femme. Est-ce que je suis censée passer encore quarante ans sans faire l'amour ? Je suis censée vivre encore quarante ans sans sentir que quelqu'un me désire ?* Je ne sais pas pourquoi je ne pouvais pas la rassurer comme elle l'espérait, ce soir-là. Je crois que j'avais peur qu'elle veuille que je lui donne la preuve de mon désir pour elle. J'ai préféré m'indigner, l'accuser de ne penser au sexe que d'une manière bassement matérielle. Le lendemain, elle m'a présenté ses excuses. Elle a ravalé son humiliation parce qu'elle a senti qu'elle m'avait blessé, qu'elle avait insulté ma fierté masculine. Nous n'avons jamais plus abordé le sujet – et nous ne nous sommes pas touchés depuis.

Je n'arrive même pas vraiment à envisager de lui parler de Gary. C'est comme d'envisager le suicide. Et si le scandale éclatait publiquement… elle ne me pardonnerait jamais. Elle redoute l'humiliation par-dessus tout.

La place que j'occupe dans la communauté détermine la sienne. Dans les meilleurs moments, cela fonctionne merveilleusement bien. J'ai fait d'elle une femme importante dans cette ville. Mais si je me retrouve au centre d'un scandale sordide, elle perdra cette place de notable. Elle incarnera la honte, attirera la pitié. Je pense honnêtement qu'elle me pardonnerait plus volontiers si je la battais.

En plus, il n'y a pas que Penny qui écouterait Gary. Je lui ai dit que tout le monde me croirait, moi, mais c'était de la vantardise. Oui, beaucoup de gens m'aiment et me respectent. Et, oui, beaucoup de gens prendraient fait et cause pour moi, quoi qu'en disent les autres.

Mais j'ai aussi des ennemis, même parmi les vénérables de notre église. Le président des diacres, Frère Amos, pour commencer, attiserait toute calomnie lancée contre moi. Quand m'a-t-il jamais soutenu ? Je me crispe chaque fois qu'il se lève au milieu d'une réunion de travail et s'écrie depuis son banc : "Frère Weatherford, puis-je dire quelques mots que le Seigneur a déposés dans mon cœur ?" Pourrais-je jamais répondre non ? Pourrais-je jamais suggérer que ce n'est pas Dieu tout-puissant qui a mis dans la tête de ce vieillard toutes les idées qui y émergent ? Non, bien sûr que non. Alors Amos se lève, une main tripotant ses clés de voiture dans sa poche pendant qu'il déclame, d'une voix de stentor qui serait appropriée pour le discours de Gettysburg, une harangue. Et qu'est-ce que le Seigneur a déposé dans son cœur ? Toujours la même chose. Toujours que le pasteur a tort. Chaque fois. Le Seigneur n'a jamais dit à Amos que j'ai fait quelque chose de bien. L'imaginer se lever dans l'église et prononcer les mots "Gary Doane" me donne à nouveau la nausée.

Et puis, il y a évidemment tous les gens qui tireraient avantage de ma déchéance. Je suis sûr que les pro-alcool bondiraient de joie devant cette opportunité de mettre en évidence mon hypocrisie. La seule chose qu'Amos ait en commun avec quelqu'un comme Brian Harten est qu'ils adoreraient tous les deux me voir ainsi rabaissé.

Je serais le scandale local et ma femme et mes enfants subiraient l'humiliation publique. Et à notre époque, tous les scandales locaux peuvent potentiellement devenir des scandales nationaux. Je suis le représentant de Dieu, j'ai été appelé par lui à prêcher le Christ crucifié, et le monde adore voir un homme de foi vaincu par sa propre faiblesse.

Il vaudrait mieux que je sois mort dans mon sommeil la nuit dernière.

J'enfouis mon visage dans le tapis et j'essaye de pleurer. J'ai pleuré tant de larmes dans le tapis de cette pièce. Des larmes de détresse et des larmes d'allégresse, toutes versées tandis que j'implorais le Seigneur pour quelqu'un d'autre. Mais je n'arrive pas à pleurer pour moi. Je n'arrive pas à prier pour moi.

J'ai trop honte pour me confronter à Dieu.

Le petit déjeuner est servi. Penny et les enfants ont préparé un véritable festin. Nous nous tenons par la main et je récite le bénédicité, puis, tandis que nous nous mettons à manger, une cacophonie de voix s'élève autour de la table.

Les plus grands parlent de l'université. Mary décrit un cours d'histoire qu'elle apprécie, qui est en fait son cours préféré de cette première année.

Matthew en profite pour se lancer dans une critique de la manière dont nos universités laïques enseignent l'histoire.

— C'est pire encore que leur manière d'enseigner les sciences, dit-il.

— Rien n'est pire que leur façon d'enseigner les sciences, renchérit Mark.

Son *r* dans "pire" se déforme en *l* – le résultat de lésions cérébrales qu'il a subies à la naissance. Mon pauvre fils. Bien qu'il souffre d'un trouble d'apprentissage considérable, il suit une formation en cybersécurité dispensée par un organisme d'enseignement en ligne, et récemment, il a commencé à parler de quitter la maison pour s'installer seul. Cela nous simplifierait la vie, mais nous sommes inquiets à l'idée de le voir partir ainsi à l'aventure.

Johnny, qui boude depuis que je l'ai réprimandé tout à l'heure, se déride un peu sur le sujet de la science et y perçoit une manière de revenir dans mes bonnes grâces.

— Papa, comment c'est possible qu'il y ait des gens qui pensent qu'on descend des singes ?

— Je ne sais pas, mon fils. Hitler a dit que si on veut que les gens croient un mensonge, il suffit de le répéter sans arrêt. Les anticléricaux ne cessent de répéter leur discours sur l'évolution et les gens l'acceptent sans le remettre en question. Ils entendent des hommes instruits avec des diplômes impressionnants qui pérorent sur les singes, les fossiles, que sais-je d'autre, et ils se disent : "Bon, je n'y comprends rien, mais je suppose que ça doit être vrai si ces types intelligents le croient."

Johnny secoue la tête de façon théâtrale et se tourne vers sa petite sœur pour lui dire :

— Les singes…

Ruth glousse et mange du bacon.

Je leur souris. Je n'ai pas grand appétit, alors je me contente d'un peu de café.

Matthew reprend :

— Enfin, au niveau de l'université, le problème, c'est les titulaires. Ces vieux progressistes poussifs des années 1960 qui engorgent la fac… Ce sont eux les fossiles dont on devrait vraiment s'inquiéter.

Pour Matthew, tout est politique. Il est sur le point de finir ses études de sciences politiques à l'université de l'Arkansas – Sciences Po, comme il tient à les appeler – et il envisage de se lancer lui-même dans une carrière politique. Dès son jeune âge, il s'est intéressé à ces sujets (il était président de la section des Jeunes républicains au lycée), mais sa rage lors de la réélection d'Obama en 2012 a attisé le feu de son ambition comme rien d'autre auparavant. Nous sommes une famille qui pratique la discussion politique ; je n'ai jamais hésité à prendre position sur des questions controversées dans mes sermons. Mais je suis un peu circonspect devant l'obsession de Matthew. Tout en craignant le prix qu'il risque de devoir payer s'il s'engage trop dans le monde crasseux de la politique, je suis certain qu'il ferait un bon chef.

Je regarde autour de la table les visages de mes beaux enfants, si rayonnants. Je lutte pour trouver ma respiration. Ma poitrine est prise dans un étau. Je ferme les yeux pour me concentrer, pour prendre une nouvelle inspiration.

— Richard, est-ce que ça va ? demande Penny.

Je hoche la tête.

— Tu es sûr, Papa ? demande Matthew.

— Ça va.

Je tends la main pour prendre mon verre d'eau et je le renverse.

Mary pose sa main sur la mienne.

— Papa ?

— Peut-être que je devrais aller m'allonger, dis-je.

Je trouve de l'air. J'ouvre les yeux.

Penny est à côté de moi, sa main posée sur mon épaule.

— Est-ce que ça va ? (Elle me touche le visage.) Tu es moite. Et tu transpires.

L'inquiétude se peint sur tous leurs visages. Je n'ai jamais vu cela auparavant, ma femme et mes cinq enfants, tous en train de me fixer. Le pauvre Mark a l'air effrayé.

Je tente de sourire. La sueur coule sur mes lunettes. J'essaye de les essuyer et ne fais que salir les verres.

— Peut-être que je devrais m'allonger. (Je prends le verre de Mary et je bois son eau.) Tout va bien.

Ils continuent à me dévisager. Matthew se lève et m'attrape par le bras pour m'aider, mais d'un geste affectueux, je repousse sa main et lui dis :

— Tout va bien, je vous assure. N'en faites pas toute une histoire. Finissez votre petit déjeuner. Je vais monter dormir un peu. Je me suis levé trop tôt et j'ai bu trop de café. Il faut juste que j'aille me reposer.

Penny se tourne vers eux.

— Vous avez entendu. Finissez votre petit déjeuner.

Elle me suit dans le couloir puis à l'étage. Nous ne disons pas un mot jusqu'à ce que nous soyons entrés dans la chambre et que nous ayons fermé la porte.

J'enlève mes lunettes et je me couche. Elle demande :

— Est-ce ta poitrine ?

Je mets les pieds sur le lit et elle m'ôte mes chaussures.

— Je vais bien, dis-je.

— Richard, ne sois pas têtu. Dis-moi ce qui ne va pas.

Elle s'assoit à côté de moi.

Je ferme les yeux pour ne pas avoir à regarder son visage inquiet et un peu accusateur.

— Tout à coup, je me suis senti pris de vertiges, proche de l'étourdissement, et j'ai eu un peu de mal à respirer. Ce n'est rien.

— Ce n'est pas rien d'avoir du mal à respirer, proteste-t-elle. Tu devrais voir le docteur Ritter.

Je veux mettre fin à cette conversation, et je veux que Penny s'en aille. Je sais depuis longtemps que la manière la plus rapide d'obtenir qu'elle parte, c'est d'acquiescer à tout ce qu'elle dit.

— Oui. Bien sûr. Je l'appellerai à la première heure lundi matin.

— Tu es sûr que tu ne veux pas voir quelqu'un tout de suite ?

— Je vais bien, je t'assure. J'ai eu un petit étourdissement, mais tout va bien, maintenant. Mon rythme cardiaque est normal. Je suis assis là en train de te parler, alors, ma respiration va bien. J'appellerai lundi.

— Moi, j'appellerai lundi. J'ai peur que tu ne le fasses pas.

— Merci, ma chère.

— Je te laisse te reposer.

— Merci.

— Je peux faire quelque chose pour toi ?

— Tu pourrais fermer les stores et tirer les rideaux.

Elle s'exécute puis dépose un baiser sur mon front. Je n'ouvre pas les yeux avant que la porte se soit refermée derrière elle et que le bruit de ses pas s'éloigne dans le couloir.

Dans la chambre règne la pénombre, mais de fines tranches de lumière perlent aux bords des fenêtres et se dessinent sur le mur.

Je monte le couvre-lit par-dessus ma tête et je me tourne et retourne jusqu'à me retrouver enfermé dans un cocon de noir. Je m'installe dans le confort des ténèbres. Je ne vois rien. Je sens seulement ma respiration. C'est comme si je n'avais pas de corps, comme si j'étais simplement la respiration que Dieu lui-même a insufflée en Adam.

MAIS la pénombre ne m'offre pas un répit très long. Les pensées viennent. Les regrets.

Comment ai-je pu être aussi stupide ? Satan lui-même se déguise en ange de lumière. C'est dit en 2 Corinthiens 11, 14. Mais je n'ai jamais pensé que Gary était un ange de lumière, si ? Non, moi j'étais censé être un ange. Son père était contrarié parce que Gary s'était fait virer de l'université. Et l'inquiétude ne se portait pas seulement sur l'argent de ses études dépensé pour rien ou sur un avenir problématique ; ses parents avaient peur que Gary ne se fasse du mal. J'étais censé l'aider.

Comment tout cela a-t-il mal tourné ? La vérité est-elle que je cherchais depuis toujours quelqu'un comme lui ? Rien de tel ne m'est jamais arrivé avant.

Et l'homme à Asheville ?

Non, l'homme à Asheville était un moment délirant de faiblesse il y a quinze ans. Je sais ce que c'était. Il s'agissait de l'abnégation de tout mon être – Richard l'homme, l'époux, le père, le chrétien. L'expérience a été traumatisante, un étranger qui me baise – je n'aime pas ce mot mais en réalité, il n'y a pas d'autre mot pour le dire –, qui me baise avec le regard conquérant, et après son départ, je suis resté sous la douche au motel, tremblant et en sang, plus seul que je ne l'avais jamais été de ma vie.

Je me suis haï pour cela. Je me suis repenti par les larmes. C'était si traumatisant que j'ai cru que j'étais guéri de ces pulsions.

Mais un jour Gary m'a regardé et n'a pas détourné les yeux. Nous n'avons rien en commun, nos vies n'ont rien en commun, mais quand il m'a regardé, je me suis senti dépouillé de toutes mes défenses. Désarmé. Mis à nu.

Qu'a-t-il vu ? Je n'en ai aucune idée, mais je sais depuis de nombreuses années qu'il n'y a rien de romantique au fond d'un homme. Je soupçonne qu'il n'y a rien d'autre au fond de moi que le besoin et le manque. Peut-être est-ce ce qu'il a vu.

Gary a été autant un pion du diable que je l'ai été, et je sais que je l'ai déçu. Il m'a donné sa confiance et j'ai abusé de cette confiance. Mais je ne l'ai pas séduit. Je n'ai jamais voulu qu'arrive quoi que ce soit de ce genre. Lui non plus. C'est arrivé, c'est tout. Le diable nous a tous deux trompés. Le diable promet la même solution facile à tous les problèmes, la même rustine pour toutes les brèches : fais ce que tu veux.

C'est ce que j'ai fait. J'ai comblé mon manque.

Alors, oui, j'ai été trompé, mais je ne peux pas me cacher derrière cela. Dieu est un mystère, mais le diable n'en est pas un. De toute manière, je savais ce que j'étais en train de faire. Assurément, j'étais suffisamment lucide pour organiser les choses. Je ne voulais pas que cela se passe comme ce soir-là à Asheville. Je voulais que ce soit léger et gai. Amusant. Surtout, je voulais qu'il me regarde, qu'il me voie. Je voulais qu'un homme soit témoin de mon plaisir.

Ou voulais-je juste un témoin de ma dépravation ? Y a-t-il dans ce monde un véritable plaisir sans dépravation ? Je n'en suis pas certain, sauf s'il s'agit de l'extase qu'on atteint quand on se débarrasse enfin des fers de la chair.

Finalement, je ne sais pas combien de temps après, on frappe à la porte. Je m'extirpe du cocon et je dis :

— Oui ?

La porte s'ouvre.

— Chéri, Randy Ellis est ici. Il veut te parler de…

— Du vote sur la prohibition. Oui. Dis-lui que je descends.

— Tu es sûr ? Je peux lui dire…

— Non, non, ne t'inquiète pas. Je me sens reposé, beaucoup mieux.

Penny me dévisage quelques instants, ne dit rien et s'en va.

Je me lève, je vais jusqu'aux fenêtres et j'ouvre les rideaux. L'éclat du jour m'éblouit et je dois détourner le regard.

J'enfile mes chaussures, me passe les doigts dans les cheveux et je descends.

Randy se trouve dans la cuisine ; il parle avec Matthew de la politique étrangère d'Obama. Randy porte un jean qui tient avec des bretelles passées par-dessus un T-shirt gris sur lequel on lit ONE NATION UNDER GOD*, ce qui est un résumé assez exact de ses positions sur toutes les questions politiques.

Quand Matthew m'aperçoit, il me demande :

— Tu te sens mieux, Papa ?

* "Une nation réunie sous l'autorité de Dieu". (Toutes les notes sont de la traductrice.)

Randy repousse la casquette humide marquée Razorback sur sa nuque.

— Vous êtes pas en forme, Frère Richard ?

J'agite une main désinvolte.

— Un petit mal de tête. Penny fait comme si c'était la fin du monde. Matthew tient d'elle, apparemment.

Ce commentaire n'aurait pas pu être plus blessant pour Matthew. Même s'il adore sa mère, il a toujours éprouvé un certain malaise avec la position d'autorité qu'elle occupe dans la famille. Même quand il était petit garçon, il semblait lui en vouloir du pouvoir qu'elle avait sur lui. Il la respecte en tant que mère, celle qui l'élève et l'éduque, mais pas comme autorité. Il aspire, comme tous mes garçons, à être comme moi, et je crois qu'il a toujours eu l'impression que Penny était un peu une usurpatrice du rôle de sous-chef de la famille.

Il essaye de sourire et d'encaisser le coup avec grâce, mais la gaieté disparaît de son visage. Maintenant, il sait qu'il doit se montrer plus circonspect.

Tandis que Matthew bat en retraite, Randy – l'affable, l'aimable Randy Ellis – demeure totalement inconscient de ce qui vient de se passer. Il frotte son gros ventre.

Je lui demande :

— Avez-vous déjà acheté le Whopper de Patricia ?

— Pas encore. Je le prendrai sur la route en rentrant.

Maintenant que ses fils ont grandi et ont quitté la maison, Randy et sa femme Denise vivent seuls avec un cocker spaniel obèse appelé Patricia, et tous les jours, Randy lui achète un Whopper chez Burger King.

Tandis que je l'emmène dans mon bureau, je lui demande :

— Dites-moi, vous ne lui avez jamais donné un Big Mac, juste pour changer un peu ?

Il hausse les épaules.

— Elle aime pas le McDo.

Nous rions et je referme la porte du bureau.

— Quelles nouvelles, Frère Randy ?

Mon bureau se trouve face à la fenêtre, alors je fais pivoter ma chaise pour le regarder. Il prend le fauteuil installé à côté de l'étagère. Il tente de croiser les jambes mais son ventre l'en empêche. Il finit par poser ses mains sur ses genoux.

Son visage est sérieux, plus sérieux que je ne l'ai vu depuis longtemps.

— Eh bien, j'ai parlé aux gens du vote des juges de paix, comme vous me l'avez demandé, dit-il.

— Vous avez parlé aux méthodistes ?

— Ça oui. Tubb et Carter sont tous les deux avec nous.

— Voilà des nouvelles encourageantes.

Il demande :

— C'est à ça qu'ça revient, non ? Je veux dire, si Tubb et Carter votent non, eh bien, il est impossible que la proposition de lever la prohibition soit mise au scrutin. Ou vous êtes toujours inquiet ?

— C'est une excellente nouvelle, lui dis-je. Pas de doute là-dessus. Les pro-alcool sont déjà dans une position de fragilité, et sans les méthodistes, leurs chances diminuent encore considérablement. Mais rappelez-vous, le résultat n'est pas acquis tant qu'on n'a pas sifflé la fin du match et que tout le monde est rentré chez soi. Voyons comment ça va se jouer.

Randy prend une profonde, une lourde inspiration.

— Vous savez, Frère Richard, j'apprécie beaucoup que vous m'ayez associé à ce combat.

Je suis étonné devant sa gravité.

— Bien sûr, Frère Randy, et je vous suis reconnaissant de toute l'aide que vous m'apportez.

Il hoche la tête et s'éclaircit la voix.

— Ce que je veux dire… c'est juste que, et je ne sais pas si vous vous en rendez compte, mais demain, c'est le huitième anniversaire de la première fois où j'ai franchi le seuil de l'église.

— C'était il y a si longtemps ? Je ne l'aurais jamais cru.

Il s'éclaircit la voix à nouveau.

— Eh bien, je ne l'oublierai jamais. Denise m'a traîné là-bas il y a huit ans. (Il sourit.) C'est Pâques, elle a dit. Bouge tes fesses. On va à l'église.

— Je sais qu'elle prie pour vous depuis longtemps, Randy.

— C'est vrai, et elle m'a fait venir à l'église et j'ai entendu votre sermon et ça a changé ma vie.

— Le Seigneur a changé votre vie. J'ai juste essayé de relayer son message.

— Vous avez fait sa volonté, comme toujours, et ça m'a totalement chamboulé. J'ai arrêté de boire cette semaine-là. J'ai cru que j'allais en mourir. Mais aujourd'hui, ça me manque plus du tout.

— Que Dieu en soit loué.

— Que Dieu en soit loué, répète-t-il. C'est pour cela que je suis tellement fier d'être à vos côtés contre ce vote de libéralisation, Frère Richard. Pour empêcher que ça arrive… je vais vous dire, ça me fait un bien fou. On ne doit pas tolérer ça.

— Non, on ne doit pas.

— Je regrette juste, dit-il en bégayant un peu, je regrette juste de ne pas avoir arrêté avant. Peut-être que mes garçons seraient dans une meilleure situation aujourd'hui.

Il baisse la tête et contemple ses grosses paluches.

J'aurais pu deviner que c'était ça qui le préoccupait. Ses fils, Carl et Bobby, étaient tous les deux au lycée quand Randy a été sauvé. Peut-être la chose la plus difficile pour un converti est-elle de se présenter à nouveau devant sa famille, principalement devant ses enfants. Il ne s'agit pas simplement de dire à ses enfants qu'on a changé, on leur dit que ses péchés ont été pardonnés par un pouvoir transcendant. Certaines personnes ne veulent pas entendre cela, pour le dire pudiquement, en particulier les enfants. Les enfants aiment penser qu'ils sont les seuls qualifiés pour juger leurs parents. Selon ses propres récits, avant d'être sauvé, Randy était un père imparfait, souvent en état d'ébriété d'une part, et exerçant une discipline de fer d'autre part. Quand il est rentré chez lui ce dimanche-là et qu'il a annoncé qu'il avait été sauvé, ses fils ont réagi avec un scepticisme extrême. Et quand il a commencé à restreindre leur liberté – interdisant qu'ils mettent de la musique laïque dans la maison, bannissant l'alcool et les cigarettes, exigeant de donner son approbation à leurs fréquentations –, leur scepticisme s'est transformé en défiance furieuse. Randy et Denise ont répondu à cette rébellion en multipliant les restrictions, forçant les garçons à venir à l'église pour la première fois de leur vie. Bobby, qui n'avait qu'une quinzaine d'années, a obéi, à contrecœur. Carl, dix-huit ans et sur le point de terminer ses études secondaires, a tout simplement quitté la maison et n'est jamais revenu.

Maintenant, les deux garçons sont des jeunes hommes à la dérive. Bobby vit toujours en ville ; il est employé le soir à l'usine de poulets et vit avec une droguée à la meth d'une quarantaine d'années. Carl, qui se trouve quelque part à Little Rock, est irrémédiablement drogué. Je me rends compte tout à coup que le salut de Randy s'est fait au prix de sa famille.

Je demande :

— Il s'est passé quelque chose ?

— Carl s'est pris une balle.

Il le dit simplement, sans émotion apparente, comme s'il m'informait que Carl avait perdu son emploi.

Je suis stupéfait.

— Quoi ? Grand Dieu, Randy. Comment va-t-il ?

— Il a été blessé à la jambe. Il nous a appelés hier soir. Denise est allée là-bas ce matin. Elle m'a passé un coup de fil avant que je vienne ici. Elle dit qu'il va bien.

— Que s'est-il passé ?

— Il faisait une transaction. Vous savez qu'il vit à Southwest Little Rock. Vous savez ce que cela signifie.

— La drogue.

— Ouais. Nous savons qu'il en vend. Bobby nous l'a dit. Hier après-midi, Carl traînait à rien faire dans son appartement avec un type, un de ses amis. L'autre est arrivé y a à peine dix minutes quand on frappe à la porte. Ils ouvrent et deux Noirs entrent. Apparemment, ils connaissaient l'autre gars, l'ami de Carl, comme s'il les avait invités. Mais là, un des Blacks sort un revolver et essaye de voler son argent à Carl. Alors Carl sort son arme, parce que bien sûr, il se trouve qu'il a son arme sur lui, et ils échangent des tirs. C'est l'histoire de Carl, en tout cas, l'histoire qu'on a, et l'histoire qu'il a servie à la police.

— Et quelle est la vérité, d'après vous ?

— Je crois que Carl est un dealer et que ces types ont essayé de le voler.

— OK. Et Carl a été blessé à la jambe ?

— Ouais. La balle lui a déchiré la cuisse, mais elle a manqué l'os et les artères. Il a eu de la chance, quand on y pense.

— Quelqu'un d'autre a été blessé ?

— Ouais… il a tué le gars qui était armé.

— Attendez, Carl a tué un homme hier ?

— Ouais, dit Randy, en baissant les yeux sur ses mains.

— Mon Dieu.

Randy hoche la tête.

— Vous allez bien ? je demande.

Il secoue la tête.

— Je récolte ce que j'ai semé, Richard. Purement et simplement. Quand on plante le péché, on obtient le péché.

Il cache son visage dans sa grande main.

Je tends le bras et je pose une main sur son épaule.

— Je suis désolé.

Il hoche la tête.

Je serre son épaule.

— Je suis tellement désolé.

Sa main retombe sur sa cuisse et il dit :

— Je ne sais pas quoi faire, Frère Richard.

— C'est difficile de savoir quoi faire, dis-je. Mais la première chose, c'est de se tourner vers le Seigneur. Il est là pour vous. Il écoute. Il a un plan.

Randy plonge le regard dans mon tapis.

— Vous savez, je veux y croire…

— Épître aux Romains 8, 28 : "Et nous savons que toutes choses concourent au bien de ceux qui aiment Dieu." Toutes choses, Frère Randy.

— Ouais.

— Il n'est jamais trop tard pour prier. Dieu écoute toujours.

Il hoche la tête.

— C'est vrai. Je vais prier pour ça.

— Je sais que vous le ferez. Voulez-vous prier tout de suite ?

— Oui. Ça signifierait beaucoup pour moi si vous disiez la prière, Frère Richard, si vous portiez ça devant le Seigneur pour moi.

— Bien sûr.

Nous baissons la tête. Je prie.

— Seigneur tout-puissant, nous venons à toi aujourd'hui pour te demander de protéger Carl, de guérir son corps et de guérir son cœur.

La voix de Randy se brise tandis qu'il énonce sa prière.

— Oui, Seigneur, je t'en supplie.

— Ramène-le dans le troupeau, Seigneur. Ramène-le à la maison auprès de sa mère et de son père, ramène-le auprès de Toi. Et parle à Bobby aussi, Seigneur. Rassemble cette famille et guéris-la, Seigneur. Accompagne Randy et donne-lui la sagesse et la force de conduire sa famille vers toi.

— Oui, fait Randy.

— Nous savons que tu le feras, Seigneur, parce que tu es le grand guérisseur.

— C'est vrai, chuchote Randy.

— Et Père, nous te remercions et nous louons ton nom pour avoir conduit Randy dans la famille de Dieu. Nous te louons et nous te remercions pour ces huit dernières années. Pour ce que tu as fait dans sa vie et dans la vie de Denise.

— Amen, amen, chuchote Randy.

— Nous disons notre prière au nom de Jésus, notre Seigneur. Amen.

— Amen, répète Randy. (Il lève des yeux encore pleins de larmes vers moi.) Merci, me dit-il. Vraiment, Richard. Merci.

Je tapote ses grosses mains, toujours serrées dans une attitude de prière.

— Je vous en prie, mon ami. Et vous savez quoi ? Allons voir votre fils lundi. Vous et moi. Pensez-vous que ce serait une bonne idée ?

Randy hoche la tête.

— Oui. Merci beaucoup.

— Pas besoin de me remercier. Je suis heureux de le faire. Peut-être est-ce le moment que le Seigneur a choisi pour nous.

— Pourrions-nous rester discrets jusque-là ? J'apprécierais que vous n'en parliez à personne.

— Vous êtes certain de ne pas vouloir que l'église prie pour lui ? Je sais que nos guerriers de la prière vous soutiendraient volontiers.

— Je préférerais qu'on n'en parle pas. Ça m'est égal que vous en parliez à Penny, bien sûr. C'est juste que je ne suis pas pressé que tout le monde le sache.

— Bien sûr. Vous pouvez être certain de ma discrétion.

Il se met debout, tout en essuyant la dernière larme sur sa joue avec ses doigts épais. D'une voix plus aiguë, qui signale un changement d'état d'esprit, il me demande :

— Vous allez à l'église, tout à l'heure ?

— Oui, il faut organiser le programme de Pâques. Je dois réviser mon texte.

Il sourit.

— Depuis le temps que je vous connais, je ne sais pas comment vous arrivez à parler devant tous ces gens.

J'ouvre la porte et je lui mets une bourrade dans le dos.

— Ça fait partie du métier. Je suppose que le Seigneur choisit les causeurs pour causer.

Randy dit :

— Parlant de gens qui causent, j'ai entendu quelque chose circuler à l'usine de ciment ce matin. Quelqu'un a dit que Ray ne lâche pas, finalement. Il leur a dit qu'il restait, finalement.

— Vraiment ?

— C'est ce que j'ai entendu.

— Peut-être que cela signifie que Ray laisse tomber Brian.

— C'est ce que je me suis dit. Si Ray abandonne, vous croyez que Brian va jeter l'éponge ?

— Non, dis-je en tapotant un doigt contre mes lèvres. C'est Brian le plus passionné, le plus déterminé. J'ai toujours eu l'impression que Ray suivait le mouvement. Brian a été le moteur dans ce partenariat depuis le début.

— Quand même, ça s'annonce pas très bien pour Harten.

— C'est sûr.

Tandis qu'il franchit le seuil de la maison, il ajoute :

— OK, Frère Richard, à demain, alors.

— Oui, à demain.

— Et on reparlera d'aller voir Carl lundi. J'en saurai plus.

— Oui. (Je hoche la tête.) Bien sûr.

Lundi. Comment vais-je arriver jusqu'à lundi ?

Tandis que je le regarde rejoindre son pick-up, je sens la nausée me reprendre.

Je referme la porte et je retourne dans mon bureau. Je m'arrête dans le couloir, à côté du mur sur lequel sont accrochées nos photos de famille.

Comment vais-je arriver jusqu'à lundi ?

Ce n'est pas le moment de paniquer. C'est le moment de trouver un moyen de faire que ça marche. De me concentrer.

Comment vais-je arriver jusqu'à lundi ?

J'entre dans mon bureau et au moment où je m'assois, quelque chose que Randy a dit me revient à l'esprit.

Ça s'annonce pas très bien pour Harten.

Brian Harten doit être au fond du désespoir, en ce moment. Le vote lui sera défavorable. Tout le monde le sait. Il doit le savoir, lui aussi.

Il doit me détester.

Oui, bien sûr qu'il me déteste.

Mais il doit aussi être désespéré.

Je me demande jusqu'à quel point.

5

Brian Harten

ROXIE est pas contente de me voir.

— C'est pas ton jour avec les enfants, elle dit.

— Je sais.

— Alors, pourquoi t'es là ?

Il y a un pick-up dans l'allée à côté de sa voiture. Je le montre d'un mouvement de tête.

— À qui il est ?

Elle s'appuie contre le chambranle et croise les bras. Elle a un débardeur bleu et le pantalon de survêtement Captain America que les gamins lui ont offert pour Noël il y a quelques années.

— À Jeff.

— Qui c'est, Jeff, putain ?

— Jeff est le type qui roule dans ce pick-up.

— Et pourquoi le pick-up de Jeff est garé devant chez toi ? Où est Jeff?

Roxie est toute maigre, petits seins, pas de hanches. Elle a des taches de rousseur, des cheveux bruns et des yeux bruns. Quand on était mariés, je me suis lassé de coucher avec elle. Non, pas lassé. Je me suis habitué à coucher avec elle. C'était comme aller au boulot en voiture. Pas grand-chose de nouveau à voir. Mais maintenant, avec ses bras croisés, sa figure renfrognée et son discours de merde, j'suis carrément excité par elle. Son cou a l'air tellement doux, et ses cheveux descendent jusqu'à ses épaules couvertes de taches de rousseur. Si elle voulait qu'on baise maintenant, je dirais oui tout de suite.

Mais elle pense pas à baiser, là.

— C'est pas tes oignons, qui je vois, elle dit. On est pas mariés. Je débarque pas chez toi comme ça tôt le matin pour te demander qui prend le petit déjeuner chez toi.

— Il a passé la nuit chez toi ?

— Je vais fermer la porte si t'as rien d'autre à me dire, Brian.

— C'est juste que j'ai le droit de savoir qui se trouve là-dedans en train de manger des céréales avec mes gosses, non ?

— Ils mangent des œufs au bacon et tout ce que t'as besoin de savoir, c'est que c'est mon ami et qu'il est ici.

— Des œufs au bacon. Depuis quand tu fais des œufs au bacon pour qui que ce soit ?

— Pfff.

Elle secoue la tête et s'apprête à fermer la porte, mais je l'arrête.

— OK. Je suis pas venu pour ça, de toute façon. Je suis passé pour te demander si je peux t'emprunter ta voiture.

Elle s'interrompt et fronce les sourcils et regarde par-dessus mon épaule.

— T'as pas la tienne ?

— En panne.

— Qu'est-ce qu'elle a ?

— L'alternateur, je crois. Il faut que je la fasse voir à quelqu'un.

— Pourquoi tu as besoin de m'emprunter ma voiture ?

— Il faut que j'aille à Morrilton.

— Pourquoi ?

— T'es obligée de savoir ?

— Oui, si tu veux que je te prête ma voiture.

— Faut que j'aille voir Tommy. Il me doit de l'argent. J'ai besoin de récupérer le fric pour pouvoir payer les réparations.

— Il sera là-bas si tôt ?

— Ouais. En général, il arrive tôt le week-end pour s'éloigner de Carmen et Sarabeth. Il fait de la paperasse ou il passe des appels. La moitié du temps, il reste là à regarder la télé.

Elle hoche la tête, prend son sac à main accroché au portemanteau et sort les clés. Elle ne me les donne pas tout de suite.

— Quand est-ce que tu me la ramènes ?

— Quelle heure est-il ?

— Dix heures et demie.

— Je ne sais pas. Vers midi, une heure, peut-être ? Deux heures au plus tard.

— Deux heures au plus tard.

— OK.

Elle me donne les clés.

Le plancher est jonché de cochonneries. Des emballages de McDo, des vieilles bandes dessinées, des trucs d'école des enfants. La voiture de Roxie a toujours eu l'air d'une poubelle sur roues. Je n'ai jamais compris. Moi je soigne mes affaires. C'est normal, non, de prendre soin de ses affaires ? J'ai jamais compris qu'on achète un véhicule pour ensuite le traiter comme une benne à ordures.

Malgré tout, c'est sympa d'être dans une voiture et de ne pas avoir à marcher. Je traverse le Little Red River

Bridge, je passe l'église, et je sors de la ville. Je n'aurais jamais pu faire ce trajet à pied, c'est sûr. Sympa de la part de Roxie de me la prêter, je suis obligé de le reconnaître.

Non, c'est faux. Elle m'a laissé l'emprunter juste pour pouvoir me le renvoyer à la gueule plus tard. Aujourd'hui ou demain ou dans un an – à un moment quelconque, cette salope va me le faire payer.

Jeff. Putain, mais qui c'est, ce Jeff? Pas Jeff Black? Non, pas possible. Peut-être Jeff Machin-Chose qui travaille à Walmart.

Je ne sais pas. En même temps, peu importe. Ça sert à rien d'être jaloux.

Je suis pas jaloux, de toute manière, pas exactement. Si "Jeff" veut se coltiner une emmerdeuse comme Roxie, grand bien lui fasse.

Mais j'adorerais la baiser. Une dernière fois.

J'imagine que c'est ce bon vieux Jeff qui la baise, maintenant.

M'en fous.

Une fois qu'on s'éloigne de la ville, l'autoroute se met à serpenter à travers les arbres. Des arbres, des arbres, encore des arbres. Le nord de l'Arkansas, c'est rien que des arbres. Le sud de l'État, c'est rien que des marais. Je préfère les arbres, à vrai dire, mais parfois je me dis que j'aurais dû me barrer d'ici. C'est sûr, j'ai quitté le comté de Van Buren, mais pour aller où ? Dans le comté voisin. Et qu'est-ce que ça m'a rapporté ? Je me retrouve exactement là d'où je suis parti. Pas d'argent. Pas de famille. Au volant de la voiture de mon ex-femme pour aller voir mon ex-patron.

Super la *success story*.

Tommy's Bar est fermé, mais le pick-up de Tommy est garé devant à côté de la statue. Il se gare toujours à côté de la statue. Ça lui suffit pas de s'être fait faire une putain de statue en son honneur, il faut en plus qu'il se gare à côté.

La statue a l'air stupide. Tommy raconte à tout le monde qu'elle est en "bronze coulé à froid", mais j'étais là quand il a acheté ce truc et je sais pertinemment que c'est seulement de la résine avec de la poudre de bronze mélangée dedans. Donc, c'est deux mètres cinquante de résine qui ressemble à du bronze, sur un piédestal d'un mètre vingt, et elle est censée représenter Tommy dans sa jeunesse, avec une batte de base-ball de soixante centimètres sur l'épaule. Elle est merdique, comme statue, et elle ne lui ressemble même plus puisqu'il a fait un paquet de gras en restant assis sur son cul derrière le bar. Quand il était champion de base-ball au lycée et qu'il a eu une bourse universitaire, il avait un corps d'athlète, puissant et élancé, et il avait dix-huit ans. Maintenant, c'est un gros péquenaud comme plein d'autres.

Mais il ne le sait pas. Il croit qu'il est la statue.

Je me gare à côté de deux ou trois autres voitures dans le parking et j'entre.

Les chaises sont remontées sur les tables et Tommy se trouve derrière le bar. Il y a deux filles avec lui. Je ne les connais pas. Peut-être que ce sont de nouvelles serveuses. Elles sont toutes les deux jeunes et jolies. Une est chinoise, ou coréenne peut-être. On voit pas beaucoup de filles asiatiques par ici. Elle doit être adoptée.

Ils me dévisagent tous quand j'entre, et je vois Tommy sourire.

Il recule tellement sur sa chaise qu'il manque se cogner la tête sur la Louisville Slugger accrochée au mur.

— Harten, tiens donc. Le retour de l'entrepreneur.

Il porte un short en toile beige et un polo rose moulant qui le fait ressembler à un gros téton.

— Salut Tommy. Quoi de neuf?

Les filles sont assises sur des tabourets de bar et jouent au 21 avec Tommy. Elles ont des pennies devant elles. Il a des dollars. Je l'ai déjà vu jouer à ce jeu avec des filles – il parie des dollars et elles des pennies. Il le fait seulement pour se la péter. Les filles s'en fichent. En gros, il les paye pour lui tenir compagnie.

Il dit :

— Tu connais Ka et Britney ?

Les filles me sourient. Ka est l'Asiatique, Britney, la blonde.

— Non. (Je leur adresse un signe de tête.) Comment allez-vous ?

Elles me rendent mon salut et échangent un regard. Elles savent pas trop quoi penser de moi pour l'instant.

Tommy mélange les cartes.

— Quoi de neuf, Harten ?

— Oh, pas grand-chose. Je me suis dit que j'allais passer récupérer mon chèque.

— Ton chèque pour quoi ?

— Mon chèque de salaire.

Sans même me regarder, il dit :

— D'après moi, tu travailles plus ici, Harten. (Il se tourne vers les filles et sourit.) Hé, chez moi, pas de cash pour ceux qui me lâchent. C'est un… comment on appelle ça ? Un jeu de mots ?

— Une rime, non ? dit Ka.

— Ouais, une rime.

J'interviens.

— Tu me dois encore de l'argent du mois dernier.

— Du mois dernier ?

— Ouais.

Il mélange les cartes, en sort une, la regarde, la glisse à nouveau dans le paquet, et continue à battre.

Les filles ont arrêté de sourire. Ka regarde Britney. Les yeux de Britney vont de Tommy à moi, puis Tommy, puis moi.

— Le mois dernier, je dis.

— Hem. Combien tu penses que je te dois pour le mois dernier ?

— Tu sais pas combien tu dois aux gens ?

— Si, si, je sais. Et c'est justement là que je comprends pas bien parce que je suis quasiment sûr que je te dois que dalle. Tu t'es barré avant la fin du mois.

— J'ai travaillé, Tommy. Tu me dois au moins trois cents dollars.

Il pose les cartes sur le comptoir et me regarde, ses yeux de débile tout plissés dans son visage gras.

— Tu t'es même pas pointé au boulot le dernier jour.

— J'ai appelé Katy pour le lui dire.

— T'es pas censé appeler un autre employé, t'es censé m'appeler moi. Tu m'as juste planté.

— J'avais des trucs à faire.

— Tu t'es barré de ton job en appelant une serveuse. C'est foireux, mon pote. Ça marche pas comme ça.

Ka paraît tendue. Britney sourit.

— Tu me dois quand même du fric, Tommy.

Il secoue la tête.

— Je crois pas, non. Tu m'as laissé en plan ce soir-là. Faut que je déduise ça.

— C'est pas réglo.

— En plus, j'ai été obligé de payer quelqu'un d'autre pour te remplacer au pied levé.

— Et alors ? Quel rapport ?

— Alors, je dirais qu'on est à peu près quitte.

Je sais pas trop quoi dire. Je sais que ce connard ne va jamais me payer ce qu'il me doit. Tommy est un patron de merde pour les gens qui bossent pour lui. Et moi ? Je suis juste un mec qui travaillait pour lui.

Je secoue la tête. Je demande aux filles.

— Vous venez d'être embauchées ?

Elles me dévisagent toutes les deux.

— Vous bossez ici ?

Ka hoche la tête.

— Eh bien, n'oubliez pas ce que vous venez de voir. Voilà qui est vraiment Tommy Weller.

— OK, fait Tommy. Il est temps que tu sortes de mon bar.

— Ce salopard possède quatre affaires, je dis aux filles. Vous le savez ? Forcément vous le savez. Il le répète à tout le monde. Il s'est fait faire une statue de lui, là, dehors, avec une batte de base-ball. Ce qui est hilarant parce qu'absolument personne dans l'État de l'Arkansas n'en a quelque chose à foutre du base-ball. Et où il a joué au base-ball ? Dans les grands championnats ? Non. En deuxième division ? Non. À l'université. Ouais, franchement, tout le monde adore le base-ball d'université, non ?

Tommy demande :

— Et où tu as joué, Brian ?

Je ne le regarde même pas. Je continue à parler aux filles.

— Il s'est fait virer de l'université, au fait. Il y a passé un an avant de se faire virer.

Tommy dit :

— Et là, je reviens ici et je lance quatre affaires qui marchent, Brian. Et toi, t'en as combien, des business ?

— J'en ai un en route.
— C'est vrai ?
— Ouais.
— C'est vrai ?
— Oui, c'est vrai.
— C'est pas ce que j'ai entendu dire. À ce qu'on m'a dit, le comté de Van Buren va pas te laisser faire.
— On verra ça.
Tommy sourit et dit :
— Ouais, c'est sûr, on verra.
Je les regarde alternativement, tous les trois. Britney a du mal à retenir un rire qui va éclater avant même que j'arrive au parking. Ka a l'air carrément horrifiée par toute la situation. Et Tommy se marre comme s'il venait de me déculotter en public.
Je tourne les talons et je sors d'un pas lourd. Je saute dans la voiture de Roxie comme si j'étais sur le point de m'en aller sur les chapeaux de roues. Mais tout ce que j'arrive à faire, c'est rester là, à contempler l'ombre de l'énorme batte de base-ball en plâtre de Tommy sur le capot.
J'appuie mon pouce sur mes lèvres. Je n'ai pas d'endroit où aller. Je n'ai personne à appeler. Je vais repartir à Stock et ramener la voiture à Roxie. Puis je rentrerai à pied jusqu'à mon appartement.
Je me prends la tête entre les mains.
Mon portable vibre. Je me frotte les yeux et je sors le téléphone de ma poche. Je reconnais le numéro. Richard Weatherford. Je l'ai appelé le mois dernier pour me plaindre de quelque chose qu'il avait dit à une réunion du conseil municipal. Peut-être qu'il veut me renvoyer l'ascenseur.
— Allô ?

— Allô ? Vous êtes Brian ?

— Ouais.

— Brian, ici… euh… Richard Weatherford. Comment allez-vous ?

— Ça gaze pas trop, là, révérend. Qu'est-ce que je peux faire pour vous ?

— J'aurais bien voulu m'entretenir avec vous.

— Je vous écoute.

— J'aurais bien voulu qu'on se parle de vive voix. Aujourd'hui, de préférence.

— De quoi vous voulez parler ? Je suis occupé.

— Eh bien, il s'agit du vote prévu prochainement.

— Je ne suis pas d'humeur à entendre un autre sermon sur les effets nocifs de l'alcool, révérend.

— Oui, bon, je ne vais pas vous faire un sermon. Pas du tout. En fait, j'espérais qu'on pourrait en discuter.

Il y a quelque chose de bizarre dans sa voix. Il a jamais eu cette voix. L'espace d'une seconde, je doute même que ce soit lui.

— OK…

— Je crois que vous serez content d'entendre ce que j'ai à vous dire.

— OK. Où ? À votre église ?

— Euh, non. Ce que j'ai à dire est assez sensible. Nous pourrions nous rencontrer quelque part où avoir une conversation discrète.

— Une conversation discrète ?

— Oui.

— Vous avez une idée ?

— Vous connaissez la station de lavage sur Old Huddo Road ?

— Ouais.

— Je peux y être dans dix minutes.

— Je suis sur la route, je dis. Dans une heure ?

— Une heure ? OK. Oui. Une heure.

— À tout à l'heure.

— Brian, encore une chose.

— Ouais.

— J'apprécierais que vous n'en parliez à personne pour l'instant. Gardons ça pour nous, si ça ne vous fait rien, jusqu'à ce que nous ayons pu discuter.

— C'est un peu douteux, votre truc, révérend.

— Non. (Il rit, nerveusement.) Non, il n'y a rien de douteux. Je voudrais juste vous parler.

On raccroche et je suis assis là, en train de regarder le portable en me disant : Ça alors, qu'est-ce qu'il peut bien me vouloir, lui ?

6

Richard Weatherford

Je viens de raccrocher avec Brian Harten quand mon portable vibre dans ma main. Je sursaute, car je soupçonne que c'est Brian qui me rappelle.

En fait, c'est mon père. Je soupire et je grogne.

Je ne peux pas ne pas prendre son appel.

— Salut Papa, dis-je.

Je l'entends s'installer dans son fauteuil.

— Alors, demande-t-il d'une voix tonitruante, comment ça va ?

— Ça va bien, dis-je. Les enfants sont tous à la maison pour Pâques.

— Ah ouais ? Tant mieux.

— On était désolé que tu ne puisses pas venir.

— Oh, tu sais, je suis trop amoché pour voyager. Vous devriez tous venir me voir.

J'essaye de le prendre en riant.

— Papa, pourquoi tu m'invites toujours à venir te voir au seul moment de l'année où tu sais que je ne peux pas venir ?

— Qu'est-ce que tu veux dire ?

— M'inviter à venir te rendre visite à Pâques, c'est comme inviter un futur marié à venir te rendre visite le jour de son mariage.

— Je veux pas dire forcément maintenant. Un de ces jours, plutôt.

Il dit la même chose chaque fois que nous nous parlons. Et je lui fais la même réponse chaque fois que nous nous parlons.

— Ouais, on devrait s'organiser pour venir te voir un de ces jours. Là, dans l'immédiat, je te dirais que j'ai vraiment beaucoup de choses sur le feu.

Papa rit un peu. Pas un rire moqueur, mais son amusement contient une touche de sarcasme.

— C'est ton boulot à la semaine de deux jours qui te rétame ?

Je sens que mon visage devient chaud, mais j'essaye de rire avec lui.

— Tu ne peux pas imaginer tout ce que j'ai à faire, Papa.

— Oh, ne prends pas la mouche. Je sais bien. Tu as tous ces gamins à gérer. Ta mère et moi, on arrivait à peine à s'occuper d'un seul. Parlant de tes gamins, est-ce que Matt a fini ?

— Dans deux mois.

— Il a déjà pensé à ce qu'il allait faire après ?

— Apparemment, il va continuer en troisième cycle.

— En troisième cycle ? Sans rire. Pour ses trucs de sciences politiques ?

— Ouais. Il restera à l'université de l'Arkansas.

— Et deviendra homme politique, j'imagine.

— On verra bien. Il a déjà pris quelques bons contacts.

— S'il veut se présenter aux élections un jour, il ferait bien de commencer par devenir militaire. Y a plus un seul de nos hommes politiques qui a une expérience militaire.

— Je sais.

— Mais j'aime bien Trump quand même.

— Ah bon ?

— Ouais. La frontière mexicaine a plus de trous qu'un morceau de gruyère. Il a raison sur ce point. Y a toutes sortes de gens qui débarquent tous les jours et bouffent les allocations, font baisser les salaires, arrêtent pas de faire des gosses. Faut que quelqu'un arrête ça.

— Moi je soutiens Cruz.

— Il est cubain, ou un truc comme ça, non ?

— À moitié cubain, je crois. Il est baptiste du Sud.

— C'est bien, ça.

— Quelles autres nouvelles de ton côté, Papa ?

Il rit.

— Je suis vieux, fiston. Quand on est vieux, tout est nouveau, et rien n'est nouveau. Ma main droite est à peu près foutue. C'est la dernière nouvelle en date.

— Qu'est-ce que tu veux dire par là ?

— Ben, je n'ai plus qu'un doigt sur cette main-là qui fonctionne, le petit doigt. Et qu'est-ce qu'on peut en faire ? Les doigts qui font le vrai boulot, ils valent plus un clou. Ils sont devenus raides comme des bouts de bois.

— Est-ce que tu as vu un médecin ?

— La prochaine fois que tu dis une prière, dis quelque chose pour ma main.

— Je le ferai. Mais est-ce que tu as vu un médecin ?

— Ouais, mais ces médecins de la Veterans Administration savent que dalle. La petite nana que j'ai vue m'a dit qu'ils pouvaient me sectionner les doigts si je voulais. Tu y crois ? J'ai dit : “Ben, c'est nécessaire ?”, et elle a dit non, qu'ils allaient pas me tuer ni rien. Alors je lui ai dit : “Ben ma petite, j'aime autant garder mes doigts, si ça ne vous fait rien. Ils me sont plus trop utiles, mais ce sont les miens.” Ces docteurs, ils savent que dalle.

— Mais Papa, qu'est-ce qui ne va pas avec tes doigts ? S'agit-il de complications du diabète ?

— Oh, sûrement que le diabète y est pour quelque chose, je crois bien, mais il y a aussi les dégâts sur les nerfs de mon bras, du temps où j'ai fait des tonneaux avec ma jeep, quand j'étais à l'armée. En plus, j'ai mon arthrose. C'est aussi un facteur. Mais c'est comme ça. Quand on commence à devenir vieux, il y a toujours quelque chose qui ne va pas. Et une fois qu'on commence à devenir vraiment vieux, c'est dix trucs différents. Je suis tellement fracassé maintenant que j'ai du mal à me souvenir du temps où j'avais l'impression d'être en un seul morceau.

— Est-ce que tu en parles dans tes prières ?

— Oh, le Seigneur a mieux à faire que de penser à mon vieux corps tout cabossé. Je deviens vieux, c'est tout. Pas besoin d'emmerder Dieu avec ça.

— Je ne suis pas sûr que ce soit vrai…

— Pas de sermon, fiston.

— Et les Écritures ? Est-ce que tu lis ta Bible ?

— Je n'ai pas besoin de la lire. Je sais que ce qu'il y a dedans est vrai. C'est tout ce qui compte.

— Et est-ce qu'au moins tu vas à l'église, Papa ?

— Bien sûr, j'y vais à peu près tous les dimanches.

— Eh bien, je suis heureux de l'entendre.

— Mais j'aime pas le gars chargé de la musique.

— Pourquoi donc ?

— Il se pointe avec une guitare. Y a un gamin à la batterie, un autre avec une basse. Des guitares et des percussions dans une église ? Je croyais qu'à l'église, il y avait que des pianos et des orgues, pas du rock'n roll.

— Tu sais, beaucoup d'églises ont des groupes de louange, de nos jours. Presque toutes les grandes églises, en fait.

— Eh ben, ton grand-père ne croyait qu'en deux choses, le Corps des Marines des États-Unis et la Convention baptiste du Sud, et s'il avait vécu assez longtemps pour voir un type à cheveux longs en train de taper sur une batterie un dimanche matin, je crois qu'il aurait tiré sur quelqu'un.

Nous rions tous les deux et je dis :

— Oui, je comprends ce que tu veux dire, Papa, mais il n'y a rien dans la Bible qui exige qu'on joue de l'orgue pour louer le Seigneur.

— Si tu le dis. Vous avez pas ce rock'n roll chrétien dans ton église, quand même ?

— Dieu nous en préserve. Si je laissais quelqu'un installer une batterie sur scène, Amos Pettibone rassemblerait les gens devant chez moi avec des torches et des fourches. Peut-être est-ce la raison pour laquelle je n'arrive pas à dépasser trois cents membres dans ma congrégation.

— Trois cents, c'est pas mal.

— Oui, j'imagine. (Je repense au commentaire qu'il a fait plus tôt sur ma semaine de deux jours et j'ajoute :) Trois cents membres qui occupent tout mon temps. Je fais mes visites le lundi. Je fais une étude biblique pour adultes tous les mardis matin, plus les réunions d'affaires tous les mois, en plus de l'écriture de deux sermons pour les cultes du dimanche et l'étude biblique le mercredi soir.

— Eh bien, fait-il du ton qu'il utilise lorsqu'il veut annoncer la fin de la conversation, je suppose que je devrais te laisser retourner à tes affaires. On dirait que tu es pas mal occupé. Dis bonjour à tout le monde pour moi.

— Je n'ai pas besoin de raccrocher à la minute…

— Tu diras à Penny que je lui dis bonjour.

— OK Papa.

— OK fiston.

Nous raccrochons, et je n'entendrai plus parler de lui avant Noël.

QUAND arrive le moment de partir, je vais dans la cuisine, où je trouve Penny en train de parler à Mary et Ruth. Mes filles.

Penny est assise sur un tabouret de bar près de l'îlot central, les jambes croisées, le café à la main. Mary et Ruth sont assises sur le comptoir de la cuisine – une pratique que j'ai renoncé depuis longtemps à essayer de décourager quand j'ai compris que je n'étais pas du tout soutenu par Penny.

Quand Ruth m'aperçoit, elle saute du comptoir, accourt et passe ses bras autour de ma taille. Bien qu'elle ait tout de la jolie petite fille de neuf ans, de tous mes enfants, elle est celle qui me ressemble le plus. La ressemblance est juste là, au milieu de notre visage. Nous avons le même nez proéminent, les mêmes lèvres épaisses et grandes dents. Comme on dit, je ne pourrais pas la perdre dans la foule.

Je lui tapote l'épaule.

— Bonjour ma fille.

— Bonjour mon Papa. Est-ce que je peux aller chez Scarlett ?

— Je ne sais pas. Est-ce que tu peux ?

— Est-ce que j'ai la permission d'aller chez Scarlett ?

— Tu as demandé à ta mère ?

— Oui.

— Et qu'est-ce qu'elle a dit ?

— De te demander, à toi.

— Alors oui. Je vais t'emmener.

Ruth pousse un cri de joie et court à l'étage.

— Richard…

Penny me regarde avec le sourcil levé, ce qui est censé déclencher chez moi une remémoration de l'évidence, mais je n'ai aucune idée de ce qu'est l'évidence, dans le cas précis.

— Quoi ? dis-je.

— Tous les enfants sont à la maison. Je croyais qu'on allait passer la journée en famille.

— Ma chère, si tu voulais qu'elle reste à la maison, tu aurais dû le lui dire toi-même.

— Mais c'est toi, le chef de famille bien-aimé dans cette maison.

— Depuis quand ?

Penny répond par un petit rire sarcastique et boit une gorgée de café.

Mary sourit en entendant cela. Les enfants ont toujours apprécié que nous échangions des moqueries. Quand nous étions plus jeunes, nos dialogues étaient plus acérés, plus furieux, plus frustrés. Avec les années, ils sont devenus des chamailleries taquines, au point que je peux désormais faire ces petites plaisanteries sur l'abdication de mon autorité comme chef de la famille. Il est acquis, bien entendu, que l'ultime autorité est la mienne. Mais je tente depuis un moment de porter cette couronne avec un peu plus de légèreté, dirais-je métaphoriquement.

— Est-ce que tu te sens mieux, Papa ? demande Mary.

— Oui, merci.

— Il va voir le médecin lundi pour un contrôle.

Je fais un geste exagéré.

— Bah… les médecins. Je n'ai pas besoin de leur magie noire.

— Il plaisante, dit Penny à notre fille, mais tu sais que je vais devoir le traîner jusque là-bas lundi. C'est bien les hommes. Ils croient toujours qu'ils sont trop forts pour voir un docteur.

— C'est bien moi, le dur à cuire.

— Tu as eu un appel tout à l'heure ? demande Penny. J'ai cru t'entendre au téléphone.

— Mon père a appelé.

— Oh.

Mary demande.

— Comment va grand-père ?

Je hausse les épaules.

— Aussi constant que l'étoile Polaire.

Elle sourit.

— Il t'a demandé pourquoi Matt n'entrait pas dans les Marines ?

— On a peut-être bien abordé le sujet, oui.

— Est-ce qu'il a mentionné le fait que tu aurais dû faire une carrière militaire ?

— Il a dû oublier, cette fois-ci.

Bien que mon père ait été fier que j'embrasse le ministère, il était déçu que je ne l'aie pas imité en entrant dans les Marines. Je l'ai envisagé, je suis allé jusqu'à rencontrer un recruteur aux grands talents de bonimenteur qui m'a offert le monde sur un plateau, mais je me suis senti appelé à suivre le Seigneur. Papa a même avancé l'idée que je devienne aumônier. Si j'avais eu la décision à prendre après le 11 Septembre, je suis certain que je serais entré dans les Marines comme mon père le voulait, mais au début des années 1990, je pensais légitimement que je ferais plus de bien dans le monde en tant que pasteur. D'autre part, j'en avais vu assez de la vie militaire pour savoir que je cherchais une position procurant davantage de supériorité.

Ruth descend au rez-de-chaussée.

Je demande :

— Tu es prête, Baby Ruth ?

— Papa, je suis trop grande pour qu'on m'appelle Baby Ruth.

— Ma fille, tu ne seras jamais trop grande pour être ma Baby Ruth.

Elle fait son grand numéro, levant les yeux au ciel et haussant les épaules.

— OK. Je suis prête.

— OK.

— Tu rentres directement après ? demande Penny.

— Quoi ?

— J'ai dit, tu rentres directement après, n'est-ce pas ?

— Pourquoi tu poses la question ?

— Je me demandais juste.

— Oui, dis-je un peu irrité. Je rentre directement.

Elle boit une gorgée de café et se détourne.

— Je ne veux pas que tu te sauves de la maison, c'est tout.

LA maison de Scarlett est à cinq minutes de la station de lavage. Une fois que j'ai déposé Ruth, je prends Huddo Road.

Le commentaire un peu étrange de Penny me reste en mémoire. Bien entendu, elle a toujours été prompte à lancer des petites remarques caustiques. Je ne vois aucune raison pour qu'elle soit soupçonneuse aujourd'hui, mais je sens bien que quelque chose la chagrine. Après vingt-quatre ans de mariage, je sens toujours quand la pression monte, derrière ses silences étranges et ses commentaires spontanés.

Il nous a fallu longtemps pour apprendre à nous comprendre. Quand nous avons commencé à sortir ensemble à l'université, j'étais constamment dérouté par la ferveur avec laquelle elle vénérait ses parents. Elle avait été leur bébé miraculeux, leur seule enfant après trois fausses couches, et la famille était très soudée. Pour dire la vérité, elle avait fait de ses parents de fausses idoles. Sa vénération pour eux dura presque la première décennie de notre mariage, et, en plus de l'argent, c'était la source de la plupart de nos problèmes conjugaux. Pour le dire simplement, elle voulait que je sois une copie de son père. Dan était un homme bien, mais je venais de m'extraire de l'influence de mon propre père et je n'avais pas besoin d'un nouveau modèle. Il a fallu des années à Penny pour accepter le fait que l'homme qu'elle avait épousé ne serait jamais son père, des années pour reconnaître enfin que le Seigneur nous avait réunis pour une raison. Assurément, il nous a offert des enfants. Elle y voit aussi bien que moi la main de la Providence. Malgré tout, si je la connais comme je pense la connaître, je sais qu'elle me situera toujours à un niveau juste inférieur à celui de son père quand il s'agira de mesurer la valeur des hommes.

Ce qui est étrange, là-dedans, bien sûr, c'est que j'ai bien mieux réussi que Dan. J'ai une plus grande maison, un emploi plus prestigieux. Et même si tout ne se mesure pas en chiffres, j'ai cinq enfants, et lui, comme mon père, n'en a eu qu'un.

Pourtant, je me sens rougir quand je pense que ni Dan ni mon père n'ont jamais fait ce que je suis sur le point de faire. *Avec tous ses défauts, Papa n'a jamais fait ce que je suis en train de faire.* Soudain, j'ai tellement chaud que je suis obligé de descendre la vitre pour avoir un peu d'air frais.

Il n'a jamais eu ce genre de responsabilité, non plus. Il n'a jamais eu à protéger toute une église.

Après avoir dépassé quelques maisons et deux ou trois vieilles granges, je quitte Huddo pour suivre une petite pancarte en forme de flèche qui indique la station de lavage. Je monte une route de graviers jusqu'à deux box en aluminium branlants au sommet d'une colline, où je trouve Brian Harten qui m'attend dans sa voiture.

Tandis que j'entre dans le box vacant, Harten contourne son véhicule, les cheveux ébouriffés par le vent. Sortant du minivan, je jette un coup d'œil vers la route. De l'endroit où nous nous trouvons, entourés d'arbres qui oscillent dans le vent, nous ne pouvons qu'apercevoir par-ci par-là des petites portions de Huddo Road qui disparaissent au loin.

— Merci d'être venu, lui dis-je.

— Qu'est-ce qu'on fait ici ?

Il est jeune, Brian Harten. Trente ans, peut-être. Ses vêtements donnent l'impression d'avoir déjà été portés la veille, et ses cheveux bruns emmêlés ne paraissent pas propres. Malgré le vent frais qui passe entre les arbres, des gouttes de sueur perlent sur son visage falot et son menton mal rasé.

— Je voulais vous parler de notre… de la situation, vu l'imminence du vote.

— Ouais, dit-il. Mais pourquoi on se rencontre dans un endroit pareil, bordel ?

— Parce que je voulais vous parler en privé.

— OK. Bon, on y est. Alors, qu'est-ce que vous avez à dire ?

— D'abord, vous et moi, nous savons tous les deux que les juges de paix ne vous seront pas favorables.

— Vous n'en êtes pas sûr.

— Si. Et vous aussi. Il y a trop de gens par ici qui veulent que le comté de Van Buren reste prohibitionniste.

— Parce que vous les avez remontés.

— Peu importe la politique de tout ça, ce n'était pas personnel, Brian, je peux vous l'assurer. En fait, vous m'avez vraiment impressionné. Non, vraiment. Bien que nous nous soyons trouvés adversaires, je sais que vous êtes un jeune homme astucieux, motivé, avec un potentiel énorme. Tout le monde le sait.

— Quel soulagement, révérend. Je croyais que vous foutiez ma vie en l'air parce que vous ne m'aimiez pas.

— Si je vous ai blessé, Brian, ce n'était pas intentionnel. Je vous ai toujours apprécié. En fait, je voulais vous parler aujourd'hui parce que je veux voir si je peux vous aider.

— Comment ça ? M'aider à quoi faire ?

— Eh bien, je sais que vous avez investi beaucoup dans votre magasin. Que vous comptez beaucoup sur ce projet.

— Ouais…

— Et j'y ai longuement réfléchi… Et si je pouvais faire en sorte que ça penche de votre côté ?

— Que voulez-vous dire ?

— Eh bien, comme vous l'avez dit, je risque de beaucoup contribuer à ce que ce vote vous soit défavorable. Et si je virais de bord ? Si je pouvais vous aider à obtenir que la libéralisation soit proposée lors d'un scrutin spécial ?

Il me regarde fixement un moment.

— Quoi ?

— J'ai un problème à résoudre de mon côté. Et j'ai besoin d'aide. Je crois que vous pourriez m'aider.

— Il s'agit de quoi, comme aide ?

Je me force à expirer un grand coup avant de pouvoir articuler :

— Financière.

— Vous voulez me racketter.

— Je n'appellerais pas ça comme ça. Je viens vous faire une proposition. Je peux aider à faire pencher le vote de votre côté.

— En échange d'une somme d'argent.

— Eh bien…

— C'est du racket. Ce que vous venez de dire, ça ressemble beaucoup à la définition légale d'un racket.

Je redresse mes épaules et j'essaye de me tenir bien droit.

— Appelez ça comme vous voulez. Que dites-vous de ma proposition ?

— Je dirais que j'ai pas d'argent.

Je tressaille.

— Oh.

Le vent fait vibrer les parois des box.

— Je suis pauvre, dit-il. Vous n'avez pas compris ça ? Vous êtes là en train d'essayer d'extorquer de l'argent à un type pauvre.

— Je me suis dit que…

— Combien vous voulez ?

— J'ai besoin de trente mille dollars.

Il écarquille les yeux, ouvre la bouche, prêt à parler, mais ne trouve pas les mots. Il finit par arriver à dire :

— J'ai rien, révérend. Je roule dans la voiture de mon ex-femme. J'arrive même pas à payer les pensions alimentaires. Tous mes espoirs de gagner du fric sont dans ce projet de magasin… Et vous me faites venir jusqu'à cette putain de station de lavage pour me demander trente mille dollars. Alors là, je serais carrément furax si j'étais pas aussi ahuri.

Je contemple les box dégoulinants. Je ne sais pas comment lui répondre. Je croise les bras, mais la position est inconfortable, alors je reste les bras ballants.

— Pourquoi vous êtes pas venu me faire cette proposition il y a deux mois ? Pourquoi attendre que j'aie plus un rond ?

— Je n'en avais pas besoin il y a deux mois, j'en ai besoin maintenant.

— Comment ça se fait que vous les trouviez pas par la prière ?

Je laisse passer.

Il me dévisage.

— Qu'est-ce qui m'empêche de raconter ça à tout le monde ?

Je hoche la tête comme si nous étions simplement en train d'envisager des hypothèses.

— Vous pensez que quelqu'un vous croirait ?

— Ouais, je parie que oui.

— À mon avis, c'est un mauvais pari de supposer qu'il y aurait des gens pour vous croire.

— Pourquoi ?

— Parce que je suis un pilier de la communauté et le pasteur de la plus grosse église du comté. Et même si j'ai besoin d'argent hors comptabilité officielle, je gagne assez bien ma vie – probablement mieux que la plupart des gens d'ici. Voilà qui je suis. Mais vous, par contre, vous êtes fauché. Vous venez de le dire. Vous êtes un type au bord de la faillite parce qu'il a essayé d'ouvrir un magasin de spiritueux dans un comté sans alcool. Voilà qui vous êtes. Personne ne croirait que je suis venu vous demander de l'argent, à vous. Et personne ne croirait que j'aie proposé de vous aider à lever la prohibition dans le comté. Les gens croiraient juste que vous tentez de me salir par malveillance.

Il secoue la tête et s'apprête à partir.

Je l'attrape par le bras.

— Attendez.

— Lâchez-moi, bordel, aboie-t-il et il me repousse.

Je chancelle et m'appuie contre le minivan. Pour l'empêcher de partir, je dis :

— Je peux vous aider à avoir votre magasin.

Du coup, il s'arrête.

Retrouvant mon équilibre, je poursuis :

— C'est à cela que ça revient, non ? Si vous partez, qu'est-ce qu'il vous reste ? Réfléchissez. Qu'est-ce qu'il vous reste ? Rien. Si vous alliez en ville cet après-midi et que vous me démolissiez auprès de tout le monde, ça ne vous permettrait pas plus d'avoir votre magasin.

— Pourquoi ?

— Parce que même si je tombe en disgrâce aujourd'hui, ça ne fera pas changer le moindre vote en votre faveur. Pas un seul. Mais moi, je peux faire ce que vous ne pouvez pas faire. Je peux retourner le vote.

— Comment ? Vous pouvez pas tout à coup dire : Au fait, maintenant, je soutiens la libéralisation.

Je secoue la tête.

— Ce que vous n'avez jamais compris, lui dis-je, c'est que vous n'arriveriez à rien dans cette bataille en la définissant comme un combat libéralisation versus prohibition. Une fois que vous avez dit qu'il s'agit de la liberté d'acheter de l'alcool, vous en faites une question morale. Et les partisans de la prohibition gagneront toujours le combat moral. Nous avons à la fois la doctrine et la tradition dans notre camp. Mais le camp de la prohibition n'est pas monolithique. Il rassemble plein de gens différents. D'idées différentes. De priorités différentes, des priorités économiques et autres. Je sais où se trouvent les points de fracture dans cette coalition. Dieu m'en soit témoin. J'ai eu à la fédérer. Je vous garantis qu'il y a des votes à récupérer chez les juges juste en appuyant sur ce qui oppose Tonya Hooper et John Floyd Jr. dans le débat sur le gaz de schiste, c'est-à-dire les crédits pour les contrôles de la qualité de l'eau et la lutte pour plus de permis d'extraction. Je parie que vous ne saviez pas ça… Bien sûr que non. Pardonnez-moi de vous dire ça, Brian, mais vous êtes un peu dépassé. Vraiment. Mais moi je peux le faire. Vous l'avez dit vous-même, je suis celui qui a rassemblé cette coalition contre vous. Eh bien, je vous promets que je peux rassembler une coalition pour vous tout aussi facilement.

Il répond :

— OK. Faites donc ça pour moi. Vous vous arrangez pour que le vote tourne en ma faveur et je parle pas de cette rencontre.

— J'ai besoin de l'argent.

— J'ai toujours pas d'argent, révérend.

— C'est une condition, Brian. Il faut que je l'aie. Si je n'ai pas ces trente mille dollars, hors comptabilité, dès que possible, je ne pourrai nous aider ni l'un ni l'autre. Trouvez l'argent et je retourne le vote en votre faveur.

— Et il vous faudrait combien de temps ?

— Je ne sais pas. Quelques mois. Peut-être moins.

— Quelques mois ? Je suis sur le point de tout perdre aujourd'hui.

— Ce sera peut-être moins. Peu importe. Si vous pouvez tenir, Brian, je retourne le vote.

— Et vous le feriez ?

— Oui. Voyez les choses comme ça, Brian. Si vous me trouvez l'argent, je n'aurai plus le choix. Je serai obligé de vous aider à obtenir la mise au vote de la proposition.

Il s'éloigne de moi. D'un pas.

Je la ferme parce que je vois bien qu'il réfléchit. Il réfléchit et je connais ce regard. Comme tout vendeur né, je sais quand je tiens quelqu'un. Dieu me pardonne, mais c'est un regard que je connais parce que je l'ai vu de nombreuses fois quand je conduis des gens au Seigneur. Aucune offre de salut ne paraît invraisemblable à un homme qui ne demande qu'à être sauvé.

Il se mord la lèvre. Il se frotte le front.

— Je n'ai pas d'argent…

Je hoche la tête.

Je le laisse venir.

— Mais, finit-il par dire en prenant une profonde inspiration, je sais peut-être où je peux en trouver.

7

Penny Weatherford

Je vais dans la buanderie et je sors des vêtements du séchoir, je les plie et les dépose dans un panier. J'ai demandé à Matthew et Mary de rapporter ce qu'ils voulaient que je leur lave ce week-end et je trouve leur linge sale dans le grand panier bleu. Je démarre une machine de couleurs, puis je monte le panier de linge propre au premier.

Quand Matthew et Mary sont partis à l'université, Johnny et Ruth ont récupéré leurs chambres. Et lorsque les grands reviennent, ils partagent les chambres des petits et je suis contente de la manière dont ils se sont arrangés. Johnny a toujours vénéré Matthew, et Ruth traite Mary telle une célébrité de passage, alors c'est un peu comme si les plus grands servaient de mentors aux petits. La seule personne qui a une chambre à lui dans la maison est Mark et il semble heureux d'être seul.

Il est assis sur son lit en ce moment, et écoute Elvis Presley chanter du gospel. Cet intérêt pour les gospels d'Elvis est nouveau. Les goûts musicaux de Mark se sont toujours portés sur la pop et le rock chrétiens, mais il a tendance, quand il découvre un groupe, à se plonger dedans jusqu'à l'obsession et à n'écouter que cela pendant des mois ou des années. Hillsong. MercyMe. Casting Crowns. Il n'écoute pas des millions de groupes, mais il est capable d'écouter le même un million de fois.

Je crois que cette attention exclusive s'explique par son désir de comprendre le monde qui l'entoure. Il cherche à tout comprendre exhaustivement. De tous nos enfants, il est le seul qui fait de prodigieuses études bibliques. C'est probablement le seul livre qu'il lira jamais, mais il le lit presque tous les jours.

Et maintenant, il est obsédé par Elvis.

Richard ne s'est jamais aperçu des excentricités musicales de notre deuxième enfant, et quand je lui ai fait remarquer cette bizarrerie, il a dit :

— C'est exact. Il doit être un peu obsessionnel.

Et après quelques secondes de réflexion, il a ajouté :

— C'est bien. C'est un signe de persévérance.

C'est ainsi que nous fonctionnons comme parents, je crois. J'observe nos enfants et je donne des explications à Richard, qui énonce un jugement.

Elvis chante une chanson que je ne connais pas. Extraite d'un de ses films.

— J'ai ton linge propre, dis-je en posant une pile au pied du lit de Mark.

— Merci Mama.

De tous nos enfants, il est le seul qui m'appelle Mama. Quand ils étaient petits, Matthew détestait cela. Il trouvait que ça faisait bébé, et il exigeait que Mary m'appelle "maman" comme lui. Mary, qui idolâtrait ses deux frères mais voyait que Matthew dominait, a obéi. Du coup, "Mama" est resté une particularité entre Mark et moi.

— Quelle est cette chanson ? je demande en m'asseyant.

— *Reach Out to Jesus.*

— Je ne la connais pas. Elle est belle.

Il hoche la tête.

— Tu aimes Elvis, Mama ?

Je hausse les épaules.

— Oui. Comme tout le monde.

Il acquiesce. Le morceau va crescendo. Le suivant est une mélodie nerveuse au piano.

— Tu écoutes beaucoup Elvis ces derniers temps, dis-je. Pourquoi ?

— On le surnomme le King, le roi du rock'n roll.

— Oui.

— Mais il fait du gospel. Tu le savais ?

— Je savais qu'il en avait fait, oui.

— Il en a fait beaucoup. Je ne le savais pas. Je croyais qu'il n'avait fait que de la musique profane.

Il a du mal à dire le mot profane. Je n'entends pas souvent son défaut de prononciation, mais ce mot-là contient un *r* et un *f*, et il sort considérablement déformé. Je ne le corrige pas. Richard corrige encore la prononciation de Mark parfois, même maintenant, alors qu'il va avoir vingt et un ans, mais je n'en vois pas l'intérêt. Mark a d'autres problèmes à affronter. Le torturer sur sa prononciation de la lettre *r* me paraît inutile et même un peu cruel.

— Tu savais qu'il avait un jumeau ? demande Mark.

— Qui ?

— Elvis.

— Elvis avait un frère jumeau ?

— À la naissance, mais quelque chose s'est mal passé dans le ventre de sa maman et le bébé est mort.

Je contemple mon garçon quelques instants. C'est un sensible, mon deuxième. Il y a tant d'émotions enfermées en lui auxquelles il n'a pas accès, et pourtant, il ressent les choses si profondément parfois. Il n'a jamais été capable de donner un sens à ce qui lui est arrivé lors de sa naissance. Je lui ai expliqué qu'il a cessé de respirer pendant un moment, et que cela a causé des dégâts, mais que Dieu avait tout prévu et qu'il nous avait donné le Mark parfait. Parfois je pense qu'il me croit, il me regarde droit dans les yeux et il sait que je dis la vérité. D'autres fois, je m'inquiète qu'il voie une opinion différente dans les yeux de mon époux.

Penny, quelle pensée affreuse as-tu là…

Je secoue la tête et je me lève. Je peux être tellement peu charitable envers Richard.

Je dépose un baiser sur le front de Mark, je ramasse mon panier à linge et je l'emporte dans ma chambre. J'accroche mes chemisiers. Je range quelques-unes de ses chemises habillées. J'en suspends deux que Richard voudra peut-être porter demain et je range les autres dans son tiroir dans la commode.

Je range mes sous-vêtements. Puis les siens.

Comme c'est étrange de toucher ses vêtements sans jamais le toucher lui. Je connais les détails les plus intimes de son corps, pourtant, il me le cache depuis des années. Pourquoi a-t-il tellement honte ?

Je prends une grande inspiration, comme si je venais de monter une côte en courant. Je sais qu'il n'a pas honte de son corps. Il est resté mince, comme son père. Ni lui ni son père n'ont jamais été portés sur la bière, et aucun des deux n'a jamais compensé le manque d'alcool par une addiction au sucre. À quarante-deux ans, Richard est l'un des hommes les plus en forme de notre église. Et il en est fier. Il lui arrive de faire de petites remarques sur certains de nos paroissiens les plus corpulents. Même quelqu'un comme Randy, qu'il adore, il le taquine, fait des plaisanteries sur son poids. Je ne crois pas que Randy s'en formalise, mais je sais pourquoi Richard se comporte ainsi. Il aime rappeler leurs défauts aux gens. Il ne peut pas s'en empêcher.

C'est la première chose qu'il cherche à repérer quand il rencontre quelqu'un.

Je vais dans notre salle de bain pour ranger des serviettes et je suis arrêtée par mon reflet dans ma psyché. Comme c'est curieux d'avoir donné à ce genre de miroir le nom de psyché. Quand je me regarde, je ne vois pas mon âme. Je suis plutôt bien conservée. Je ne suis pas beaucoup plus corpulente que je l'étais lorsque nous nous sommes mariés. Je n'ai jamais été mince et je ne suis pas grosse. J'ai toujours été dans une moyenne saine. Mais quand je soulève mon chemisier, je vois que mon ventre est plutôt celui d'une femme de soixante ou soixante-dix ans, profondément marqué après cinq grossesses et une fausse couche tardive. Mon ventre ne retrouvera plus sa forme première, maintenant qu'il est devenu un vilain patchwork de bourrelets de chair et de cicatrices de césariennes.

J'ai envisagé de le faire arranger, mais la seule chose qui, à mon avis, répugnerait Richard encore plus que mon corps serait le coût de l'opération ou des deux opérations qu'il faudrait pour le refaire.

Mon corps. Je tends la main et je contemple les veines qui courent dans mes paumes. Je fixe l'épaisse cicatrice blanche à la base de mon pouce droit. Je ne sais pas comment elle s'est retrouvée là ; c'est juste quelque chose qui m'est arrivé avant que j'atteigne un âge où je puisse me rappeler les choses. Comme c'est étrange que nous soyons des corps et des personnes en même temps. Je me regarde à nouveau dans le miroir. On dirait que l'essentiel de la vie consiste à trouver comment être à la fois un corps et une personne.

Je finis de ranger les serviettes quand mon portable vibre sur le comptoir. Je le saisis, pensant que c'est peut-être Richard, mais c'est un numéro que je n'ai pas vu depuis des années. Sandy Loomis. Pendant quelques instants, je reste figée, à regarder l'écran. Puis je décroche.

— Allô ?

— Penny, c'est Sandy Hadden.

Son nom de jeune fille. Elle a abandonné Loomis quand elle a divorcé de Gene, notre directeur musical. Il a dû nous quitter à la suite de son divorce.

— Eh bien, salut à toi, la revenante, dis-je en essayant d'avoir l'air chaleureuse.

Je vais dans la chambre et je m'assois sur le lit.

— Bonjour, dit-elle en riant.

— Joyeuses Pâques.

— Joyeuses Pâques à toi aussi. Comment ça se passe ? Je sais que nous ne nous sommes pas parlé depuis quelques années.

— C'est exact, dis-je. Je vais bien. Je pensais justement à toi.

Ce n'était pas tout à fait exact, mais il est vrai que d'une certaine façon, je pense toujours à Sandy quand je jauge mes formes. Même dans notre ville, où l'obésité est répandue, Sandy se faisait remarquer.

— Comment vas-tu ?

— Super bien, dit-elle. Je travaille dans un petit théâtre à Little Rock.

— Oh, je croyais que tu étais dans le Missouri.

— J'ai atterri là-bas quand Gene et moi nous sommes séparés, mais quelques mois plus tard, j'ai emménagé ici pour prendre ce boulot.

— Je vois. Et tu travailles dans un théâtre ?

— Oui. C'est cool. Je fais surtout de l'administratif, mais ils m'ont aussi laissé commencer à créer des décors. Tu te souviens que je le faisais un peu en dilettante ?

— Bien sûr. Tu avais travaillé sur les décors pour la représentation de la Passion, c'est ça ?

— Oui. Je crois que c'était la seule chose que j'aimais vraiment dans l'église, en fait.

— Ah, je vois. En tout cas, je me souviens que tu avais fait quelque chose de bien. Sur quel genre de spectacles tu travailles maintenant ?

— Euh... (Elle hésite.) Ce n'est pas le genre de choses que tu aimerais, je crois.

Je fronce les sourcils et écarte le téléphone de mon oreille. Qui est-elle pour supposer savoir ce que j'aime ?

— J'aime beaucoup de choses, dis-je.

— Oh, ce n'est pas ce que je voulais dire. C'est juste que je ne suis pas sûre que tu approuverais. Par exemple, le dernier spectacle qu'on a monté est une version de *Oklahoma !* avec que des drag-queens appelée *Oklahomo !* Tu crois que ça pourrait te plaire ?

Je suis un peu prise au dépourvu mais je lâche un petit rire.

— Ah... Je vois. Eh bien, je... j'espère qu'au moins tu y es heureuse.

— Oui, je m'y plais vraiment. Je suppose que me marier avec un homme investi dans l'église n'était pas une bonne idée. Cette vie-là ne me convenait pas.

— Je suppose que non. Mais maintenant, ça va ?

— Oui. Enfin, la vie n'est pas parfaite, elle ne l'est jamais, hein, mais je me sens plutôt bien.

— Tant mieux, dis-je. Et du côté santé...

Elle laisse passer un silence puis elle rit.

— Tu demandes si je suis toujours grosse ?

— Euh, non, je…

— Je n'ai pas de problème avec ça. Mon poids a été ma principale préoccupation de l'âge de neuf ans jusqu'à mes vingt-neuf ans. Je sais bien que les gens de l'église en parlaient.

— Je ne crois pas que… Je sais que tout le monde t'a toujours appréciée, Sandy.

— Oh, je n'en suis pas si sûre. Mais je ne m'aimais pas non plus, à ce moment-là.

— Et maintenant, ça va mieux ?

— Ouaip. Maintenant, je suis grosse et heureuse. Je crois que ça m'a beaucoup aidée de changer de vie. Nouvelle ville, nouveaux amis, nouveau job, tout ça. Mais je suis aussi arrivée à un point où je me suis dit "Sandy, ma fille, voilà à quoi tu ressembles. Tu as passé vingt ans à enchaîner les régimes et à pleurnicher sur l'absence de résultats. Essayons de s'en moquer et voyons ce que ça donne." Et il s'avère que ça marche du tonnerre. J'ai même perdu quelques kilos une fois que j'ai arrêté de me foutre tout le temps des coups de pied au cul.

J'ignore la grossièreté de son expression et je dis :

— C'est super, Sandy. Je suis ravie de l'entendre.

Elle prend de mes nouvelles, et je lui donne des nouvelles de tous les enfants. Quand j'ai fini, elle dit :

— Mais toi ? Tu vas bien ?

— Oui, bien sûr.

Je me rends compte que le ton n'y est pas tout à fait, mais je n'essaye pas de compenser en ajoutant autre chose.

Après un silence, elle dit :

— Désolée. Je ne voulais pas me montrer indiscrète. En fait, on n'a jamais été vraiment proches.

— Eh bien, je ne suis vraiment proche de personne, dis-je. Je crois que j'ai toujours gardé mes distances par rapport aux gens. J'espère que je ne parais pas trop froide.

— Non, je vois ce que tu veux dire, dit Sandy. Femme de pasteur, c'est un job qu'on occupe nuit et jour.

— Tout à fait vrai. Et j'aime ça. Je ne me plains pas. Mais cette position est très exigeante, un peu comme celle de la femme d'un homme politique. Beaucoup de gens la qualifieraient à peine de boulot, mais en réalité, c'est assez proche de la manière dont Ginger Rogers qualifiait ses danses avec Fred Astaire.

— "Je faisais tout ce qu'il faisait, mais à reculons et en talons."

— Exactement. Le ministère est un métier relationnel. Je dois entretenir toutes les relations que Richard entretient, mais sans l'imprimatur qu'offre la qualité de pasteur ordonné. Et je dois toujours être aimable, gentille, et tout.

— Il faut que tu sois une lady.

— Exact.

— Littéralement, tu dois le faire en talons.

Nous rions toutes les deux à ce bon mot.

— Tout à fait.

— Et comment va Fred Astaire ?

— Richard ? Oh, tu sais… c'est Richard.

Et je pense à cet appel ce matin. Et son étrange malaise à table, ensuite. Au début, j'ai craint une crise cardiaque. Maintenant, je commence à penser que ça ressemblait plus à une crise de panique. *Y avait-il un rapport avec le coup de fil ?*

Je secoue la tête.

— Il est par monts et par vaux, aujourd'hui, dis-je. Je ne sais pas vraiment où il est, là…

— Ce bon vieux Frère Richard, dit-elle. Je n'ai jamais réussi à le connaître vraiment.

— Personne n'y arrive.

— Je suis surprise que tu dises ça, fait-elle. J'ai toujours pensé qu'il était l'homme le plus populaire du comté de Van Buren.

— Certainement, dis-je. Mais il reçoit les secrets de tout le monde sans jamais partager les siens.

Mon Dieu, Penny, tais-toi.

— Doux Jésus, qu'est-ce que je dis là, m'empressai-je d'ajouter. Je ne dois pas être dans mon assiette aujourd'hui, Sandy.

Sandy paraît surprise, mais elle se dépêche de rire et de me rassurer.

— Pas grave, Penny…

— Enfin…, dis-je essayant de remettre un peu de gaieté dans ma voix.

Elle se racle la gorge.

— Écoute, la raison pour laquelle j'appelle, en plus de vouloir prendre de tes nouvelles, c'est que je me demandais si tu savais ce que devenait Clarissa Sullivan. J'essaye d'entrer en contact avec elle pour voir si elle aimerait faire partie d'un spectacle qu'on est en train de monter, mais on dirait qu'elle a quitté l'école. Tu es la seule personne que je pouvais appeler.

Je lui raconte que j'ai entendu dire que Clarissa était partie en Louisiane épouser un homme rencontré sur Internet, sans que ma voix ni mon attitude ne changent, mais au fond de moi, je suis mortifiée en me rendant compte qu'elle n'a pas appelé pour me parler. Pourquoi me suis-je épanchée auprès de quelqu'un qui appelait seulement pour avoir des nouvelles d'une personne que je connais à peine? Qu'est-ce qui ne va pas chez moi aujourd'hui?

Quand arrive le moment de raccrocher, Sandy me confie:

— C'était vraiment chouette de bavarder un peu avec toi, Penny.

— Oui.

— En fait... Il faut que je te dise, c'était assez inattendu. Tu sais, je t'ai toujours admirée, j'ai toujours voulu qu'on soit amies, alors, c'est sympa de parler avec toi et d'arriver à le faire d'une manière aussi ouverte, aussi honnête.

Elle croit qu'elle me connaît maintenant, mais elle ne me connaît pas assez bien pour savoir qu'elle m'a offensée, qu'elle m'a embarrassée.

— Je suis contente d'avoir eu de tes nouvelles, Sandy.

Elle n'a pas besoin de le savoir, non plus.

— Je dirai à tout le monde que tu as appelé. Frère Weatherford sera ravi de l'apprendre.

— OK, fait-elle. Et si par hasard tu viens à Little Rock et que tu veux voir un spectacle, tu sais où trouver des billets gratuits...

— Je ne vais jamais à Little Rock, dis-je.

SONT-ils plus heureux maintenant? Comme tout le monde à l'église, la fin du mariage Loomis m'a ébranlée. "C'est bien triste qu'ils n'aient pas réussi à trouver de solution" était la formulation gentille de ce sentiment, alors que la manière plus dure de qualifier la situation était en réalité: "C'est bien triste que Sandy ne fasse pas confiance à Dieu pour trouver la solution."

Et si Sandy est heureuse, aujourd'hui ? Elle dit qu'elle l'est, mais la plupart des gens disent qu'ils sont heureux alors qu'ils ne le sont pas. Alors, qui sait ? J'ai la certitude qu'elle était malheureuse lorsqu'elle vivait ici. J'ai toujours eu l'impression que c'était évident. Et quand elle a quitté Gene et qu'elle est partie, même si j'ai suivi le mouvement et pensé qu'elle avait eu tort de le quitter, je me rappelle m'être demandé si elle n'avait pas eu raison. Maintenant, selon toute apparence, il semblerait que ça se passe bien.

C'est étrange. Les choses les plus difficiles à accepter dans le ministère ne sont pas les malheurs. J'ai vu assez de choses terribles arriver à des gens bien pour comprendre pourquoi la Bible parle tant de la souffrance. Nous espérons un monde meilleur car celui-ci est plein de souffrance. Je le comprends. C'est logique. Ce qui me déconcerte, ce sont tous les moments où le monde ne fonctionne pas selon les préceptes de notre foi. Quand Sandy a quitté son mari, Gene a essayé de l'en empêcher parce qu'il ne voulait pas que leur mariage soit rompu. Il a même demandé à Richard de l'aider, et Richard y est allé et a essayé de la convaincre de renoncer. Il lui a dit que c'était un péché de divorcer, ce qui, bien entendu, était vrai.

Mais finalement, tout s'est bien terminé. Gene a quitté le ministère, il est parti dans le Missouri, est devenu professeur de musique dans un lycée et il s'est remarié. Il a trois enfants, aujourd'hui, un garçon et des petites jumelles. Au moins, si on en croit l'histoire qu'il raconte sur Facebook, il a une belle vie. J'avais toujours cru que Sandy déprimait quelque part dans le Missouri, et là, je découvre qu'elle est grosse et heureuse et qu'elle monte des productions théâtrales gay à Little Rock.

M'a-t-elle appelée juste pour me dire cela ? Voulait-elle que je le sache ? Elle a dit qu'elle cherchait à savoir ce que devenait Clarissa, mais en fait, appelait-elle pour me dire que non seulement elle est heureuse sans Gene, mais aussi sans nous tous ?

Le jour où Richard est allé lui parler, il lui a dit qu'elle ne serait pas heureuse en dehors de l'église. Pourtant, pour ce que j'en vois, elle l'est. En fait, elle et Gene sont tous deux plus heureux aujourd'hui.

Bon sang, qu'est-ce que cela signifie ?

RICHARD devrait être rentré.

Je m'arrête en haut de l'escalier et j'écoute les enfants bavarder, rire, se disputer. Johnny a embarqué Matthew et Mary dans un débat ridicule sur les superhéros. Il adore faire cela, défier l'autorité de ses grands frère et sœur. Si je comprends bien ce qui est en train de se passer, Johnny et Matthew soutiennent que Batman pourrait battre Wonder Woman parce qu'il est mieux entraîné. Mary répond que Wonder Woman est une Amazone et qu'elle s'entraîne donc depuis des milliers d'années. Quand elle ajoute que Wonder Woman a assez de force pour perforer la poitrine de Batman d'un coup de poing, ils éclatent tous de rire.

Mark, qui est tout seul dans sa chambre, écoute Elvis chanter *Where No One Stands Alone*.

Je descends pour mettre les vêtements mouillés de Matthew et Mary dans le séchoir. Quand je sors de la buanderie, Johnny m'appelle depuis la cuisine pour me demander mon avis sur les superhéros.

J'entre dans la cuisine où ils sont tous rassemblés ; Matthew est sur le point de sortir la glace du congélateur.

— Je n'ai pas d'avis sur les superhéros, dis-je. Mais j'ai une idée. Pourquoi vous n'iriez pas tous chez Sonic pour vous acheter une glace ?

— Hmmm, ce n'est pas une mauvaise idée, dit Matthew. Le choix ici est limité.

Mary approuve du chef.

— C'est une super idée. Je vais voir si Mark veut venir.

Elle monte en courant, et quelques instants plus tard, Mark et elle redescendent.

— Tu viens, Mama ? demande-t-il.

— Non, je reste ici. Je veux parler à votre père.

Les garçons prennent cette information en toute décontraction, mais Mary fronce le sourcil. Elle ne demande pas si quelque chose cloche, mais elle est plus sensible à mes humeurs que ses frères. Elle propose :

— Est-ce que tu voudrais qu'on te rapporte quelque chose de chez Sonic ?

— Non merci.

Une fois que les enfants sont partis, je fais le tour de ma maison silencieuse, écoutant le léger tapotement de mes pieds.

Je monte à l'étage. Je regarde le réveil.

Je m'assois sur le lit pour attendre mon époux.

8

Gary Doane

MAMAN et Papa ne sont pas à la maison quand je rentre, alors je m'arrête à la cuisine et je fouille le réfrigérateur pour trouver des restes. Des lasagnes. Je ne les réchauffe même pas. Même froides, elles sont bonnes. Il n'y a pas grand-chose que je regretterai quand je serai parti d'ici, mais les lasagnes de Papa me manqueront.

J'attrape un Coca zéro et je l'emporte jusqu'à ma chambre. Je ferme la porte.

J'ouvre la canette et je prends une gorgée. Ensuite je la pose sur ma table de nuit et je me cale contre le mur pour regarder autour de moi. La pièce est la même que lorsque j'étais au lycée. Un poster du groupe My Chemical Romance. Une affiche de *The Shining*. Des dessins que j'ai faits du temps où je croyais que je voulais être un artiste.

Cette chambre ne me manquera pas.

J'enfourne une bouchée de lasagne tout en essayant de m'imaginer vraiment quitter la ville. Je suis parti une fois, quand je suis allé à l'université de l'Arkansas, mais ce n'était pas comme si je partais pour toujours. Je savais que je reviendrais pour l'été et pour les vacances. Mais quand je partirai cette fois-ci, je ne reviendrai pas avant longtemps. Avant des années. Putain, je risque de ne jamais revenir.

La porte du garage s'ouvre. Papa appelle : "Gary ?" Dans sa voix, on entend la panique habituelle.

La brigade prévention suicide est rentrée.

— Dans ma chambre, je crie à mon tour.

Je bois du coca et j'attends.

Assez vite, j'entends leurs pas dans le couloir. Maman dit :

— On peut entrer ?

— Ouais.

La porte s'ouvre et ils sont là, mes parents, un peu inquiets, un peu soulagés. Je déteste la manière dont ils me regardent. Surtout mon pauvre père.

— Salut, toi, dit-il en entrant. Comment ça va ?

— Bien.

Il s'arrête au pied du lit. Maman s'attarde un instant à la porte puis elle entre à son tour.

— Tu étais parti où ? demande Papa, essayant de rester léger.

— Dehors.

— Oh. Tu ne nous as pas dit où tu allais.

— Je vous ai dit hier que je sortirais sûrement faire des trucs, ce matin.

Maman essaye de sourire, mais ce qui sort, c'est seulement une tentative mal dissimulée de cacher son agacement.

— Nous avons essayé de t'envoyer des SMS, de t'appeler.

— Ouais, désolé. La batterie était à plat. Je crois qu'il y a un truc qui déconne. Il tient pas la charge.

— Oh, dit-elle. On s'est un peu… inquiétés.

— Il n'y a aucune raison, Maman.

Je me sens ridicule en le disant. Je suis assis sur un lit qu'ils ont acheté, dans une maison qu'ils possèdent, en train de manger de la nourriture qu'ils ont préparée. Difficile de s'assumer dans ces circonstances.

Papa porte un pantalon en toile et un polo bleu marine. Quand il s'assoit sur le lit à côté de moi, il ressemble au père compréhensif dans une série télé.

— Nous savons qu'il n'y a aucune raison de s'inquiéter, dit-il en donnant un petit coup dans mon pied. Nous ne cherchons pas à te harceler, fiston, mais regarde les choses de notre point de vue. Nous nous levons, tu n'es pas là. Ensuite, on n'arrive pas à t'avoir au bout du fil.

— Je te l'ai dit. C'était la batterie de mon téléphone.

Papa hoche la tête avec indulgence.

— Ouais, je comprends. (Il se tourne vers Maman.) Juste un problème de téléphone.

Maman ne me quitte pas des yeux.

— Tout va bien, je leur dis. Est-ce qu'on pourrait juste reprendre le cours de notre journée ?

Papa dit :

— Ouaip, bien sûr. (Il lance un regard à Maman.) Tout va bien. D'accord ?

Maman croise les bras et hoche la tête.

— Tu es fâchée, Maman ? je demande.

Elle secoue la tête.

— Non. Je suis juste contente que tu ailles bien.

Je sais qu'elle ne dit qu'en partie la vérité. Elle est soulagée que je ne me sois pas jeté du haut d'une falaise, ou quelque chose du genre, mais ce n'est pas vrai qu'elle n'est pas fâchée. Elle est fâchée contre moi depuis que je suis rentré habiter à la maison. Papa est le genre de type qui peut aimer sans que ça ne lui coûte rien. Il a une quantité infinie d'amour à donner, et il est toujours prêt à en donner plus. Maman n'est pas comme ça. Elle t'aime, mais elle te fait savoir que ça lui coûte de t'aimer.

— Je suis désolé de vous avoir inquiétés. J'étais juste en vadrouille. Jolie matinée.

— Super, dit mon père en me tapotant doucement la jambe. Hé, n'oublie pas qu'on va chez les Beckers dans un moment.

— Ah oui. Ça vous ennuie si je ne vais pas avec vous ?

Maman s'étonne :

— Mais tu adores les Beckers.

— Ouais, bon. Ils sont super. C'est juste que ce sont vos amis. Je ne veux pas être la cinquième roue du carrosse. L'intrus.

— Oh, tu ne devrais pas le voir comme ça, dit Papa. On est content que tu sois avec nous, et Janet et Dale…

— Ce n'est pas grave, intervient Maman.

Papa la regarde.

Elle reprend.

— Il ne veut pas se retrouver avec les vieux, tu ne peux pas lui en vouloir. (Elle me demande :) Tu as d'autres projets ?

— Je sais pas. Je vais peut-être juste glandouiller.

Elle tapote Papa sur l'épaule.

— Laisse-le glandouiller. Ça lui fera du bien.

— OK, dit Papa. Dis-nous si tu changes d'avis. Je crois que Dale va faire ses fameux ribs.

— OK, dis-je.

Ils s'apprêtent à partir. Papa repère mon bol vide et la cuillère sale.

— Je vais remporter ça.

DANS des moments comme ça, il est facile pour moi de me laisser entraîner dans la spirale où je me sens mal. Maman et Papa ne me traitaient pas ainsi avant. Ils n'avaient pas si peur tout le temps.

C'est ma faute, mais il faut que je me souvienne que je n'ai pas besoin de me sentir coupable de leur inquiétude. Je ne devrais pas me sentir coupable de ce qui m'est arrivé.

Je n'ai pas choisi que ça arrive. Cela *m'est* arrivé. C'est arrivé en moi. Les gens veulent toujours savoir pourquoi. Moi aussi, vous savez.

Mais c'est difficile de ne pas se sentir coupable. Mes parents n'étaient pas préparés à ça. J'ai toujours été bon élève au lycée, et j'ai toujours été prêt à partir de cette fichue ville, alors quand j'ai eu une bourse pour aller à l'université de l'Arkansas, tout le monde s'est dit que je réussirais. Et au début, c'était le cas. Mes notes étaient correctes, j'étais dans une cité universitaire agréable, et je me suis fait de nouveaux amis. Pour la première fois de ma vie, j'ai même commencé à sortir avec des filles. Je suis sorti avec deux filles dont j'ai parlé à Papa et Maman, et un garçon dont je n'ai pas parlé. Rien de magique ne s'est passé avec aucun d'eux, mais c'était assez chouette. Tout allait bien dans ma vie.

Je ne sais toujours pas pourquoi tout est parti en vrille la troisième année. J'y pense tout le temps. Tout ce que je sais, c'est que lorsque le semestre a commencé, je n'arrivais pas à me forcer à aller en cours. Je me levais, je m'habillais, j'allais jusqu'au bâtiment des cours et je continuais mon chemin. J'allais à la bibliothèque et je dormais. J'allais au foyer des étudiants et je regardais la télé. Je rentrais dans ma chambre et je restais couché toute la journée. J'ai arrêté de voir des gens. Je ne buvais même pas, je ne fumais pas d'herbe. Je regardais la télé et je dormais.

Une fois que mes notes se sont effondrées dans toutes les matières, j'ai commencé à recevoir des e-mails sévères de la fac. Je risquais de me faire virer, alors je me suis traîné jusqu'au bureau du conseiller pédagogique. Il m'a dit que j'allais avoir du mal à remonter la pente, que je serais obligé de faire au moins une année supplémentaire, peut-être deux, pour avoir mon diplôme. J'ai vomi dans sa corbeille à papier.

Après ça, je me suis recroquevillé au fond de mon lit et je n'ai pas bougé pendant deux jours. Incapable de manger. Je me pissais dessus, je me chiais dessus. Mon co-turne a appelé à l'aide, et finalement, la fac a fait venir mes parents.

Et maintenant, je suis à la maison. Et Papa est inquiet. Et Maman est furieuse. Et je me dis que je ne devrais pas m'en vouloir de faire une dépression parce que ce n'est pas ma faute.

J'ai travaillé avec une thérapeute pendant un moment. Je lui ai raconté que c'était juste devenu trop pour moi. La vie. Vivre. Me promener en étant une personne avec un nom et une identité. À un certain moment, c'était juste devenu absurde pour moi. Pourquoi ai-je un nom ? Une série de petites lettres qui vont sur les papiers, les formulaires ? Pourquoi ça me définit ? Derrière toutes ces conneries, on n'est qu'un animal qui respire, qui mange, qui chie, qui baise, et qui crève.

Bien sûr, maintenant je suis rentré ici, dans le berceau de mon identité. Cette maison. Cette chambre. Ces gens. Ils m'ont donné un nom, une religion, toute mon identité. *Gary Doane*. Deux petits mots qui comportent un symbole, une abréviation, et les gens pensent qu'ils savent ce que cela signifie. Papa et Maman pensent qu'ils savent ce que cela signifie.

La différence, c'est que maintenant, ils s'inquiètent. C'est la partie que je regrette. J'ai l'impression que j'ai été un super môme pour eux pendant longtemps, jusqu'à ce qu'un jour, je me brise. Ils ne savent pas comment c'est arrivé. Ils essayent toujours de comprendre. Ils rendent l'école responsable, ils disent, peut-être que c'était les drogues, ou les professeurs progressistes ou des mauvaises fréquentations ou une fille. Mais ce n'était rien de tout cela. Comme je l'ai dit à la thérapeute, c'était juste la vie. C'est la partie qu'ils refusent de voir parce que c'est trop perturbant. C'est la vie qui m'a brisé.

Peu de temps après que Maman et Papa sont partis en voiture, Sarabeth m'envoie un SMS : "Partis, tes parents ?"

"Oui", je réponds.

"OK j'arrive"

Je pose le téléphone et je ferme les yeux. Je les garderai fermés jusqu'à ce qu'elle arrive. Elle entrera et je n'ouvrirai pas les yeux avant qu'elle soit devant moi. Elle est la seule chose que j'ai envie de voir.

9

Sarabeth Simmons

Il n'est pas le seul gars que j'aie connu – et de loin –, mais je suis sa première. C'est bizarre parce qu'il a presque quatre ans de plus que moi et il a été à l'université pendant un moment. Il n'est pas laid ni rien, en plus. Je me souviens de lui, un peu, de quand j'étais en troisième et lui en terminale. C'était un mec intelligent et un peu timide. J'ai toujours pensé qu'il était homo. Même aujourd'hui, je ne sais pas trop ce qu'il est. Il ne veut jamais parler de ça avec moi. De plein de façons, il est exactement pareil qu'au lycée. Trop silencieux, trop intelligent pour que ça soit un avantage, trop sensible. Mais il est gentil. Et c'est un mec bien.

Il a ce truc bizarre : il ne veut pas ouvrir les yeux avant que je sois déshabillée. J'enlève tous mes vêtements, et ensuite je lui enlève les siens. Il glousse. Ça me fait sourire.

Je me glisse sur son corps, mes seins frottent sa peau. Il laisse échapper un petit grognement. Je ne m'arrête pas pour le sucer parce qu'il n'aime pas vraiment ça. C'est le seul gars que j'aie jamais rencontré – en fait, c'est le seul dont j'aie jamais entendu parler – qui n'aime pas les pipes. Mais je ne m'en plains pas. La plupart des gars regardent trop de porno, et ils ne pensent qu'à te coller leur bite en pleine figure.

Gary n'est pas comme ça. Il veut tout le temps qu'on couche, mais ce n'est jamais vraiment dégueulasse avec lui. Il aime beaucoup les baisers. Pendant qu'on le fait, il veut me regarder droit dans les yeux.

Et ça se passe comme ça. Je grimpe sur lui et je le mets en moi et il me regarde droit dans les yeux. Il aime me regarder et j'aime qu'il me regarde. D'autres mecs m'ont fait me sentir chaude, d'autres, cochonne même. Et le plus souvent, j'ai bien aimé. Tout le monde a envie d'être cochon, parfois, je suppose. Mais avec Gary, c'est différent. Il est le seul gars que j'aie connu qui me fasse me sentir sexy. Elle me submerge, cette impression d'être sexy, d'être assez jolie pour qu'on ait envie de me regarder. Il est complètement fan de moi, mais il ne semble pas vouloir quoi que ce soit de moi. Il n'est jamais trop pressé de jouir, et il ne me supplie pas de le sucer ou de le laisser me la fourrer dans le cul. Il est juste fan de moi. C'est bizarre, mais avec lui, j'ai l'impression d'être plus jeune que je ne le suis.

— Je t'aime.

Il ralentit, sourit, attire mon visage vers le sien et m'embrasse.

— Je t'aime aussi.

On regarde son plafond blanc, nu.

Je dis :

— Il faut que je te dise quelque chose.

La manière dont je le dis le fait tourner la tête vers moi.

— Quoi ?

— Je commence à stresser, je dis.

— À propos de quoi ?

— À propos de lui. De saint Connard.

— Pourquoi ?

— Je ne sais pas. Je me demande ce qu'il risque de faire. Les gens désespérés font des trucs désespérés.

— Ouais, et le truc désespéré qu'il va faire, c'est nous donner trente mille dollars, dit Gary. Tu te dégonfles pas, quand même ? C'est trop tard pour ça…

— Non. C'est juste que maintenant qu'on est embarqué dans ce plan, je suis stressée.

— Je comprends, il dit, mais c'est illégal là. Un peu tard pour commencer à stresser. Tu t'en rends compte ? Ce n'est pas juste un truc entre lui et moi, ou même entre lui et son église. Il ne s'agit plus seulement de scandale. Les gens vont en prison pour ce que j'ai fait ce matin. Il faut que tu aies bien conscience de ce que nous sommes en train de faire, là.

Je suis obligée de m'arrêter et de réfléchir une seconde. Ça doit être vrai. Je n'ai jamais vraiment réfléchi au merdier dans lequel on serait si les gens savaient que nous essayons de faire chanter le pasteur. Je me sens coupable de ne jamais y avoir pensé. Tout ce truc, c'était mon idée. J'aurais dû y penser.

— Tu as dit qu'il avait une peur bleue ce matin ?

— Oui, il sait dans quel pétrin il est.

— Bien sûr, je dis. Il a eu ce qu'il voulait de toi et maintenant, il veut juste que tu disparaisses, c'est ça ? Il a une femme et vingt-sept mille enfants. Il a beaucoup trop à perdre. L'église, et tout le monde, qui pense qu'il est une star. Il te donnera l'argent. Il piquera l'argent des dons, videra son compte épargne, et il sera juste content de se débarrasser de toi.

Gary ferme les yeux et hoche la tête.

— Oui. (Il sourit.) Vingt-sept mille enfants… Tu es drôle.

— Combien y en a, des gamins Weatherford, au fait ? J'oublie.

— Cinq.

— Bon sang.

— Je sais.

— J'ai toujours pensé que Matthew était un connard.

— Ouais, moi aussi, dit Gary. Parfois, je le voyais sur le campus quand on était à l'université de l'Arkansas. Il faisait comme s'il ne me connaissait pas. Il est devenu super bon chic bon genre quand il est arrivé là-bas.

— Quel naze.

— Ouais. Et Mark a toujours été… Mark. Je ne connaissais pas vraiment Mary à l'école. Elle était à peu près dans ton année, non ?

— Ouais, mais je ne la connaissais pas très bien. Elle était populaire, elle jouait au basket et tout ça. Elle devait être normale, quoi, mais je n'ai jamais trop échangé avec elle.

Il hoche la tête sans rien dire.

— Bon sang, je continue, et ensuite, ils ont eu deux enfants de plus ?

— Ouais. Après les trois premiers, Richard et Penny ont arrêté de coucher ensemble. Genre, pendant dix ans, il m'a dit. Ensuite, ils ont eu deux autres enfants, Johnny et Ruth.

Je secoue la tête.

— Tu crois qu'ils couchent ensemble, maintenant ?

— Je crois qu'ils ont juste couché ensemble pour faire les enfants. Quand on en a cinq, ça donne l'impression qu'on baise tout le temps, mais c'est juste pour les apparences.

— Parce qu'il est gay ?

— Honnêtement, je ne sais même pas. Il est refoulé, c'est sûr, mais en réalité, je pense qu'il déteste coucher.

Je crois qu'il déteste les corps. Ils le répugnent. Pour lui, c'est qu'une histoire de masturbation. Il veut me regarder me branler et il veut que je le mate en train de le faire. Putain de tordu.

Je me tourne et je me mets sur le côté pour le regarder. Son visage est étroit, avec un petit nez et des lèvres minces. Je ne l'ai jamais trouvé mignon quand j'étais plus jeune. Je n'y avais absolument jamais pensé. C'était juste un gars plus âgé de mon école.

Mais quand il est revenu en ville après sa dépression, il venait beaucoup au magasin. Il n'achetait jamais grand-chose. Je crois qu'il voulait juste sortir de chez lui, s'éloigner de ses parents.

Je les ai rencontrés deux ou trois fois. Gary est tendu quand ils sont dans les parages, alors lui et moi on ne se voit que lorsqu'ils sont partis. Son père est zarbi. Un de ces gars qui est tellement gentil que ça le perdra – c'est de lui qu'il tient, Gary. Sa mère est assez salope. Les deux fois où je lui ai parlé, elle n'arrêtait pas de regarder mes vêtements. Je ne portais rien de crade, ou de provocant. Juste un T-shirt et un jean, mais elle n'arrêtait pas de me toiser comme si elle n'arrivait pas à croire que son fils lui ait ramené une morue pareille à la maison.

Gary dit que c'est juste son air, mais je vois bien qu'elle ne m'aime pas. Elle pense que Gary est juste un recalé de l'école qui est rentré à la maison et maintenant il traîne avec la fille qui tient la caisse chez Pickett's. Bien sûr, une fois qu'elle découvrira que j'ai été virée, elle m'aimera encore mieux.

— Enfin, dit Gary, on en aura fini avec lui bientôt. Il nous donnera l'argent, et ensuite, tout ira bien.

Je hoche la tête.

— Et on pourra partir.

— Ouaip, et on pourra faire ce qu'on veut.

— Où tu veux aller en premier ?

— Je me suis dit qu'on pourrait aller à Austin voir ce gars que je connaissais de l'université, Wally.

— Wally… OK. Il habite là-bas maintenant ?

— Ouais, il vient de là-bas, en fait.

— Pourquoi tu veux le voir ? je demande.

Gary hausse les épaules.

— Oh, je ne sais pas. Il n'y a pas de raison particulière. C'est juste quelqu'un que je connais.

— Toi et lui… Vous étiez juste amis ou…

Il me dévisage une seconde.

— Tu sais, ce n'est pas comme si j'avais couché avec toutes les personnes que j'ai rencontrées.

— Je le sais.

— C'est un ami. C'est tout. Un gars que je connais.

— OK. OK.

Il demande :

— Où tu veux aller ?

— On peut aller à Austin, ça me va.

— Mais si tu avais une préférence, tu aurais envie d'aller où ?

— Eh bien, j'ai toujours eu envie de voir La Nouvelle-Orléans. Ma mère y est allée autrefois, quand elle avait une vingtaine d'années et elle a adoré. Elle a toujours dit qu'on irait ensemble, mais bien sûr, ce n'est jamais arrivé. Alors, merde. J'irai toute seule. C'est le but, hein ? On peut aller où on veut. Être qui on veut.

Il sourit.

— C'est ça.

— Ouais. C'est la meilleure raison de se tirer d'ici. C'est pour ça que je veux partir. Les gens ici décident qui tu es, selon eux, et ensuite, si tu essayes de faire quelque chose de différent, ils se comportent comme si t'étais celui qui fait le con. C'est comme ça qu'on sait que le pasteur va trouver le fric. Parce que plus ils sont importants, plus la chute est dure. Je veux dire, ses secrets ficheraient sa vie en l'air.

Quelque chose vient à l'esprit de Gary et il fronce les sourcils.

— Tu sais, si la vérité se savait, je crois que les seuls pour qui ça m'ennuierait, ce serait mes parents. Ils seraient gênés devant tous les gens qu'ils connaissent…

— Hé, qu'est-ce que t'en as à faire ?

Il me regarde droit dans les yeux.

— Ne dis pas ça, Sarabeth. Ne sois pas si indifférente.

— Qu'est-ce que tu veux dire ?

— Je veux dire, toute cette histoire, c'était ton idée. Tu devrais te sentir plus concernée.

— Ce n'était pas seulement mon idée. On en a parlé. C'est toi qui as dit que tu pensais que le pasteur te faisait du gringue chaque fois que tu le voyais.

— Et c'est toi qui as dit que si je fricotais avec lui il se sentirait coupable et me donnerait du fric pour m'en aller.

— Et c'est toi qui l'as fait.

Gary se redresse et se cale contre le mur.

— Tu me méprises parce que je l'ai fait ?

— Non, bien sûr que non. Tu sais que j'en ai rien à foutre.

— C'est bien ce que je dis. Tu n'en as rien à foutre.

— Gary…

— Comment ça se fait que tu n'en aies rien à foutre ? Tu devrais me vouloir pour toi toute seule. Tu n'es pas censée accepter de me partager avec quelqu'un d'autre.

Je me redresse moi aussi. Je me sens bizarre assise là, avec les seins qui pendent, alors j'attrape mon soutien-gorge par terre.

— N'importe quoi, je lui dis. Je ne t'ai pas obligé à faire quoi que ce soit avec le pasteur.

— Il n'est pas question de quelqu'un qui m'aurait obligé à quoi que ce soit. On parle du fait que tu t'en fiches que je me branle avec un vieux pervers pour qu'on puisse récupérer un peu d'argent.

J'attrape ma culotte au bout du lit.

— T'as pas le droit de dire ça, Gary. T'as pas le droit de faire des trucs et ensuite, de m'en vouloir parce que tu l'as fait.

Il croise les bras et lève les yeux au ciel.

— Je voulais juste…

— Tu voulais juste… ?

— Tu t'en fiches complètement, hein ? Ce n'est qu'une histoire d'argent pour toi ?

J'en ai tellement marre que tout le monde m'emmerde. Je me lève et je commence à m'habiller.

— Qu'est-ce que tu fais ? dit-il.

— D'après toi ? Je pars.

— Pourquoi ?

— Parce que t'es un emmerdeur.

— Non, ce n'est pas vrai.

J'enfile mon jean.

— Sarabeth…

— Non. Tu sais quoi ? Fais ce que tu veux. (Je mets mes chaussures.) Quand il te payera, tant mieux. Prends le fric, va-t'en et va vivre heureux jusqu'à la fin de tes jours, tout seul.

— Arrête. Assieds-toi. Allez…

Je sors de la chambre à pas lourds et je retourne à ma voiture. Je fais marche arrière pour rejoindre la rue; je l'aperçois à la porte, le drap enroulé autour de la taille, avec sur la figure l'expression d'un gamin qui s'est perdu au centre commercial.

J'envisage de m'arrêter, mais je continue.

Je l'emmerde. J'emmerde tout le monde.

10

Richard Weatherford

Je suis dans mon allée. Je suis rentré à la maison, comme un ivrogne après une fête, et je ne sais pas vraiment comment j'y suis parvenu. Les dernières minutes de ma vie sont totalement floues.

C'est une impression que j'ai déjà eue dans le passé… avec Gary. La première fois que nous étions ensemble, dans ce même minivan, garé dans la pénombre au fond d'un minuscule sentier à deux comtés d'ici. J'ai cédé à ma tentation, je l'ai laissé me conduire dans le péché, *ou est-ce moi qui l'ai conduit*, et quand on a eu fini, je suis rentré à la maison complètement abasourdi. Impossible de me souvenir du trajet, des arrêts, des virages pour rentrer en ville, retourner dans notre quartier, jusqu'à ma maison. Mais c'était bien moi, l'homme assis au volant de sa voiture, en train de regarder fixement ses mains.

Et me revoici, à nouveau, ne sachant pas vraiment qui je suis.

Je suis Richard Howard Weatherford. Je suis le mari de Penelope. Le père de Matthew, Mark, Mary, Johnny et Ruth. Je suis le pasteur de la First Baptist Church de Stock, dans l'Arkansas. Je suis un chrétien. Je suis un homme de Dieu.

Ce que je ne suis pas, c'est un homosexuel. Cela n'existe pas, les homosexuels. Le concept de l'identité gay est un mensonge du diable, fondé sur l'idée fausse que l'homosexualité est un état de l'être. Si les homosexuels existent, alors Dieu a dû créer les homosexuels ; donc, non, il ne peut pas y avoir d'homosexuels. Il n'y a que des actes homosexuels, et on peut choisir ou non de commettre ces actes. Je peux me détourner de mon péché.

Mais d'abord, je dois faire ceci. Je dois protéger ma famille, mes amis, mon église.

Je regarde à travers le pare-brise du minivan ma grande maison ensoleillée. Je pense à tous les gens qui passent devant cette maison et disent : "Voici l'endroit où habite le pasteur." Quelque chose dans le poids que représentent ces biens matériels me donne l'impression d'être ancré. Une voiture, un foyer, un petit terrain. Une famille. Une vie.

Et pourtant, tout paraît si terriblement fragile aujourd'hui.

Je ne sais pas ce que Harten va faire, comment il va se procurer l'argent. Il se comporte comme un homme désespéré, comme s'il pouvait à tout moment briser une vitre pour voler de la nourriture. Me trouver près de lui me rend nerveux ; je suis rentré avec le vertige, comme si je m'étais approché trop près du bord d'une falaise.

Je t'en prie, mon Dieu, aide-le à trouver l'argent.

C'est une absurdité et une hérésie de demander son assistance à Dieu dans une entreprise aussi basse et sordide que celle-ci, bien entendu, mais je ne peux m'en empêcher. C'est une prière profane émise par une âme profane.

J'ENTRE dans la maison et il règne un silence curieux. Je ne réalise que maintenant que je n'ai pas vu la voiture de Matthew garée devant.

— Hello ? je m'écrie.

Ma voix paraît sinistre dans la maison vide.

— Il y a quelqu'un ?

— Je suis là, dit Penny depuis le premier étage.

J'avance jusqu'au pied de l'escalier.

— Où sont-ils, tous ?

— Monte si tu veux me parler.

— J'ai dit : "Où sont-ils, tous ?"

— Et je t'ai dit de monter si tu voulais me parler.

Je monte l'escalier et je la trouve assise sur notre lit, le dos calé contre le mur, les chevilles croisées, les mains jointes sur un oreiller.

— Qu'est-ce que tu fais ?

— Je suis assise. Et toi, qu'est-ce que tu fais ?

J'ouvre les paumes comme pour lui signifier le néant.

— Je viens d'arriver. Où sont les enfants ?

— Je leur ai suggéré d'aller chez Sonic prendre une glace.

— Oh.

— Je me suis dit que ce serait une bonne idée qu'ils y aillent tous. Ils ne font jamais rien en groupe, tous ensemble.

— Ruth n'est pas avec eux.

Elle hoche la tête et me dévisage.

— Je sais.

— Si tu voulais que Ruth aille avec eux, tu aurais dû lui dire de rester à la maison.

— Peu importe.

— Oh. Est-ce que ça va ?

— Pourquoi tu poses cette question ?

— Parce que tu te comportes bizarrement.

— Ah bon ?

— Oui.

— Comment ça ?

— Tu me poses une série de questions idiotes, pour commencer. Tu ne fais cela que lorsque tu veux que je devine ce qui te tracasse.

Elle baisse un peu le menton. Je remarque qu'elle a enlevé ses lentilles de contact et qu'elle a mis ses lunettes. Elle me regarde par-dessus ses verres, comme lorsqu'elle veut me faire des reproches.

— Et quelle serait ton hypothèse ?

— Je n'en ai pas la moindre idée.

— Tu n'en as pas la moindre idée.

— Non. Pas la moindre. Alors pourquoi tu n'arrêterais pas de tourner autour du pot pour me dire enfin ce qui ne va pas.

Elle décroise les doigts et regarde par la fenêtre. Mais elle ne regarde pas vraiment par la fenêtre. Pas vraiment. Elle m'oblige à la contempler et à patienter. Quel théâtre !

Pour finir, elle dit :

— Pourquoi tu ne t'assois pas ?

Je prends mon temps pour m'approcher du lit et m'asseoir à quelques centimètres de ses pieds.

— Oui ?

— Où étais-tu, toute la journée ?

— Quoi ?

— Où étais-tu toute la journée ?

— Je n'étais pas… j'étais ici. Je suis sorti voir Terry Baltimore ce matin. Je suis rentré, j'ai pris mon petit déjeuner avec la famille, je me suis reposé, j'ai parlé à Randy, puis j'ai emmené Ruth chez Scarlett. Ensuite, je suis rentré. Et tu sais tout cela, alors pourquoi ? Pourquoi me demander où je suis allé ?

Elle croise les bras plus fort sur sa poitrine et contemple le couvre-lit.

— C'est exact, dit-elle. Je sais tout ça.

— Alors, qu'est-ce qui ne va pas ?

— Tu as été ailleurs.

— Comment ça ?

— Tu n'étais pas ici avec nous.

— Tu veux dire… Oh, tu veux dire que j'étais distrait ?

Elle essaye de lisser un pli sur le couvre-lit.

— Oui.

— Eh bien, je suis très préoccupé. Je réfléchis à beaucoup de choses, tu sais. Ce vote qui approche. J'y pense vraiment beaucoup. Mais vraiment beaucoup. Et puis, il y a le spectacle de Pâques demain. Il faut encore que j'aille à l'église aujourd'hui.

— Oui, bien sûr.

Je tends la main et je lui tapote la jambe.

— Je suis désolé si je me suis montré distant. Ce n'était pas volontaire.

Elle lève les yeux vers moi. Ils sont pleins de larmes. Je fais mine de m'approcher d'elle, mais elle me repousse de la main.

— Reste… reste où tu es.

— Penny, mais qu'est-ce que tu as ? C'est encore une de ces phases hormonales féminines ?

Sa peau change de couleur. Elle s'installe sur le bord du lit, l'oreiller tombe par terre et elle me gifle. Je lui attrape les deux bras et je la repousse sur le lit.

— Mais qu'est-ce que tu fais ? Tu as perdu l'esprit ? lui dis-je en la dévisageant.

— Peut-être que je viens de le retrouver, justement.

— Qu'est-ce que cela signifie ? (Je traverse la chambre et je vais fermer la porte.) Qu'est-ce que cela signifie ? Réponds-moi.

Son visage est empourpré, ses yeux débordent de larmes de colère. Je ne l'ai jamais vue aussi furieuse depuis des années. Peut-être que c'est la première fois. Nous n'en sommes jamais arrivés aux coups auparavant, même dans nos pires moments.

Elle secoue la tête, plaque ses mains sur ses oreilles.

— Je crois… je crois que je ne t'aime pas.

Mes oreilles bourdonnent. Rien à voir avec la gifle, cependant. Tout ce que je parviens à répondre, c'est :

— Quoi ?

Elle me regarde fixement, ses yeux s'écarquillent comme s'ils voulaient désespérément absorber plus de lumière. Elle laisse tomber ses mains.

— Je ne t'aime pas. Peut-être que je ne t'ai jamais aimé.

— C'est ridicule, si…

— La ferme, Richard. Écoute-moi. Quand nous nous sommes rencontrés, tu cherchais une épouse chrétienne, et je cherchais un mari chrétien. C'est pour cela que nous nous sommes mariés. C'est ce qui fondait notre attirance mutuelle depuis le tout début. Tu sais que je n'ai jamais fantasmé sur toi ? (Elle lit quelque chose sur mon visage et y répond.) Du sentimentalisme idiot, n'est-ce pas ? Le genre de choses que tu ridiculises dans tes sermons. Tu n'y crois pas, à ça. Tu ne crois qu'en la volonté de Dieu. Tu le dis. Tu dis que tu ne crois qu'en la volonté de Dieu, mais as-tu jamais remarqué à quel point la volonté de Dieu et ta volonté semblent toujours être alignées ?

— Nous sommes censés nous aligner sur la volonté de Dieu, Penny.

— Et Dieu nous dit ce qu'est sa volonté, et ensuite, tu la transmets à nous autres.

— C'est un peu simpliste, Penny, mais oui, en gros, le Seigneur m'instruit et j'instruis les autres. Il en a toujours été ainsi. Je croyais que c'était ainsi que tu aimais que ce soit. Tu te comportes comme si j'étais un connard égoïste, mais pardonne-moi de te faire remarquer que tu as toujours pris plaisir à occuper le rôle de la Reine des abeilles dans l'église. Avec tes Dames auxiliaires et tes petites réunions.

— Mes petites réunions, répète-t-elle.

— Tu vois bien ce que je veux dire.

— Oh, je vois ce que tu veux dire mieux que toi.

— Bien sûr.

— Eh bien si.

— Eh bien, je t'en prie, explique-moi. C'est ce que tu fais. Les féministes accusent les hommes de pratiquer le *mansplaining*, mais si on parlait du *womansplaining* ? Quand une femme dit à un homme ce qu'il voulait vraiment dire.

— C'est mignon, Richard. Je parie que tu travailles cette réplique depuis un bon moment.

C'est vrai. J'allais l'intégrer dans un prochain sermon, une petite plaisanterie. La comparer à une féministe est un coup bas. Je le fais pour la blesser, pour la mettre en rage. Je ne sais pas trop pourquoi. Je devrais être en train d'essayer de désamorcer cette dispute plutôt que de l'exacerber. Peut-être que c'est parce qu'elle m'a frappé et que ma joue me brûle encore. Si je ne peux pas lui rendre son coup, je peux au moins la pousser à bout.

Elle poursuit :

— Tu sais que je ne suis pas féministe, espèce d'idiot.

— Des insultes. Excellent. D'abord tu me frappes. Ensuite, tu dis que tu ne m'aimes pas. Après, tu te mets à m'insulter.

Elle croise les bras et secoue la tête, trop dégoûtée pour me regarder.

Je demande :

— Alors, quel est le problème, exactement ? Où sont mes déficiences ? Explique-moi.

— Tu n'as pas de compassion, Richard. Tu n'y crois pas vraiment. Tu penses que cela t'affaiblirait, d'une certaine façon.

— Mais de quoi tu parles ? Je travaille dur pour mes paroissiens. Je rends visite aux malades et aux personnes âgées. J'aide les gens dans les moments de crise. Je crois qu'ils seraient choqués d'entendre que je ne crois pas en la compassion.

— Non, tu crois en le devoir. Tu aides les gens parce que tu penses que c'est ce que tu es censé faire. Comme un éboueur qui ramasse les ordures. Tu es un homme qui fait un boulot. Il n'y a pas de vraie compassion chez toi, pas d'empathie.

— Ouah. Apparemment, je suis vraiment un personnage épouvantable, Penny. Merci de m'avoir ouvert les yeux.

Elle respire bruyamment par le nez. Elle ferme les yeux. Elle dit :

— Tu ne tiens pas à moi, Richard.

— Et maintenant, je ne tiens pas à toi.

— Ce n'est pas nouveau. C'est ancien. Comme je l'ai dit, nous nous sommes mariés parce que nous pensions que c'était la chose à faire. Nous avons eu des enfants parce que nous pensions que c'était la chose à faire.

— Alors, c'est de cela qu'il s'agit ? Tu réanalyses notre mariage ?

Elle se frotte le nez.

— J'ai réanalysé notre mariage tellement de fois.

Elle lève les yeux vers moi. Son visage a repris sa couleur naturelle. Ses yeux sont encore un peu roses, mais ils ne sont plus remplis de larmes.

— Quand j'étais jeune, j'essayais d'être la femme que tu voulais que je sois. Quand ça n'a pas marché, j'ai essayé de faire de toi le mari que je voulais que tu sois. Ça n'a pas marché non plus. Alors, pour finir, je crois que j'ai choisi d'élever les enfants comme je pensais qu'ils devaient l'être, dans un bon foyer, dans une bonne église.

— Nous les avons élevés comme il fallait.

— Nous ? Oui. Tu es leur père et ils t'aiment.

— Oh, merci de m'accorder cela, au moins. Je suis soulagé d'entendre que mes enfants m'aiment.

— Parfois, je le regrette.

— Penny…

— Tu les laisses venir à toi. Tu les laisses t'aimer. Tu les laisses se disputer ton attention. Et ça marche. Ils t'aiment tous, et ils veulent tous que tu les aimes, que tu leur pardonnes les nombreux péchés que tu vois en eux.

Cette déclaration me stupéfie.

— Maintenant, tu es méchante, dis-je. Cruelle.

— Je suis honnête. Parfois, c'est la même chose que d'être cruelle.

Sa manière de le dire me donne la nausée. Cette grandiloquence, cet air supérieur.

— Je te remercie pour ton honnêteté, dis-je. Que veux-tu faire, divorcer ?

Mon intention est de la piquer, mais l'espace d'un instant affreux, je me rends compte qu'une partie de moi espère qu'elle dira oui.

— Bien sûr que non, dit-elle, et quand elle le dit, je suis envahi d'un sentiment encore plus terrible de soulagement. Trop de gens croient en nous. Ce n'est pas comme Sandy et Gene. Personne n'a perdu la foi parce que les Loomis ont divorcé. Mais il y a trop de gens qui ont besoin que nous restions Frère et Sœur Weatherford. Nous ne devons pas seulement penser à nos enfants, mais à notre église, à toute la ville, d'une certaine manière… C'est ce qui rend les choses vraiment affreuses. (Elle s'interrompt et secoue la tête.) Nous sommes trop importants pour faillir.

— Alors, qu'est-ce que tu veux ?

Elle soupire.

— Je veux que tu sois honnête.

— Je suis honnête.

— Ah bon ? Nous sommes ensemble depuis longtemps, Richard. Je t'ai donné une maison pleine d'enfants pour que tu te sentes un homme. Je t'ai laissé te moquer de moi dans tes sermons pour que tu puisses apparaître comme un vrai mec. Je suis toujours restée dans le rang. Et je n'irai nulle part. Je t'enterrerai, ou tu m'enterreras. Ce sera l'un ou l'autre. Mais ne continue pas à me soutenir avec aplomb que ce matin tu es allé voir Terry Baltimore.

Je la regarde fixement.

En bas, la porte d'entrée s'ouvre et les enfants entrent, tapageurs et rieurs, et Johnny nous cherche déjà.

— Les enfants sont rentrés, dis-je.

Elle secoue la tête.

— C'est tout ? "Les enfants sont rentrés." Tu vas te cacher derrière les enfants ?

— Il faut que j'aille à l'église. Il est presque deux heures, tu sais. J'ai une répétition avec le chœur et les acteurs.

Elle se frotte le visage à deux mains, pour effacer toute trace de larme.

— Deux heures. Oui. Il faut que tu partes.

— Et toi, tu as des choses à faire à l'église, cet après-midi, n'est-ce pas ?

— Oui, une de mes petites réunions.

— Penny… ce que je veux dire, c'est que nous pourrons reparler de tout ça plus tard.

Elle se lève et traverse la pièce.

— Bien sûr.

J'hésite à l'approcher, mais je sais qu'elle ne le veut pas. Je m'écarte de la porte et je lui dis :

— Je t'aime, Penelope.

La main sur la poignée de la porte, elle ferme les yeux.

— Tu sais que cela fait des années que tu ne me l'as pas dit ?

— C'est pourtant vrai. Je t'aime.

Elle me lance un regard qui ne dit rien, et elle hoche la tête, mais je ne sais pas exactement à quoi elle acquiesce.

Puis elle ouvre la porte et descend rejoindre nos enfants.

II

Samedi soir

11

Brian Harten

Je suis assis dans la voiture de Roxie juste un peu plus loin quand le collecteur me dépasse ; il va au Tommy's Bar. Son nom est Frankie James. Il a un frère qui s'appelle Jesse. Forcément. Ses parents sont franchement cons. Mais Frankie n'est pas con. C'est un type assez malin. Il faut que je garde bien ça en tête quand je vais mettre mon plan à exécution.

Il est environ cinq heures, alors il est probable qu'il arrive juste. C'est à peu près l'heure à laquelle je commençais à travailler. Tommy va certainement briefer Frankie sur des trucs, et ensuite il lui donnera ses ordres pour la soirée. Puis Tommy rentrera chez lui et Frankie partira faire les collectes de la journée. Je ne sais pas dans quel ordre, mais il lui faudra passer à au moins trois endroits en ville : Tommy's Other Bar, Tommy's Carwash et Tommy's Slices. Tommy a aussi une part dans l'entreprise de construction Arkansas Integrity Lumber, mais je ne sais pas si Frankie passera là-bas ou pas. Quand c'était moi qui le faisais, je n'allais à l'entrepôt de bois qu'une fois de temps en temps. La plupart du temps, Tommy détermine sa part avec Hank Dobson sur place et Hank lui file un chèque.

Mais tous les autres lieux – les deux bars, le truc à pizza et la station de lavage –, tous fonctionnent uniquement au cash. Frankie ramassera le fric et le rapportera ici.

Tommy reviendra plus tard pour faire sa comptabilité fantaisiste.

Je pourrais suivre Frankie, peut-être lui sauter dessus au moment où il retourne à sa voiture après sa dernière collecte, et lui mettre un coup sur la tête, mais c'est trop risqué. On est pas dans un film. Je suis presque sûr que quand on cogne un mec sur la tête, tout ce qu'on fait, c'est lui faire mal au crâne. Et ça servirait à rien que je porte un masque, non plus, parce que Frankie me connaît.

Non, il faut que j'invente un truc qui attirera l'attention devant, fera sortir tout le monde, et que j'entre en douce par la porte de derrière pour prendre le fric.

Le samedi soir à six ou sept heures, c'est le moment où il y a le plus de pognon dans le bureau. Tommy récupère toujours en même temps les rentrées de vendredi et celles de samedi. Donc, dans la caisse, il devrait y avoir la recette de vendredi des deux bars, plus ce qui a été ramassé au truc à pizza et à la station de lavage aujourd'hui. Tout ensemble, je devrais avoir assez pour payer le pasteur.

Peut-être.

Le parking commence à se remplir.

Le portable vibre. Roxie. Je laisse l'appel aller sur messagerie.

Je démarre la voiture de Roxie et je m'éloigne.

Je file au Walmart pour acheter un jerrican. Un des premiers boulots que j'ai eu, c'était là. Je détestais. Je poussais des caddies. En voilà un bon boulot de merde. Bien sûr, maintenant, ils ont une petite machine qui pousse les caddies. Ils envoient un gars avec la machine et il peut nettoyer tout le putain de parking en dix minutes sans se fatiguer. Par contre, de mon temps, ils nous faisaient bosser comme des ânes. Ils obligeaient deux d'entre nous à rester sur l'asphalte, à cramer pendant les huit heures d'affilée. C'était encore pire l'hiver, quand on se pétait le dos à essayer de pousser dix ou quinze chariots dans la neige, à se geler les couilles pendant que le manager restait planté à la porte, les bras croisés. On pouvait jamais prendre de l'avance, non plus. Le temps de rassembler dix caddies sur un parking de la taille d'un terrain de football, vingt personnes avaient déjà franchi la porte.

L'histoire de ma putain de vie.

J'entre. C'est noir de monde. Je fais signe à la fille qui se trouve au comptoir de l'accueil clients. J'ai oublié son nom mais elle vient souvent au Tommy's Bar. Je devrais me rappeler son nom, bordel, mais j'y arrive pas. On s'est jamais vraiment parlé.

— Salut, Brian, dit-elle.

Je continue, mais je m'arrête après quelques pas.

Elle connaît mon nom. Bien sûr. Une personne sur trois ici me connaît. Tout le monde va se rappeler m'avoir vu.

Merde.

Je fais demi-tour et je me dirige en vitesse vers la porte. La fille derrière le comptoir fait :

— Eh bien, c'était rapide.

— J'ai oublié mon portefeuille, je dis sans m'arrêter.

ROXIE appelle à nouveau. Je coupe le portable.

Je m'arrête à un Citgo et j'achète une bouteille de deux litres de Mountain Dew. Ensuite, je sors de Morrilton et je roule un peu juste pour mettre de la distance entre la ville et moi. Je veux pas me retrouver à bavarder avec quelqu'un que je connais. Une fois que je suis dans un endroit où il n'y a rien d'autre que de l'asphalte et des arbres, je me range sur le côté et je vide la bouteille dans l'herbe.

Je vais jusqu'à Birdtown, où il y a une station essence avec une seule et unique pompe plantée dans un endroit totalement désert. La station elle-même est juste une cabane en planches tenue par une petite vieille qui est assise derrière la caisse depuis qu'on a inventé l'essence.

Je vais à l'intérieur pour payer. La petite vieille a une tête de cheval et elle me fait un sourire grinçant plein de longues dents effilées toutes mal rangées.

— *Howdy*.

— Howdy. (Je lui tends un billet.) Pour cinq dollars.

— Eh ben, elle dit, avec cinq dollars, on va pas loin, maintenant.

— Non.

— Le premier litre d'essence que j'ai vendu, il coûtait quinze cents. Vous y croyez ?

— Difficile d'imaginer ça aujourd'hui.

— C'est sûr.

— OK, merci, passez une bonne journée.

— Vous aussi.

Je retourne à la pompe, mais je garde un œil sur la vieille par la vitre devant. Elle fait pas trop attention à moi. Elle s'est remise à fixer les cigarettes et les bonbons.

Je prends le pistolet et je sors la bouteille en plastique, mais là, je me rends compte que le putain de goulot de la bouteille est trop étroit. Je vais mettre de l'essence partout.

Je prends mon couteau de poche et je coupe le haut de la bouteille en plastique. Ensuite, je rentre le pistolet dans le nouveau trou et j'appuie sur la détente et l'essence se déverse. La bouteille se remplit en un clin d'œil. Ça me déborde partout sur les mains.

Putain de merde de bordel de Dieu.

Je fous le pistolet dans le réservoir et j'y mets le reste des cinq dollars. Roxie va me passer un de ces savons pour avoir gardé sa voiture aussi longtemps. J'aurai de la chance si elle me fout pas les flics au cul. Ce serait le comble non? Elle appelle les flics et ils m'arrêtent alors que je me balade avec un demi-cocktail Molotov sur la banquette avant.

Je monte dans la voiture, j'installe la bouteille entre mes genoux, mais avant d'arriver à la caler, je m'asperge copieusement d'essence.

Je sors du parking. Lentement. Mon entrejambes pue l'essence. Super.

Un peu plus loin, je me range, j'ouvre la portière, je vide la moitié de la bouteille; j'ai pas besoin de tout ça, putain. Juste d'assez.

De retour au Tommy's Bar, je ne vois ni la voiture de Frankie ni le pick-up de Tommy, alors je continue mon chemin et je me planque un peu plus loin, derrière une grange toute pourrie et j'attends.

Je comprends pas pourquoi ils démolissent pas ces vieilles granges. Dans tout l'État, il y a des granges qui pourrissent au bord de la route. Des planches grises gondolées et des toits en tôle rouillés. C'est déprimant. Quand je vois une grange comme ça, je pense toujours au fermier qui l'avait, avant, il y a vingt, trente ans. Même plus, peut-être. Peut-être du temps de la Grande Dépression. En tout cas, c'était le rêve de quelqu'un, à un moment donné. De quelqu'un qui bossait comme un fou. Et après, qu'est-ce qui s'est passé ? Peut-être qu'il s'est trouvé à court d'argent. Ou il s'est fait baiser par les banques. Ou peut-être qu'il est juste devenu vieux et il est mort.

Vachement déprimant, comme idée. Soit c'était un raté et sa grange est là, à pourrir au bord de la route, soit il avait réussi et sa grange est là, à pourrir au bord de la route.

Il y a plein de voitures qui entrent sur le parking de Tommy. Quelle heure il est ? Un peu plus de six heures. Ça tourne bien. Comme toujours.

Je mets un coup de poing dans le tableau de bord. J'arrive pas à comprendre comment un connard comme Tommy – un type qui a vraiment rien de spécial – arrive à tout réussir tellement bien. Au lycée, ce débile a jamais ouvert un bouquin. C'est pas comme s'il avait fait des études ou travaillé dur. Même pour le base-ball, il s'est jamais vraiment entraîné. Enfin, pas plus que tout le monde. C'est juste un de ces types qui a toujours le feu vert.

Enfin, pas ce soir, Tommy.

JE vois Frankie qui se gare sur le parking. Il sort de sa voiture avec un sac à dos jeté sur une épaule. Le sac à dos est pas très rempli, mais au fond, je sais qu'il y a un petit tas de fric.

La nuit tombera pas assez vite. Je vais devoir y aller alors qu'il fait encore jour.

Il y a un vieux sac Walmart dans les ordures qui traînent par terre dans la voiture de Roxie. Je le fourre dans ma poche. Je prends la bouteille et je sors et je m'arrête là, à côté de la voiture. Je regarde autour de moi. Rien que des arbres et de la terre. Je m'enfonce dans les arbres. Mon cœur bat tellement fort que mes oreilles se mettent à bourdonner. Je prends quelques grosses inspirations, je continue à avancer.

J'ai plus le choix. Une seule option. Je ne peux plus faire marche arrière.

Derrière le Tommy's Bar, le terrain est en pente, alors je descends dans une petite ravine humide et j'observe. La porte de derrière est calée en position entrouverte comme toujours pour aider à ventiler la cuisine. Tommy a deux Mexicains là-dedans qui font rien d'autre que frire des rondelles d'oignons et des croquettes de pommes de terre à longueur de journée, et dans la cuisine, la température devient infernale.

Je longe la ravine à pas de loup et je jette un œil au parking devant. Sept ou huit voitures, ce qui est assez normal à cette heure de la soirée. Pas de fumeurs dehors. Personne à côté de sa voiture.

Je prends une profonde inspiration et je monte la pente en courant, sans quitter la porte des yeux. Je verse l'essence sur les jambes de la statue, j'éclabousse même les couilles en faux bronze de Tommy. Puis je sors mon briquet et je mets le feu.

Je me crame la main, mais la statue s'embrase. Comme ça, comme si le truc était le géant de bois au festival Burning Man.

Je fiche le camp au pas de course jusque dans les bois et je l'ai presque atteint quand je me rappelle que mon entrejambe est imbibé d'essence. Je me planque derrière un arbre et je m'examine. Heureusement, pas de feu dans mon froc.

Une fumée noire sort de la statue de Tommy maintenant, elle s'étend jusqu'au-dessus des arbres. Je balance la bouteille et je commence à me rapprocher de la ravine quand j'entends la porte d'entrée du bar s'ouvrir. Quelqu'un crie. Une fois que je peux plus être vu depuis la porte d'entrée, je remonte la ravine en courant vers le côté du bâtiment. À l'intérieur, y a un sacré grabuge, des chaises qu'on déplace précipitamment, des cris, des jurons. Je passe les fenêtres en me baissant et je file vers la porte de derrière. Je jette un coup d'œil à l'intérieur. Je vois tout, le couloir, la fenêtre de la porte marquée RÉSERVÉ AU PERSONNEL, le bar, jusqu'à la porte de devant. Tout le monde est en train de sortir.

J'entre et je fonce vers le bureau de Tommy. Sa porte est fermée à clé, mais j'ai la clé. Je devrais pas avoir de double, bien sûr, mais j'en ai un. J'imagine que ça fait de moi un type pas bien.

Le bureau est désert. Du fric sur la table. Du fric dans le coffre ouvert. Le sac à dos sur une chaise.

J'attrape le fric sur la table et je le mets dans mon sac. Puis je fonce sur le coffre, je prends tout ce que je peux et je le mets dans le sac.

Je vais jusqu'à la porte. Je l'entrouvre. Au bout du couloir, quelqu'un sort en courant du placard de l'agent d'entretien avec un seau d'eau qui déborde et se précipite dehors.

Je sors par-derrière. Je traverse le parking, désert. Je remonte la côte. Je fonce dans le bois.

Je cours tellement vite que mes poumons sont en feu. Je sens la fumée d'ici, j'entends les cris. Je regarde derrière moi, mais j'arrive pas à voir à cause des arbres. Tant mieux. Si j'arrive pas à les voir, probablement qu'ils me voient pas. Frankie James va pas rester longtemps à jurer devant la statue de Tommy en train de cramer ; il va vite penser à rentrer vérifier que l'argent qu'il a mis dans le bureau y est toujours.

J'arrive à la route, je vois la vieille grange. Je m'assure que personne ne vient et je traverse en courant avant de sauter dans la voiture.

Mais je démarre pas à fond. Je pars tranquillement, en m'éloignant du bar, comme si j'étais un mec en balade.

12

Richard Weatherford

Alors que nous sommes sur le point de conclure la répétition de la Passion, Mabel Larner s'approche de moi et attire mon attention sur la croix où Cody Crawford est en train de prendre un selfie.

Nous organisons cette représentation de la Passion depuis que je suis devenu le pasteur de cette église, et dans toutes les productions, Cody incarne le Seigneur parce qu'il est le seul homme de la paroisse avec des cheveux longs et une barbe. Malgré le fait qu'il soit divorcé, Cody est le candidat tout trouvé, et par conséquent, j'ai toujours ignoré les rumeurs qui m'arrivaient parfois sur son penchant pour la boisson. C'est un homme bon, et un membre loyal du troupeau, et puisqu'il est prêt à mettre un pagne et à grimper sur la croix chaque année à Pâques, je le laisse un peu tranquille.

Mais je ne peux pas accepter qu'il prenne un selfie.

Mabel me demande :

— Est-ce que cet homme là-haut est en train de se prendre en photo ?

C'est une vieille dame courtaude qui a la forme d'un oignon, et qui serre toujours ses mains sur son giron comme si elle craignait de s'ouvrir en deux.

— J'en ai bien l'impression, dis-je.

— Je ne trouve pas que ce soit convenable. Et vous ?

— Je vais aller lui parler.

— Je doute que notre Seigneur se soit trouvé photogénique sur le Golgotha, fait remarquer Mabel aimablement. Vous pourriez dire à Cody de ne pas l'oublier.

— Je le ferai. Merci, mademoiselle Mabel.

Tandis que je m'approche de Cody, Penny traverse le sanctuaire avec quelques-unes de ses acolytes des Dames auxiliaires dans son sillage. Elle donne ses derniers ordres sur le nettoyage nécessaire des costumes de Pâques. Elle me voit mais elle ne dit rien.

Je fais un signe à Cody.

— Hé, Cody.

— Hé, révérend. On a fini ?

— Oui. Vous avez bien travaillé. Merci d'avoir accepté de jouer le Seigneur cette année encore.

— Pas de problème, je suis content de pouvoir aider.

Dégoulinant de faux sang et de vraie sueur, il descend de la croix. Il a pris quelques kilos depuis l'année dernière et il a un peu de ventre. Je devrais lui en parler pour l'an prochain, peut-être lui demander de se mettre au régime. Je ne me réjouis guère de cette conversation.

Les dames sont en train de remballer leurs sacs, leurs cahiers et leurs partitions ; je parle à mi-voix pour qu'elles n'entendent pas ce que j'ai à dire.

— Cody, puis-je vous demander si vous venez de prendre un selfie ?

Il sourit, hoche la tête et sort son portable de son pagne.

— Ouais, je l'ai posté sur Facebook.

— Ah… Je préférerais que vous ne le fassiez pas.

— Oh. Vraiment ?

— Oui. Je pense que ce ne serait pas approprié qu'un selfie de vous dans le rôle de notre Seigneur et Sauveur circule. Cela pourrait être considéré comme assez désinvolte.

Il me dévisage, à l'évidence déçu, mais aussi un peu insulté.

— Je n'avais pas l'intention de me montrer désinvolte.

— Bien sûr que non, bien sûr que non, mais le problème n'est pas l'intention. Il y a des choses que nous n'avons pas l'intention de faire, des souffrances que nous n'avons pas l'intention de causer, mais si les gens les prennent de cette façon, eh bien, nos intentions n'ont pas vraiment d'importance parce que les dégâts sont déjà faits. Vous voyez ce que je veux dire ?

Il regarde par-dessus mon épaule et fixe Mabel Lardner, qui s'attarde, l'air de rien. Repoussant sa couronne d'épines pour se gratter la tête, il demande :

— C'est cette vieille, là, qui m'a balancé ?

— Elle… a exprimé son inquiétude concernant le selfie.

Il croise les bras, barbouillant sa poitrine nue de faux sang.

— Elle connaît même pas le mot selfie, fait-il.

— Allez, Cody, ce n'est pas une manière de se comporter. Vous voyez bien qu'elle n'a pas complètement tort. Alors, pourriez-vous, s'il vous plaît, retirer la photo ? Pour moi ?

— Ohé, Frère Weatherford, lance Penny depuis l'autre bout du sanctuaire. Nous avons terminé. Tout est en place, je rentre à la maison.

Elle dit cela pour être entendue de tout le monde, imprégnant le "Ohé, Frère Weatherford" d'une touche d'humour espiègle. Cela fait sourire Mabel et les autres dames.

Je souris à mon tour.

— OK, ma chérie, réponds-je à Penny. Je rentre bientôt. (Je salue les autres dames.) Merci mesdames.

Tout le monde se dit bonsoir, et lorsque je reviens à Cody, je dis :

— Alors, on est d'accord ?

Il hausse les épaules, ouvre les photos sur son téléphone et efface l'image.

— OK. J'veux offenser personne.

— Merci beaucoup, dis-je.

— Sans problème.

Je le regarde s'enrouler dans un drap blanc et se diriger vers le vestiaire du baptistère pour se changer. Mabel me sourit et, satisfaite, elle ramasse son sac et sa bible pour rentrer chez elle.

Je secoue la tête. *Quel boulot ridicule je fais.*

PENNY et les dames sont parties, et l'église est silencieuse. Je parcours le couloir au sous-sol pour vérifier que toutes les portes sont verrouillées et que les lumières sont éteintes. Mes chaussures frottent contre la moquette, ma respiration est lourde, mais les salles de classe sont désertes et la salle commune est silencieuse et plongée dans la pénombre. Je remonte vers le sanctuaire.

J'ai toujours adoré me retrouver seul ici. Quand d'autres personnes sont là, je pense toujours à elles, au sermon que je suis en train de faire, mais quand je suis seul, je peux me détendre comme nulle part ailleurs. Nous n'avons pas de vrais vitraux, juste des caches de couleur sur les vitres, mais la lumière bleu pâle du sanctuaire est aussi apaisante que si le verre était coloré.

Deux allées recouvertes d'un tapis partagent les bancs en trois sections. Presque tous les dimanches, les bancs sont pleins. Trois cents personnes, en moyenne, viennent ici chaque semaine pour m'entendre transmettre le message de Dieu. Elles s'assoient sur ces bancs, en face de moi, en silence, tandis que j'arpente d'un pas lent l'estrade au-dessus d'elles, la Bible à la main, pour leur dire ce que Dieu veut qu'elles fassent de leur vie.

Elles n'y accordent pas toutes crédit, bien entendu. Quelques-unes me regardent avec un scepticisme à peine voilé, un certain nombre a l'air de s'ennuyer – quoi que je dise, et quelle que soit la manière dont je le dis. Mais la plupart d'entre elles me croient. Je le vois sur leurs visages. Presque toutes veulent que je les rassure, que je leur dise que la folie du monde s'inscrit dans un contexte spirituel, que peu importe ce qui leur arrive – le cancer, les mauvais traitements, la dépression, les dettes –, Dieu a un plan, tout finira par prendre sens.

Oui, ce boulot est ridicule parfois, mais je fais du bon travail ici.

Je m'assois au bord de l'estrade et je contemple les bancs déserts.

J'ai bâti cette paroisse. Bien sûr, l'église elle-même existe depuis plus de soixante-dix ans, mais avant mon arrivée, il ne venait jamais plus de cent cinquante personnes. J'ai repris une congrégation auprès de laquelle le dernier pasteur ne faisait que du baby-sitting, et je l'ai rebâtie, une personne après l'autre. Je suis parvenu à réunir ici presque quatre cents personnes, les chiffres ne faisant qu'augmenter.

Et puis, il y a quelques années, la progression s'est arrêtée. Je ne sais pas pourquoi. Nous avions eu les prises de bec politiques et les luttes de pouvoir mesquines habituelles, le genre de chamailleries entre membres d'une même famille qu'on retrouve dans n'importe quelle église, mais il n'y a pas eu de gros scandale. La plus grande dispute a eu lieu lorsque, comptant sur le pouvoir de ma foi, j'ai proposé de construire un plus grand sanctuaire pour une congrégation de plus en plus importante, et qu'une minorité bruyante dans l'église – conduite bien entendu par Frère Amos – s'est opposée au projet. Amos m'a combattu bec et ongles. Je n'ai jamais vraiment compris pourquoi, sauf que peut-être ce vieux bâtiment qui prend l'eau signifiait plus pour lui que mon ministère et la volonté de Dieu. Il a réussi à rallier la majorité des diacres à sa cause, et ensemble, ils ont rejeté mon projet. Peut-être cette défaite m'a-t-elle coupé dans mon élan, ou peut-être avais-je atteint mon maximum. Peut-être que le vieux Amos avait raison, après tout. Je n'aurais jamais la mégaéglise que je voyais parfois en rêve la nuit.

Maintenant, avec presque trois cents personnes présentes chaque semaine, j'ai encore la plus grande paroisse du comté, mais le nombre ne fait pas tout. Si je suis honnête, je dois admettre que je suis devenu le genre de pasteur que j'ai toujours détesté. Je suis un baby-sitter spirituel comme tant d'autres.

Cette vie que je mène n'est pas celle que j'avais prévue. Je n'ai jamais rêvé de m'encroûter dans un lieu comme Stock. Le nom lui-même est si vieux, si petit, inséparable de l'odeur nauséabonde des coins reculés des Ozarks.

Je voulais être le prochain Rick Warren. Je voulais faire de grandes choses pour Dieu, si seulement Dieu m'avait choisi pour faire de grandes choses.

Mais cet endroit est trop petit, et les gens eux-mêmes sont trop petits. Ils ne viennent pas ici pour chercher l'inspiration. Ils ne viennent pas pour trouver la motivation de sortir de chez eux et conquérir le monde pour le Christ. Ils viennent ici pour être dorlotés, pour qu'on leur dise que le monde à l'extérieur des frontières de notre petite ville est devenu fou, qu'il vaut mieux pour eux qu'ils restent ici. Ils se blottissent dans cette église comme dans un fort assiégé tandis que je les conforte dans leurs préjugés et leur donne leur dose hebdomadaire de propos rassurants sur le fait que tout va s'arranger pour ceux d'entre nous qui ont Dieu à leur côté. Ensuite, nous rentrons tous chez nous pour regarder la télévision.

Un chef n'est jamais meilleur que ses ouailles. C'est ce qu'ils veulent, alors, c'est ce qu'ils reçoivent.

TANT d'amertume. Peut-être est-ce cela que Penny voit lorsqu'elle me regarde.

Je baisse la tête pour prier.

Mais, toi, Seigneur ? Je ne t'ai pas parlé longuement depuis un bon moment. Pas vraiment. J'ai accompli mes rites quotidiens et hebdomadaires pour ma famille et ma paroisse. Mais à quand remonte la dernière fois que je t'ai parlé ?

Oh Dieu le Père, que puis-je te confesser que tu ne saches déjà ? Je sais qu'il n'y a pas de secrets qu'on puisse te cacher, seulement des vérités que les hommes se dissimulent. Et donc, je sais que je devrais me confesser, non pas dans ton intérêt, mais dans le mien.

Devrais-je confesser mes secrets les plus intimes, Seigneur ? Il ne s'agit pas de mon batifolage immoral avec Gary. Ni du fait d'avoir demandé un pot-de-vin à Brian.

Non, mon secret le plus intime, celui que j'ai caché à tous, y compris à *moi-même, c'est que je ne sais pas si tu es vraiment là.*

Ai-je jamais ressenti ta présence ? Je commence à en douter.

Est-ce que je vis cette vie seulement parce que je sais comment être Richard Weatherford, le pasteur de cette église ? Peut-être. Je ne sais certainement pas comment être quelqu'un d'autre. La vérité pourrait-elle être si effroyablement simple ? Je n'ai pas d'autre endroit où aller et je ne peux être personne d'autre.

J'ai toujours considéré que ma mission était une vocation. Je suppose que tous les hommes d'Église s'imaginent descendre des prêtres de jadis, de ces prophètes avec de la poussière sur les pieds et du sang sur les mains, qui conduisaient leur peuple à travers le désert avec rien d'autre que des promesses. J'aime me voir ainsi depuis des années.

Les gens m'appellent Frère ou révérend ou pasteur ou prêcheur. Celui que j'aime, c'est prêcheur. C'est un mot bourru, un mot fonctionnel.

Mais qu'est-ce qu'un prêcheur ? Un prêcheur joue de nombreux rôles différents dans de nombreuses vies différentes, selon ce qu'exige la situation. Bonimenteur de carnaval, conseiller matrimonial, homme d'affaires, escroc, philosophe, médium, magicien. Peut-être qu'un prêcheur n'est qu'un acteur qui joue le rôle d'un prêcheur. Peut-être que tu ne m'as pas choisi. Peut-être que je me suis choisi parce que je voulais monter sur scène.

J'ai bien joué mon rôle. Mais au-delà de ma prestation, qu'est-ce qui est réel ? Je prêche le salut, mais la vérité est que je vois très peu de choses qui méritent d'être sauvées. Je crie au miracle, mais je ne vois que de la biologie, de la physique et des coïncidences interprétées de travers par l'ignorance et la superstition. Je prêche l'amour de toi, mais parfois la seule chose qui paraît plus bizarre que ton existence est l'idée que tu nous aimes.

Finalement, cela pourrait-il ne rien signifier du tout ? Cela serait-il mieux ?

AU bout d'un moment, je me remets debout sur l'estrade et je sors du sanctuaire d'un pas incertain pour aller rejoindre mon bureau au fond du couloir. Je passe la chapelle, les toilettes, le bureau de l'aumônier des jeunes. Je ferme la porte à clé et je m'assois.

Tout ce qu'il me reste, comme à tout le monde, c'est le monde tel qu'il est.

Que puis-je faire de ce désastre que j'ai créé ?

Je pourrais partir avec lui.

Cette pensée provoque un changement dans mon corps. Mes mains et mon visage deviennent moites. Je sens une goutte de sueur couler entre les poils sur mon torse.

Si Gary voulait bien de moi, je pourrais quitter la ville avec lui.

Imagine, laisser derrière toi cette… cette mesquinerie, cette petitesse. Les querelles sans objet, l'enchaînement interminable des invitations à dîner où l'on me sert un énième ragoût, les conversations forcées que j'ai avec des gens qui ne lisent jamais un livre, ces mêmes gens qui me mentent sur leur vie sexuelle et leur consommation d'alcool. Ne plus jamais avoir à prêcher lors d'un enterrement, ne plus jamais avoir à me tenir à côté d'un minuscule cercueil devant une jeune mère qui sanglote, écrasée de douleur. Et Dieu, ne plus jamais devoir célébrer un mariage…

L'idée d'abandonner tout ceci provoque un frisson qui me parcourt le corps, me donne la chair de poule dans le cou et sur les bras.

Mais tout aussi rapidement, mon corps se reprend. Je me détends dans mon fauteuil, dans mon bureau, dans mon église, à quelques kilomètres à peine de l'endroit où ma famille m'attend, dans ma maison.

J'ai peur et je suis fatigué, alors c'est normal que j'envisage l'idée de prendre la fuite. Même le Christ a eu un moment de faiblesse dans le jardin des Oliviers.

Peut-être que je n'aime pas ma vie comme je l'aimais autrefois. Peut-être que je me mens à moi-même depuis des années. Mais où pourrais-je aller ? Qui d'autre pourrais-je être ?

Pas un homosexuel. Jamais. Ce péché qui est le mien n'est qu'un péché, une faiblesse, pas une identité. Je préférerais mourir assis à ce bureau et qu'on se rappelle de moi comme un saint homme, plutôt que de vivre une vie définie par un péché.

Et je ne peux imaginer ma vie sans mes enfants. Penny pense peut-être que je les aime d'une manière imparfaite – *n'est-ce pas le cas de tous les pères* ? –, mais ils sont mon univers et mes rêves sont surtout des rêves d'eux. Je pense à Matthew se présentant aux élections. Je pense au jour où je conduirai Mary à l'autel. Je pense à Mark qui lutte pour trouver son chemin dans ce monde. Je pense aux petits-enfants que mes enfants me donneront bientôt. Et à Penny. Penny, qui me connaît, de tant de manières et mieux que quiconque.

Le nom de Richard Weatherford signifie quelque chose pour les trois cents personnes de cette paroisse. Il signifie quelque chose pour mes enfants. Et s'il y a un Dieu au ciel, alors mon nom doit signifier quelque chose pour lui.

Et s'il n'y a pas de Dieu au ciel, si je suis véritablement seul, alors mon nom est tout ce que j'ai.

Je n'y renoncerai pas sans me battre.

13

Sarabeth Simmons

JE suis debout à la porte du Tommy's Bar, une bière à la main, et je regarde la fumée monter du gros étron dégoulinant qui était la statue débile de Tommy, quand Frankie James se pointe et dit :

— Tu ferais mieux de t'en aller.

— Pourquoi ? Je veux voir sa gueule quand il verra ça.

Frankie a des cheveux noirs hirsutes et une barbe grise de quelques jours, tous pleins de transpiration. Il s'essuie la figure avec un vieux mouchoir délavé et dit :

— Quelqu'un a appelé les flics. S'ils arrivent et que tu es là à boire alors que t'es mineure…

— Merde.

Je pose ma bière et je me dirige vers ma voiture. Avant de partir, je dis à la serveuse la plus proche :

— N'appelle pas Tommy tout de suite. Laisse-moi lui annoncer.

JE fonce à la maison, surexcitée parce que je vais avoir le privilège de dire à Tommy que sa statue ridicule a cramé – j'ai toujours pensé que c'était complètement débile d'avoir une statue de soi –, mais je suis à peine partie que je recommence à penser à Gary.

Putain de merde. J'arrive pas à m'éloigner de lui.

Le truc, c'est que je sais qu'il a raison. Je l'ai bien poussé dans les bras du pasteur. Peut-être que j'aurais pas dû. Sur le moment, ça paraissait être une bonne idée. Gary m'avait dit qu'il pensait que Weatherford était un pédé refoulé. Je me suis dit, eh ben allons-y, s'il fait du gringue à Gary, alors Gary devrait le baiser ou le branler ou je ne sais pas quoi, et ensuite, on pourrait lui soutirer du fric. Ça n'avait rien à avoir avec Gary, ça avait à voir avec Weatherford.

Mon cerveau. Il est tout le temps en train de mouliner. Je dois être une vraie débile, pour me retrouver là où je suis maintenant, vu tout ce que je réfléchis.

Putain d'idiote.

Honnêtement, il y a pas un mec qui m'a traitée mieux que Gary. Il est vraiment super gentil avec moi. C'est un gars gentil.

Alors, est-ce que j'ai poussé ce mec adorable à déconner avec le pasteur ?

Je crois bien que oui. Je ne l'ai pas obligé, pas vraiment. Et c'est pas moi qui l'ai rendu un peu gay. Je suppose que c'est Dieu qu'a fait ça, si on croit ce genre de trucs. Si ça se trouve, on est tous un peu gay. J'ai jamais embrassé une fille, mais si je me retrouvais sur une île déserte avec une fille, je parie qu'on finirait par baiser.

Quand on y pense, si on met n'importe quelle paire de personnes sur une île déserte, elles finiront probablement par baiser…

Bon Dieu, on dirait que tout le monde est un peu gay.

Gary n'aime pas en parler, ceci dit. Et il n'aime pas parler de ce qu'il a fait avec Weatherford, non plus. J'arrive même pas à lui faire raconter ce qui est arrivé quand il était à l'université. Je sais pas s'il y a eu un autre garçon dans l'histoire ou pas. En fait, je ne vois pas vraiment où est le problème. Je veux dire, les gens sur internet et à la télé peuvent être gay, et tout le monde s'en fout. À New York et à L.A. et dans des endroits comme ça, tout le monde s'en fout. J'ai même entendu dire qu'il y avait des clubs gays à Little Rock et à Eureka Springs. On est en 2017. La moitié du monde en a rien à foutre.

Je passe de l'autre côté d'une colline et j'arrive près d'une petite Church of Christ avec une pancarte faite de lettres en plastique qu'on peut déplacer. Le message de cette semaine, c'est : DIRE NON À JÉSUS C'EST DIRE OUI À L'ENFER.

OK. On n'est pas à New York, ni à L.A., ni à Little Rock. On n'est même pas à Eureka Springs. On est dans l'autre moitié du monde. Gary et moi, on a grandi à Stock, et à Stock, être gay c'est encore un péché. Et pas un petit péché comme jurer, par exemple. En dehors de maltraiter un enfant ou tuer quelqu'un, c'est à peu près ce qu'on peut faire de pire. Toute ma vie j'ai entendu ça, et mon cul de païenne a même pas fréquenté les bancs de l'église.

Mais celui de Gary, si. Plus que moi, en tout cas.

Bien sûr, c'est exactement la raison pour laquelle j'ai dit à Gary que s'il pensait que le pasteur lui faisait de l'œil, on devrait le transformer en fric. Si Gary est gay – si c'est le bon mot pour dire ça… *Alors, est-ce que t'es gay ? j'ai demandé. Je ne sais pas exactement, il a dit. Tu sais que je m'en fiche, j'ai dit. Je pose juste la question. Il a dit, je suppose que je ne suis pas tout à fait dans la norme hétéro, ou peut-être "en questionnement" comme ils disent. Je ne sais pas, en fait. Je trouve beaucoup d'hommes sexuellement attirants. Mais je trouve aussi la plupart d'entre eux personnellement un peu… répugnants. Hé, j'ai dit en riant, si le fait de trouver les hommes sexuellement attirants et personnellement répugnants, ça fait de toi un queer, alors peut-être que c'est ce que je suis aussi.*

Je n'ai jamais aimé Frère Weatherford, et ça depuis le collège. Il n'était là que depuis deux ans quand il s'est lancé dans une grande croisade contre la musique laïque. Je crois qu'il avait entendu la chanson de Katy Perry sur le fait d'embrasser une fille. Un groupe de putains de gamins baptistes à l'école ont jeté leurs vieux CD, leurs vieilles cassettes, même des vinyles. Je me souviens, ils ont tout brûlé dans un bidon derrière l'église. Ça m'a foutu en rogne. Et le truc drôle c'était que je ne sais même pas si vraiment l'un d'eux avait ce CD de Katy Perry. Putain, mais qui achète encore des CD ? J'ai jamais acheté de musique de toute ma vie. Alors, la plupart de ce qu'ils ont jeté, c'était des vieux trucs pourris – plein de Spice Girls et Backstreet Boys ont probablement cramé ce jour-là –, mais quand même, c'était comme un flash-back vers les années 1990. Et après, le comble, c'est qu'au bout d'un moment il a juste oublié cette histoire. Ce n'est pas comme s'ils étaient encore là, dehors, en train de cramer de vieux albums. Il est passé à autre chose. Son nouveau truc, c'est d'empêcher Brian Harten d'ouvrir un magasin d'alcools. C'est débile. De toute manière, la moitié des habitants de Stock sont des alcooliques. Il leur suffit de faire vingt minutes en voiture pour arriver à Center Ridge, où ils achètent leur alcool.

Alors, Gary a commencé une histoire avec lui. Est-ce que c'est ma faute ?

Peut-être un peu.

Je regarde mon portable. Il m'a envoyé un SMS après que je me suis barrée de chez lui, mais ensuite, quand j'ai pas répondu, il a arrêté. Il m'attend.

Je lui envoie un message : "Retrouve-moi chez moi"

Après deux trois secondes, il répond : "OK"

En me garant devant la maison, je vois que Maman est pas rentrée mais Tommy, si.

Quand j'arrive, je le trouve assis dans son fauteuil inclinable en polo rose et short en toile. À la télé, il y a Trump qui traite quelqu'un de connard. Tommy coupe le son au moment où je referme la porte d'entrée.

Avant que j'aie le temps de dire un mot sur la statue, il dit :

— Tu t'es fait virer, à ce qu'on m'a dit ?

— Quoi ?

— C'est vrai ?

— Pourquoi tu t'occupes pas de tes affaires, plutôt ? Tu devrais t'inquiéter de tes affaires, justement.

Je vais jusqu'à ma chambre et je ferme la porte. Je l'entends approcher. Il ouvre ma porte comme s'il était chez lui.

— Putain, mais Tommy ! C'est ma chambre, tu peux pas juste débarquer comme ça.

Il est là, le ventre moulé dans son polo, avec son air débile habituel.

— Ma maison, ma porte, ma chambre.

— Ouais, ben, t'as qu'à te les garder.

Il croise les bras sur sa poitrine flasque. C'était un athlète quand il était au lycée et à l'université, mais il a arrêté de faire du sport et il a grossi. Quand même, ses bras sont encore vachement gros.

— Qu'est-ce que ça veut dire ? il demande. Je sais que tu vas pas déménager, surtout sans avoir de boulot.

— Attends de voir.

— Ouais, je vais faire ça. Qu'est-ce que tu voulais dire par "tu devrais t'inquiéter de tes affaires" ?

— Quelqu'un a foutu le feu à ta statue.

— Ah ouais ?

— Ouais, j'étais au bar et quelqu'un a cramé ta statue débile.

— C'est drôle que personne m'ait appelé.

— Je leur ai dit que je te l'annoncerais.

— Ah ouais.

— Attends, et tu verras.

— Bon sang, je vais attendre plein de trucs. Qu'est-ce qu'on devrait faire pendant que j'attends ?

— Tu veux dire quoi ?

— À toi de me dire. C'est toi qui me dragues tout le temps.

— Je ne t'ai jamais dragué de toute ma vie.

— Ah ouais.

— Je te hais. Tu penses pas que je fais semblant, quand même ?

Il sourit et secoue la tête.

— Tu sais, tu serais presque jolie si tu te comportais pas comme une garce tout le temps.

Après qu'il a dit ça, la manière qu'il a de me regarder me donne l'impression que la lumière dans ma chambre est trop puissante. Ma peau est à la fois chaude et froide.

— Je mens pas, pour la statue, je dis. Tu devrais les appeler.

Il hoche la tête comme si je disais des conneries et regarde ma commode à côté de la porte. Il tripote deux de mes bagues, puis il ramasse une de mes barrettes.

— Tu m'as dit de m'occuper de mes affaires. Le truc drôle, c'est que quand je m'occupe de mes affaires, j'entends beaucoup parler des tiennes.

— Qu'est-ce que tu racontes ?

— Quand t'es en affaire avec quelqu'un, c'est son affaire aussi. Et si tu fais affaire avec assez de monde et que ça circule dans toute la ville, eh bien, ça devient l'affaire de tout le monde. C'est dur d'avoir une vie privée quand ça devient l'affaire de tout le monde dans le comté. Et y a beaucoup de monde qui passe dans mes bars. Tu crois que j'entends pas des trucs ?

Pendant une seconde, je crois qu'il parle de Gary et du pasteur, mais non. Il parle de vieux trucs.

— Je m'en fous de ce que tu as entendu. J'ai jamais rien fait avec toi et je voudrai jamais rien faire avec toi. Et arrête de toucher à mes affaires.

Il renifle ma pince à cheveux.

— Oh, tu l'as fait avec des pires que moi, pourtant. La rumeur qui circule au bar, c'est que quand t'étais à l'école, tu refusais jamais. Tu sais que tout le monde est au courant pour ce fameux soir derrière le BBQ Pit, hein ? Toi et qui ? Tous les gars qui travaillaient là-bas, c'est ça ? Les mecs, ça cause, Sarabeth. Ils disent que quand le dernier t'est passé dessus, il arrivait même pas à bander parce que t'étais juste trop dégoûtante à regarder.

Dehors, une voiture entre dans notre parking. Maman ? Non, elle travaille ce soir.

La porte d'entrée s'ouvre, et Tommy se retourne.

— Tu peux pas entrer comme ça chez les gens, il dit.

— Désolé, dit Gary du bout du couloir.

— Hé Gary, je suis là, je m'écrie vraiment fort.

Gary vient jusqu'à la porte de ma chambre, mais Tommy ne bouge pas pour autant.

Gary me regarde.

— Je voulais juste te parler.

— Tant mieux, moi aussi, je veux te parler.

— Il sait ? fait Tommy en désignant Gary d'un mouvement de tête.

— Ta gueule, Tommy.

— Je sais quoi ? demande Gary.

Il pose la pince à cheveux.

— Ce qu'a fait ta petite amie ici présente, Gary.

— Ta gueule, j'ai dit !

Gary nous regarde, l'un et l'autre, alternativement.

— Mais de quoi parle-t-il ? il me demande.

— C'est juste pour faire chier, il raconte n'importe quoi. Avant que t'arrives, il essayait de m'obliger à lui faire une pipe ou je sais pas quoi.

Gary est presque aussi grand que Tommy, mais Tommy est plus âgé et plus méchant. Gary n'arrive pas vraiment à le regarder. Je crois qu'il a peur.

Tommy a un petit sourire narquois.

— Je n'ai jamais parlé de tailler une pipe, mais j'ai entendu dire que tu pratiques souvent. Gary, tu as déjà entendu parler de Sarabeth se faisant sauter par tous les mecs du BBQ Pit ?

Gary me lance un coup d'œil et ensuite, il se tourne et met un coup de poing à Tommy en pleine figure. Tommy part en arrière, mais dès qu'il retrouve son équilibre, il bondit sur Gary. Je grimpe sur mon lit, puis redescends de l'autre côté en hurlant et en me précipitant derrière eux. Ils continuent à se battre dans le couloir, font tomber des cadres accrochés au mur. Peut-être que Gary arrive à mettre quelques coups au début, mais après que Tommy lui a flanqué deux ou trois belles beignes, Gary se recroqueville comme un gamin. Tommy le traîne sur la moquette du salon en le tirant par les cheveux et le T-shirt, et Gary essaye de se remettre debout, mais Tommy ouvre la porte à moustiquaire d'un coup de pied et le jette dehors.

Je me jette sur Tommy, il encaisse et m'attrape par les poignets. Je cherche à lui arracher les yeux, mais il est trop fort et me serre les bras. Quand je tente de lui mettre un coup de genou dans les couilles, il lève brusquement la jambe et prend le coup dans la cuisse.

Il me fait tomber par terre.

Je suis en train de le pourrir d'injures quand son portable se met à émettre une chanson de Toby Keith. Tommy me lance :

— Je t'emmerde, petite pute. Va donc ramasser ton jules sur la pelouse. Vaut mieux que tu l'éloignes d'ici avant qu'il m'oblige à lui faire mal pour de vrai.

Ensuite il décroche le téléphone.

— Salut Frankie, comment ça va ?

Je cours dehors et Gary est déjà debout, des larmes plein les yeux, et de la morve et du sang qui lui coulent du nez.

— Je suis désolé.

Il est complètement honteux de s'être fait défoncer la gueule devant moi. Sa voix se brise quand il dit :

— J'y retourne et je le tue si tu veux. Je te le promets. Je n'ai pas peur.

Tout à coup, j'ai froid partout. J'ai les oreilles qui bourdonnent.

— Tu m'aimes vraiment, on dirait. Tu le tuerais vraiment pour moi, hein ?

— Oui.

Je secoue la tête et je l'attire contre moi, je le serre fort. Je lui dis :

— Je t'aime aussi, Gary.

Et bon sang, je suis vraiment sincère.

14

Gary Doane

JE suis encore en train de cracher du sang et de la morve quand Tommy sort en courant, tout en rangeant son portable dans sa poche. J'essaye de m'interposer devant Sarabeth parce que j'ai peur qu'il se jette sur elle à nouveau, mais tout à coup, il se fiche complètement de nous. Il saute dans son pick-up et il part comme une flèche, ses pneus projetant une gerbe de graviers.

Elle me demande si je veux retourner à l'intérieur. Mais je ne veux pas être là quand Tommy reviendra.

Quel endroit nous reste-t-il ? Ni chez elle ni chez moi. Il nous reste qu'à monter dans la voiture de ma mère, et je la laisse conduire pour pouvoir éponger mon nez avec des serviettes en papier que je trouve dans la boîte à gant.

Pendant un moment, nous ne parlons pas. Nous tremblons tous les deux. Je ne sais pas ce qu'elle pense, mais je la laisse volontiers penser en paix.

Je ne suis plus en colère. Mon cœur a cessé de battre comme un fou. Mon nez est un peu moins douloureux aussi. Je le touche du bout des doigts. Il ne saigne plus.

Sarabeth dit :

— Tu… tu n'étais pas obligé de faire ça pour moi.

Je hausse les épaules.

— Tu n'étais pas obligé de faire ça pour moi, mais je suis contente que tu l'aies fait. Il faut que je parte d'ici. Je déteste ce salopard. Putain, je déteste toute cette ville.

— Est-ce qu'il t'a touchée ? Avant que j'arrive ?

— Non.

— Est-ce qu'il a déjà… ?

— Arrête. Il ne m'a jamais touchée. Il disait des conneries.

— Mais quelle ordure, ce type. Je ne comprends pas pourquoi ta mère est avec lui.

— Elle a jamais eu bon goût pour les mecs. Ça, c'est sûr.

— C'est pas comme toi.

— Comment ça ?

— Tu es avec moi.

— Oh.

Elle essaye de sourire.

— Qu'est-ce que tu imaginais ?

— Ce qu'il racontait, tout à l'heure. L'histoire de quand je travaillais au BBQ Pit, quand j'étais au lycée…

— Oh. Non, je voulais dire que tu avais bon goût parce que t'es avec moi.

Elle nous emmène sur l'autoroute. Je ne sais pas où elle va. Je parie qu'elle ne sait pas non plus. Sarabeth est du genre à monter en voiture et à conduire et se demander où elle va après. J'admire ça chez elle.

Elle me lance un regard.

— Tu crois ce qu'il a raconté tout à l'heure ? Ces histoires sur moi ?

— Écoute, est-ce que je t'ai interrogée là-dessus ?

— Non.

— Tu sais que cette histoire circule en ville depuis des années. Tu le sais. Est-ce que je t'ai interrogée là-dessus ?

— Non.

— Est-ce que je t'ai jamais interrogée sur un de ceux avec qui t'as été avant ?

— Non.
— Et tu t'es demandé pourquoi ?
— Oui.
— Parce que ça ne m'intéresse pas. Je m'en fiche. Si tu veux m'en parler, parle. Si tu veux que je sache parce que c'est important pour toi, alors je veux savoir. Alors ça m'intéresse parce que ça t'intéresse. Mais je n'ai aucune curiosité malsaine à ce sujet.

Elle prend une grande inspiration.

— C'est vrai, ce qui s'est passé ce soir-là après le boulot au Pit.

Je hoche la tête mais je ne dis rien.

— Ils n'étaient que trois, mais tout le monde pense qu'il y avait absolument tous les mecs qui travaillaient là-bas. Je sais que Jimmy Bell a raconté qu'il y était, mais il bossait pas ce soir-là. Pendant un temps, genre une semaine à peu près, c'était classe de dire qu'on avait participé à la tournante avec Sarabeth Simmons. Les autres gars trouvaient que c'était vachement hardcore, tout ça. Mais ensuite, ce qui s'est passé, c'est que les filles en ville n'ont pas aimé. Aucune jolie chrétienne ne veut sortir avec un gars qui a sauté la pute de la ville dans une tournante. Alors les garçons ont arrêté de se la péter avec ça, et ensuite, tout le monde a plus ou moins oublié. Genre, comme si chacun en était et personne n'en était. Personne ne veut reconnaître qu'il m'a baisée, alors maintenant, je suis la salope qui n'a jamais baisé personne en particulier. Les garçons ont jamais été inquiétés, mais tout le monde continue à me regarder comme si j'étais une pauvre merde.

Elle prend une autre profonde inspiration et me lance un coup d'œil.

Je dis :

— Je suis désolé.
— Pour quoi ?
— Que le comté de Van Buren soit un endroit tellement dégueulasse pour toi.
Elle hoche la tête.
— Tu en avais entendu parler, hein ?
— De ce soir-là ? Ouais.
— Et tu t'en fous ? Vraiment ?
— Je ne me fous pas que tu aies souffert.
Elle baisse la tête.
— Gary…
Je regarde la route à nouveau, pour qu'elle la regarde aussi. Finalement, elle lève les yeux, elle tourne au feu et se range sur le bas-côté. Elle met le levier sur PARK et se penche et pleure dans mes bras.
— Quelle merde, cet endroit. Tu sais pourquoi j'ai joué le jeu quand t'as dit que je devrais flirter avec le pasteur ? Parce que quelle merde, cet endroit. Il est le roi des hypocrites. Il est leur grand héros, et regarde ce qu'il est. Juste un gros menteur.
Elle lève les yeux vers moi et hoche la tête.
— Tu as raison. Mais qu'est-ce qu'on va faire ?
— Je vais te dire ce qu'on va faire. On fait nos bagages ce soir.
— Oui, dit-elle, en se redressant. Oh oui.
— Je suis sérieux.
— Moi aussi. Barrons-nous de ce trou à rats. Ce soir. Mais… le pasteur ?
— Il va nous payer. Il va nous payer ce qu'il nous doit. Il va nous payer ce que ces connards nous doivent.

15

Brian Harten

Dix-neuf mille huit cent soixante-dix-sept dollars.

Je fixe l'argent sur mon lit, rangé en piles de billets de cent, vingt, dix, cinq et un. Pas de billet de cinquante. Plus personne n'utilise de billet de cinquante. Désolé, Grant.

Près de vingt mille dollars posés sur mon lit. La plupart en coupures de vingt. Peut-être dix mille, rien qu'en billets de vingt.

J'ai compté trois fois. Après que j'ai jeté mes fringues et que je me suis lavé et que j'ai mis d'autres vêtements, la première chose que j'ai faite, c'est compter. Ensuite, j'ai compté encore une fois. Et encore une fois.

Dix-neuf mille huit cent soixante-dix-sept dollars.

Je tourne autour de ce tas de fric, je le regarde, je m'assois sur une chaise devant comme si je voulais avoir une conversation avec lui sur notre avenir commun.

Je pourrais le garder, tout simplement. C'est la première chose qui vient à l'esprit. Au diable Richard Weatherford et le merdier dans lequel il s'est foutu. Je me suis fait presque vingt mille dollars ce soir, avec cinq dollars d'essence. Et maintenant, j'envisage de le refiler à un connard. Et pas n'importe quel connard. *Le* connard qui m'empêche d'ouvrir mon magasin et de prendre un nouveau départ. Je commets un délit pour ensuite lui donner l'argent ? C'est pas franchement malin.

Mais bon, qu'est-ce que je vais faire avec presque vingt mille dollars ? Ça fait beaucoup d'argent, mais c'est pas tant d'argent que ça. Ça va pas m'aider à ouvrir le magasin. Je suppose que je pourrais rembourser certains de mes créanciers.

Mais rembourser les gens avec des tas de billets de vingt ? Ça serait carrément louche.

Je m'approche de la fenêtre et je glisse un œil à travers le store. Personne.

Ils savent forcément que c'est moi.

Non, ça pourrait être n'importe qui. Mais est-ce que je vais pas être le premier qui leur viendra à l'esprit ? Tommy ne saura pas que c'est moi. Mais bien sûr que si. Je serai le premier enfoiré auquel il pensera.

Non, je ne peux pas garder ce fric. Plus vite je m'en débarrasserai, mieux ce sera pour moi. Je vais tout filer au pasteur et on en parlera plus. Comme ça, quand les flics viendront me fouiller, ils trouveront rien du tout.

Je commence à ranger. Après être parti de chez Tommy, j'ai balancé le sac à dos et j'ai fourré le cash dans le vieux sac Walmart que j'avais ramassé dans la bagnole de Roxie. Maintenant, je remets le fric dans le sac et j'attache bien le tout avec du scotch d'emballage. J'enfile un blouson même s'il fait trop chaud pour ça, je cale le paquet sous mon bras et je remonte la fermeture éclair du blouson. Je sors avec le bras gauche collé contre mon flanc.

Je ferme la porte à clé quand Erikson m'appelle de l'autre bout du parking.

— Hé, Harten, viens là.

Il est planté au milieu du parking. Je ne peux pas faire comme si je ne voyais pas. Je le salue de la main.

— Hé, mec, faut que j'y aille.

— Viens ici.

— Faut qu'je file. Pas le temps.

— Ramène ton cul par ici.

Il le dit en plaisantant à moitié, genre on cause entre mecs, mais il paraît aussi un peu ennuyé que j'obéisse pas tout de suite.

— Juste une seconde.

Ça paraîtra bizarre, si je me montre grossier comme ça. Alors, je vais le rejoindre. Il se tient debout derrière deux voitures de mes voisins.

— T'as un blouson ? il demande.

— Fait un peu frais.

— Pas vraiment.

— C'est pour ça que tu m'a appelé ?

Il secoue la tête et désigne un endroit entre les deux voitures. Il y a un chat, gris, tigré, qui nous regarde.

— Quoi ? je dis. C'est la première fois que tu vois un chat ?

— Tu vois ses couilles ?

— Quoi ?

— Regarde ! C'est pas la plus grosse paire de couilles de chat que t'as jamais vue ?

— Je vois pas ses couilles.

— Regarde bien.

— Il est assis.

— Attends, je vais l'obliger à se retourner.

Erikson tape des pieds et des mains, et le chat file sous une voiture et s'enfuit à l'autre bout du parking. Avant qu'il disparaisse derrière le bâtiment, j'aperçois ses couilles. Elles sont vraiment grosses.

— Tu les as vues ?

— Ouais, mec. Elles sont vraiment grosses.

Il sourit comme s'il venait d'apporter la preuve que Dieu existe.

— C'est quand la dernière fois que t'as vu un chat avec des couilles, il dit. Je veux dire, n'importe quel chat. Tout le monde leur coupe les couilles à tort et à travers maintenant. Mais celui-là, il est carrément bien monté. Monsieur Big Balls, mon héros.

— OK mec… Si on a fini de baver devant les boules d'un chat, j'y vais.

Il hoche la tête.

— Tu vas où ?

— Faut que j'aille rendre sa voiture à Roxie.

— Ouais, elle est passée, elle te cherchait.

— Quoi ? Quand ?

— Je sais pas. Tout à l'heure. Elle sort avec Jeff Tramble ? Ils sont venus dans son pick-up, ils se sont garés, elle est sortie et elle a frappé à ta porte. T'étais pas là, ils sont partis.

— Elle cherche sa bagnole. J'ai été obligé de lui emprunter ce matin, et je lui ai dit que je la lui rendrais rapidement. Elle est sûrement furax.

— T'as pas pu récupérer la tienne ?

Je hausse les épaules comme si je voulais pas en parler, ce qui est le cas.

— À plus tard, je dis.

— T'as un problème avec ton bras ?

— Non.

— Tu le tiens bizarrement.

— Je sais pas, peut-être c'est mon dos. Je crois que je l'ai amoché ce matin quand ce connard m'a mis une trempe. (Je jette un coup d'œil à mon portable comme si je regardais l'heure.) Faut que j'y aille.

Il hoche à peine la tête et ne dit rien, mais il me quitte pas des yeux jusqu'à ce que j'arrive à la voiture de Roxie. Je monte dedans et je démarre, et j'essaye de ne pas le regarder pendant ma marche arrière, mais quand j'arrive à la sortie du parking, juste avant que je commence à m'éloigner, je jette un coup d'œil dans le rétroviseur, et il est toujours là, en train de m'observer.

Je vais jusqu'à la station Exxon et j'utilise le téléphone à pièces comme un dealer des années 1970. Le pasteur décroche à la deuxième sonnerie.

— Oui ?

— Vous savez qui est à l'appareil ?

— Monsieur Harten.

— Ne prononcez pas mon nom. Vous lisez donc pas le journal ? La NSA, tout ça.

Il respire que par la bouche dans le combiné.

— Qu'est-ce que vous voulez que je dise, alors ?

— Vous voulez qu'on se voie ? J'ai votre truc.

— Où ?

— Même endroit que la dernière fois.

— OK, il dit. Demain.

— Non, non, mec. Maintenant. Tout de suite, bordel.

— Il est sept heures passées. Je ne peux pas maintenant.

— Si tu peux, et tu vas venir. Maintenant. Je ne peux pas attendre. Je ne peux pas me balader avec cette merde sur moi.

— Quoi ? Pourquoi ?

— Mec, tu me poses pas de questions. Vaut mieux pas que tu aies les réponses, de toute manière. Viens au rendez-vous, c'est tout. Maintenant.

— Il faut que je trouve une excuse. J'ai des gens qui…

— Moi aussi, j'ai des gens-qui, mec. On a tous des gens-qui. Tu racontes à ces gens-qui ce que tu veux et ensuite, tu rappliques. Tu veux ce que j'ai, tu viens le chercher. C'est tout.

Il respire pendant un moment. Ensuite il dit :

— OK, j'y serai dès que je pourrai.

16

Richard Weatherford

Je glisse mon portable dans ma poche et je fixe le tapis. À l'autre bout du couloir, j'entends les enfants rire et parler dans la cuisine. Je n'entends pas la voix de Penny, alors que je sais qu'elle se trouve avec eux. Je ne sais pas encore ce que je vais lui dire.

Je vais devoir aller les voir et leur dire qu'il faut que je retourne en vitesse à l'église. Ça n'a rien de surprenant que je travaille tard à l'église avant un grand jour comme Pâques. Mais Penny saura. Elle est déjà furieuse contre moi. Je devrais m'adresser aux enfants plutôt qu'à elle.

Lorsque je sors de mon bureau, je tombe sur Johnny.

— Où vas-tu ? demandé-je.

— À la cuisine.

Tant mieux. Nous allons marcher ensemble. Du coup, ça donnera l'impression que j'étais avec lui, plutôt qu'en train de me cacher dans mon bureau.

Matthew et Mark sont assis à la table de la cuisine face à face et jouent à un jeu de plateau. C'est leur rituel lorsque Matthew rentre de l'université. Les jeux ont changé avec les années – jamais de jeux vidéo, qui vont trop vite pour Mark –, toujours des jeux de plateau, toujours longs, toujours épiques. Risk. Axis and Allies. Un jour ils ont fait une partie de Monopoly qui a duré plus d'une semaine. Je n'ai aucune idée de ce à quoi ils jouent maintenant.

Penny est appuyée sur l'îlot central tandis que Mary, assise sur le comptoir, raconte :

— Vanessa est une super co-turne, mais maintenant, je vis sur la planète poils-de-chat.

Penny jette un coup d'œil de mon côté, mais elle se retourne aussitôt vers Mary et lui demande :

— Comment s'appelle le chat, déjà ?

— Jolene.

— D'après la chanson de Dolly Parton ?

— Ouais, dit Mary avec un sourire. De toute manière, je m'étais déjà dit que ce serait cool de ne plus habiter sur le campus. C'est sympa d'avoir Jolene. Pour un chat, elle est assez sympa. Mais elle perd ses poils, c'est fou. Je peux balayer et faire la poussière plusieurs fois par jour, il y a toujours des petites boules de poils en train de voleter sur le plancher. Ça me rend dingue. Si le Seigneur avait voulu l'emporter plus vite sur Pharaon, il lui aurait suffi d'envoyer une plaie de poils de chat.

Je n'ai jamais autorisé les enfants à avoir des animaux. Mon père a toujours eu deux labradors, qu'il remplaçait chaque fois qu'un mourait, et j'ai grandi dans une maison pleine de poils de chien. Le résultat est qu'aucun de mes enfants n'a l'attachement habituel des gamins pour les animaux.

— Peut-être cette plaie est-elle un signe, dis-je avec un sourire en coin.

Mary hoche la tête.

— D'abord les poils de chat, ensuite Trump.

— Argh… je sais, fait Penny.

— J'arrive pas à croire qu'il est en tête…

Matthew lève les yeux et répond à sa sœur :

— Je ne sais pas, j'aime bien Cruz aussi, mais les électeurs des primaires se rassemblent derrière Trump.

S'il obtient l'investiture, on va devoir se faire à l'idée de voter pour lui.

Mary dit :

— Mais il est tellement vulgaire.

Matthew acquiesce, mais je vois bien qu'il voudrait développer son point de vue. Il ne peut pas s'en empêcher. Matthew partage ce trait avec moi. Aucun de nous deux ne peut résister à l'envie de dire quelque chose quand on est certain d'avoir raison. De tous les enfants, il est le plus pragmatique, le plus politique. Il lui dit :

— Eh bien, malheureusement, l'électorat se compose des gens qui ont le droit de vote. Et si on veut empêcher les démocrates de mettre un autre juge activiste à la Cour Suprême, eh bien, on va devoir donner notre voix à Trump. Pour moi, il faut penser la situation en termes de *realpolitik.* Il va s'entourer de gens bien. En plus, je trouve qu'il a des avis sensés sur beaucoup de sujets, en fait. Si tu l'écoutes vraiment, et pas seulement ce que les gens à la télé disent de lui, si tu l'écoutes, lui, même s'il est cru, il se défend plutôt bien.

Mary secoue la tête mais n'ajoute rien.

Johnny lève les yeux vers moi.

— Pourquoi les gens aiment Trump, Papa ?

Tout le monde me regarde, prêt à entendre ce que je vais dire, bien qu'ils sachent déjà ce que je pense. On fait souvent ça, en famille ; on réfléchit à ces sujets et on discute. Les amis de mes enfants ont toujours été ahuris de constater à quel point nous sommes proches, combien nous parlons et nous partageons. Nous avons toujours parlé de tous les sujets en famille – politiques, sociaux, personnels. Ce n'est pas tant que nous en débattons, nous les examinons, nous peaufinons notre pensée. J'imagine qu'un observateur extérieur prétendrait que les enfants imitent surtout ce que je dis, mais les Écritures commandent de former les enfants dans le sens de leurs préceptes. C'est ce que j'ai fait exactement ça. Et je l'ai bien fait.

J'explique :

— C'est dû en grande partie à l'échec de l'administration Obama. L'absence de commandement au sommet a duré si longtemps, et la gauche a attisé tant de ressentiments afin de rester au pouvoir que cela a ouvert l'espace nécessaire à la montée de quelqu'un comme Trump.

Les enfants approuvent d'un signe de tête, sauf Mary. Depuis qu'elle est partie à l'université, je sens que ses convictions ne sont plus aussi arrêtées. Elle n'a pas vraiment dit quoi que ce soit, mais je m'interroge parfois. Je la trouve sur la réserve.

Penny croise les bras sur sa poitrine et dit :

— Eh bien, moi, personnellement, ça m'inquiète.

— Pourquoi ? lui demande Matthew.

— Je ne l'aime pas. Je crois qu'il se sert de nous. Un propriétaire de casino qui en est à sa troisième épouse ne correspond pas à ma conception d'un chrétien solide comme un roc, et je crois que nous avons besoin d'un vrai chrétien à la Maison-Blanche. Maintenant plus que jamais. C'est pour cela que j'aime bien Cruz.

Matthew dit :

— Je suis d'accord, mais si nous devons choisir entre Trump et Hillary ?

Penny hausse les épaules.

— Eh bien, je me pincerai le nez et je voterai pour Trump.

— Vraiment ? demande Mary. Tu viens de dire que tu pensais qu'il se servait de nous.

Penny soupire :

— On n'a pas toujours le choix qu'on veut, chérie.

— Il faut que j'y aille.

Ma déclaration sort un peu plus brutalement que je ne l'aurais voulu. J'essaye d'être plus léger quand je reprends :

— Il faut que je retourne en vitesse à l'église et que je travaille sur des trucs. Que je réécrive mon sermon pour demain.

Mon interruption est à peine remarquée, ce qui est exactement ce que je veux. Tout le monde hoche la tête et retourne à ses occupations. Matthew et Mark reprennent le cours de leur partie. Penny dit quelque chose à Mary sur le dîner de Pâques. Il n'y a que Mary qui me sourit et me répond :

— OK, Papa.

L'espace d'un instant si bref que je le remarque à peine, je suis déçu. *Ai-je envie de mentir, ai-je envie de tromper* ? Malgré tout je hoche la tête et je tapote gentiment la tête de Johnny, qui se trouve toujours à côté de moi.

— Bon, eh bien, à tout à l'heure.

Personne ne me prête beaucoup d'attention, mais Johnny me suit jusque dans le salon plongé dans la pénombre, où je prends mon manteau sur la patère à côté de la porte.

Debout dans l'encadrement de la porte, avec la chaude lumière de la cuisine derrière lui, il demande :

— Est-ce que je peux venir, Papa ?

— Non, fils.

— S'il te plaît.

— Pourquoi as-tu envie de venir ?

— J'ai vu un grillon dans les fonts baptismaux l'autre jour. Je voudrais voir s'il est toujours là.

Je souris. Je sais, bien entendu, qu'en réalité, il veut passer du temps avec moi. Dans une famille avec cinq enfants, les moments de tête à tête avec le père sont rares et précieux.

— Probablement pas, lui dis-je. Je les ai vidés moi-même, il n'y avait pas de grillon.

— Est-ce que je peux quand même venir avec toi ?

— Il se fait tard, fils. Je ne sais pas combien de temps je vais être retenu à l'église.

Derrière lui, Penny apparaît à la porte de la cuisine.

— Johnny, il faut que tu te prépares à aller au lit.

Il se retourne vers elle.

— Quelle heure est-il ?

Elle fronce le sourcil.

— Il est l'heure pour toi de m'écouter, voilà l'heure qu'il est.

Il baisse la tête.

— Oui Maman.

— Alors, tu y vas.

— Oui Maman.

Tandis qu'il s'apprête à obéir, je lui dis :

— J'irai voir où en est le grillon et je te dirai, Johnny.

Avec un certain talent de comédien, il hoche la tête sombrement et s'éloigne. Je remarque qu'au lieu de monter se préparer à aller au lit, il va dans la cuisine rejoindre ses frères et sœurs.

— Faut que je parte, dis-je à Penny.

Elle hoche la tête.

J'ouvre la porte et je sors. De l'autre côté des arbres, le jour finissant a pris une teinte bleu sombre et a rafraîchi l'air.

Penny me suit jusqu'à la voiture, les bras serrés sur sa poitrine et les épaules remontées. Par n'importe quel temps autre que la canicule, elle a toujours froid, ma femme.

— Tu reviens ? demande-t-elle.

Je jette un coup d'œil alentour. Tous nos voisins sont chez eux, mais je me sens très visible.

Penny dit :

— Personne ne nous écoute.

À voix basse, je lui réponds :

— Bien sûr que je reviens. Ne sois pas ridicule. Tu es vraiment ridicule.

— Vraiment ?

— Oui. C'est toi qui parlais de partir.

— Je n'ai jamais dit que je partais.

Je soupire et je fais un grand geste englobant notre maison et celles de tous nos voisins.

— Est-ce vraiment le meilleur moment et le meilleur endroit pour en discuter ?

Elle tord la bouche et se met à mâchonner l'intérieur de sa joue. C'est un tic nerveux qu'elle a depuis l'enfance, même s'il y a eu des moments où il disparaissait.

— Je vais avec toi, dit-elle.

— Quoi ?

— Attends-moi, je prends mon manteau et je vais avec toi à l'église.

— Pourquoi veux-tu venir avec moi à l'église ?

— Je croyais que ce n'était pas le meilleur moment ni le meilleur endroit pour parler. Eh bien, allons à l'église, qui est déserte, asseyons-nous et parlons.

J'ai la bouche sèche quand je dis :

— Parlons-en demain.

Elle me regarde fixement. Elle cesse de mâchonner l'intérieur de sa joue.

— C'est bien ce que je pensais.

Elle tourne les talons et retourne dans la maison.

En allant à la station de lavage, je croise deux personnes que je connais. L'un est un homme appelé Fred Stiverson. Il a fréquenté notre église pendant un temps. Fred a été marié huit fois, et l'épouse numéro six était membre de notre église. Après leur rupture – quand Fred l'a quittée pour la femme qui deviendrait l'épouse numéro sept –, il a cessé de venir à l'église. L'autre personne que j'aperçois est une adolescente qui s'appelle Darcy Pruitt. Elle est en terminale cette année et elle fait partie de l'équipe de basket. Mary a joué dans la même équipe avant de partir pour l'université, et Darcy et elle étaient en bons termes. La famille de Darcy est méthodiste.

Fred est au volant de la voiture de sa femme, qui paraît neuve. Darcy conduit le pick-up de son père, un vieux tacot qui crache des nuages noirs.

Deux personnes. Deux personnes dans les cinq minutes qu'il me faut pour aller de ma maison à la station de lavage. Deux personnes qui me connaissent.

Du coup, je me demande si quelqu'un est au courant de ma relation avec Gary. Les gens voient des choses. Les gens parlent. Il suffirait que Gary l'ait dit à une personne. Je suis protégé par le fait qu'il n'a plus vraiment d'amis en ville. Mais quand même, les gens voient des choses. Et si quelqu'un d'autre savait ? Je ne pourrais jamais acheter le silence de tous ceux qui pourraient savoir. Mais je ne peux pas penser à cela maintenant, je ne peux pas penser à qui pourrait savoir et qui pourrait découvrir mon secret. Il faut que j'éloigne Gary d'ici, ensuite, tout ira bien.

Quant à Penny…

Je ne sais pas. *Ai-je gâché ta vie, t'ai-je fait gâcher ta vie pour un homme qui ne pourrait jamais t'aimer ?*

Je m'occuperai de ça demain. Je renouvellerai mon engagement vis-à-vis d'elle. Je peux être le mari qu'elle veut, le mari qu'elle mérite. J'ai été cet homme-là dans le passé. Je peux le redevenir. Dès que j'en aurais fini avec ceci.

Harten m'attend sous la seule lampe de la station de lavage sur la colline. Je m'approche et je m'arrête ; je laisse mes phares allumés quand je sors de la voiture. Il est habillé différemment de ce matin, mais il a l'air encore plus débraillé, comme s'il avait enlevé des vêtements sales pour en mettre d'autres encore plus sales.

Il me tend un paquet emballé de plastique et de scotch mal arrangé, l'argent, j'imagine.

— Le voici, dit-il.

Mon cœur bat fort à mes oreilles et il y a une douleur qui monte juste derrière mon œil droit.

— Bien.

Je tends le bras pour prendre l'argent, mais il le retire.

— Deux choses, d'abord. La première, c'est que j'ai réussi à trouver seulement dix-neuf mille.

C'est comme s'il y avait une grosseur qui enflait derrière mon œil. Je frotte, mais cela ne fait qu'empirer.

— J'ai besoin de trente mille.

— Eh ben, vous avez dix-neuf mille.

— Ce n'est pas ce qui était convenu.

Il hausse les épaules.

— Ben, c'est con pour toi. J'ai dix-neuf mille dollars dans la main. Tu peux les avoir ou tu peux repartir avec rien. Je peux pas les chier, les onze mille dollars restants.

Je hoche la tête. Je peux faire en sorte que ça passe avec dix-neuf mille dollars. Je peux formuler devant

Gary le même ultimatum que celui que Brian Harten vient de me lancer.

— OK, dis-je.

— Bien. Deuxième chose, j'ai obtenu cet argent par des moyens illégaux.

— Brian, je ne veux pas…

— Ouais, mais je veux que vous le sachiez, mec. J'ai volé cet argent à Tommy Weller. OK ? Et les flics vont venir m'en parler. Je peux vous le putain de garantir. Et quand ils viendront, je vais dire que je sais absolument rien de ce fric. Et je vais dire que j'étais avec vous.

— Attendez, Brian…

— Non, c'est le deal, mec. C'est vous qui m'avez foutu là-dedans, alors vous allez être mon alibi. Vous et moi, on était à l'église en train de parler du vote.

— Ne pensez-vous pas que le fait d'attirer l'attention sur nous deux est une mauvaise idée ?

— Non, je crois pas que ce soit une mauvaise idée. Si j'avais cru que c'était une mauvaise idée, je l'aurais pas suggérée, hein ? C'est comme vous avez dit, vous êtes un homme respectable et je suis une sale merde de pauvre. Eh ben, je vais vous emprunter un peu de votre respectabilité.

— Je ne crois pas qu'on devrait dire qu'on était ensemble, Brian. Cela attire l'attention sur nous. Si la police soupçonne déjà que c'est vous qui avez volé l'argent, et qu'ensuite vous leur dites qu'on était ensemble, cela rendra le dernier acte, l'acte que *vous* voulez – celui où je fais basculer le vote dans votre sens –, cela rendra cet acte-là presque impossible.

Brian hoche la tête, mais pas comme s'il était d'accord avec moi ; il hoche la tête comme s'il avait raison sur un point.

— Ouais, bon… mais le truc, c'est qu'à un moment donné, soit ce soir soit demain, les flics vont se pointer à ma porte et me demander où j'étais quand le fric de Tommy a été volé. Et je vais leur dire que j'étais avec vous. Et quand ils vont aller vous voir et vous demander si vous étiez avec moi, si vous dites "non", ils vont revenir me voir. Et à ce moment-là, mon ami, je commencerai à dire la vérité, toute la vérité, et rien que la vérité.

— Je vois.

— Ouais, vous voyez.

— La croiront-ils ?

— Sais pas. Et je m'en fiche un peu, en réalité. Je vais juste dire la vérité et voir ce qui se passe. À ce stade, j'aurai plus grand-chose à perdre à dire la vérité.

Que puis-je lui opposer ? Je sais qu'il a raison. Je signifie mon assentiment d'un hochement de tête.

— C'est bien ce que je pensais, dit-il.

Il me tend l'argent.

— Vous et moi, on était ensemble ce soir de six à sept heures. On a pris un peu de temps pour discuter du vote.

Je me frotte le visage. Ma peau est trempée de sueur et pourtant, ma chair est froide au toucher.

— OK, dis-je en tendant la main vers l'argent.

17

Penny Weatherford

Ma mère n'était pas une belle femme. Les vêtements, les cheveux, et le maquillage ne pouvaient pas changer cela. Elle n'était pas vilaine, seulement ordinaire, et je crois que c'est ce qui la peinait le plus. Le destin de la médiocrité. Et pour aggraver les choses, elle semblait considérer la beauté comme un talent moral. Du coup, elle jugeait durement les femmes sans charme, et elle n'avait aucune compassion pour les belles femmes qui perdaient leur beauté. Je me rappelle Elizabeth Taylor à la télévision, alors que la star sur le déclin était déjà âgée et en surpoids, et ma mère disant : "Oh là là, change de chaîne. Autrefois, c'était la plus belle femme du monde, et regarde-la aujourd'hui." Ma mère croyait à la surface. Elle m'a appris à tenir une maison et à rester en forme. Elle m'a appris qu'une épouse et mère devrait toujours ressembler à une épouse et mère. Elle m'a appris que la surface a de l'importance.

Elle n'a jamais aimé Richard. Ils ne se disputaient pas, bien entendu. Ils restaient polis. Mais elle le trouvait sans épaisseur, et ils n'étaient pas nombreux à le voir ainsi. Ma mère a été élevée parmi des Primitive Baptists, et même si elle est devenue une baptiste du Sud quand elle a épousé mon père, au fond d'elle-même, elle restait fidèle à certaines de ces vieilles croyances strictes. Les Primitive Baptists croient en la doctrine de la grâce irrésistible, que Dieu prédétermine qui il sauvera, et ils croient qu'on reconnaît celui qui sera sauvé par la vertu incontestable de ses actions. Les Primitive Baptists croient à la surface aussi, je suppose.

Alors pourquoi n'aimait-elle pas Richard ? Il a un don pour se présenter à son avantage que je n'ai vu chez presque personne d'autre. Elle aurait dû l'aimer. Il était beau, intelligent, et toutes ses opinions religieuses, politiques et personnelles étaient on ne pouvait plus correctes. Néanmoins, elle a gardé une certaine froideur à son égard jusqu'à sa mort.

Je me suis toujours dit qu'elle était simplement jalouse, qu'elle en voulait à Richard de lui prendre sa fille unique. De son côté, Richard a interprété son attitude comme relevant du vieux cliché de la belle-mère, et une fois que nous avons été mariés et que Matthew est né, il a cessé de se préoccuper de ce qu'elle pensait de lui. Dans son esprit, j'étais devenue sa femme plutôt que la fille de ma mère. Et en toute honnêteté, je le pensais aussi. Je concevais mon rôle d'épouse tel qu'elle me l'avait enseigné. Je me suis ralliée à mon mari et j'ai mis l'opinion négative de ma mère sur le compte de la jalousie et du snobisme. Aucun gendre n'aurait été assez bien pour elle, me suis-je dit.

Mais maintenant, je m'interroge.

Que dirais-tu si tu étais là ? Qu'est-ce que tu as vu en lui qui t'a inquiétée ?

Je monte dans ma chambre. Avant que j'aie atteint mon lit, Mary frappe à la porte.

— Maman ?

— Oui ?

— Je peux entrer ?

Je jette un coup d'œil à mon visage dans le miroir de ma commode.

— Oui.

Elle ouvre la porte et la referme derrière elle.

— Est-ce que tout va bien ?

— Pourquoi ?

— Tu parais contrariée.

— Ah bon ?

— Oui. Papa et toi, vous aviez l'air contrariés aujourd'hui. Tout va bien ?

— Je ne suis pas contrariée, lui dis-je.

Mary hoche la tête, appuyée contre la porte. Elle est intelligente. Et elle a bon cœur. Je suis fière qu'elle soit assez sensible pour percevoir que son père et moi sommes dans une mauvaise passe. Les autres petits de ma couvée ne voient rien, j'en suis certaine.

Mais ce ne sont pas ses affaires.

— Ce n'est rien qui doive t'inquiéter, chérie.

— Alors, il y a bien quelque chose qui ne va pas.

— Ne prends pas ce ton-là avec moi, Mary.

— Quel ton ?

— Le ton "ah-ah, je t'ai prise en flagrant délit", comme si tu m'avais coincée. Si j'ai un problème avec ton père, je le gérerai avec lui quand il rentrera. Cela ne te concerne pas.

Elle fronce les sourcils.

— OK. Excuse-moi d'avoir posé la question. J'essayais juste d'aider.

— Si un jour j'ai besoin de ton aide pour mon couple, Mary, je te le dirai.

Son visage rougit comme si je l'avais giflée.

— OK, dit-elle, au bord des larmes. Je suis désolée. J'étais juste inquiète quand Papa a eu cette crise ce matin.

J'inspire profondément. Je hoche la tête. Bien sûr. Je n'avais pas pensé à ce que cette journée avait dû être, vue par ses yeux.

— C'est cela qui t'inquiète ?

— Oui, en partie.

— Il va bien, ma chérie. Il verra le médecin lundi juste pour être sûr, mais je pense vraiment qu'il va bien.

— OK.

Je m'approche d'elle et je la serre dans mes bras. Elle ne me rend pas mon étreinte.

— Hé, je suis désolée de t'avoir rabrouée. Je n'avais pas compris que c'était de ça que tu parlais.

— Tout le reste va bien ?

— Comment ça ?

— Je ne sais pas. J'ai remarqué que tu passais beaucoup de temps dans ta chambre aujourd'hui.

— Ah bon ?

— On dirait, oui.

— Je vais bien. Juste un peu fatiguée, OK ?

— OK, répond-elle.

Elle est toujours un peu sidérée par ma brusquerie de tout à l'heure, et je me rends compte que j'ai dû lui adresser ce regard qu'il y a longtemps mes enfants ont qualifié d'"oiseau de mauvais augure". Elle s'apprête à partir.

— Papa travaille tard ce soir ? demande-t-elle.

— Oui, dis-je très naturellement, comme si je pensais toujours que c'était la vérité.

Me suis-je beaucoup réfugiée dans ma chambre aujourd'hui ? Peut-être. C'est vrai que je ne veux voir aucun de mes enfants, tout de suite. Depuis ma dispute avec Richard cet après-midi, j'ai l'impression que nous mentons tous les deux aux enfants. Chaque mot qui sort de ma bouche me donne l'impression d'être un mensonge.

Mary m'a percée à jour. Mais qu'a-t-elle vu ? Des problèmes entre son père et moi ? Cela pourrait signifier n'importe quoi. Malgré le fait que nous avons essayé de ne pas faire entrer notre querelle dans la cuisine ni dans le salon, les enfants ne sont pas insensibles à la tension qui existe entre nous. Ce n'est pas la première fois que je me réfugie dans ma chambre quand Richard se planque dans sa voiture.

Où va-t-il ?

Non, ne te pose pas cette question. Il n'y a rien pour toi, là. Il se promène en voiture, ou il va à l'église. Il va faire une course au Walmart ou chez Pickett's.

Cette ville est trop petite pour qu'il fasse autre chose.

N'est-ce pas ?

Nous avons couché ensemble deux fois depuis la naissance de Ruth. Tu penses vraiment qu'il ne couche pas ? Cette ville n'est pas trop petite pour garder des secrets. Il suffit de rouler cinq minutes dans n'importe quelle direction pour trouver des arbres et des chemins de terre.

En plus, tu sais qu'il n'a pas complètement perdu sa libido. Tu sais qu'il a menti sur ce point.

Il y a quelques mois, je suis rentrée tôt de la chorale et je l'ai entendu dans notre salle de bain. Des gémissements, peu audibles mais caractéristiques, et le bruit assourdi et rythmé de la main sur la peau. Au début, j'ai été gênée, comme si j'avais commis une intrusion dans son intimité, sachant qu'il aurait été humilié de savoir que je l'avais surpris dans une activité qu'il pensait secrète.

Ensuite, j'ai été furieuse et honteuse. Furieuse parce que lorsqu'il a cessé de me toucher, il m'a dit qu'il avait complètement perdu sa libido. Honteuse, parce que cela faisait des années que je ne remettais pas ce mensonge en cause. J'imagine que je voulais que ce soit vrai. Il était plus facile de penser qu'il avait perdu tout intérêt pour le sexe que de penser qu'il avait tout simplement perdu son intérêt pour moi.

Plus tard ce soir-là, j'ai fouillé dans son téléphone et dans son ordinateur à la recherche de pornographie. Rien. Soit il ne regarde pas ces choses-là, soit il est plus adroit pour les cacher que moi pour les trouver.

Ou peut-être qu'il n'en a pas besoin. Peut-être qu'il y a quelqu'un d'autre.

Aurait-il une liaison ? Aurais-je été une idiote au dernier degré ? Pourquoi ferait-il cela ? Pourquoi ferait-il quelque chose d'aussi idiot et imprudent ?

Je sens la chaleur me monter au visage. Il ne m'a pas touchée depuis des années. Savoir qu'il est peut-être avec quelqu'un en ce moment même provoque chez moi une rage qui me donne le vertige.

On frappe à la porte.

— Quoi ? dis-je. Entrez.

Mary à nouveau. Elle passe sa tête.

— Ruth dit qu'elle t'a envoyé des SMS. Elle est prête à rentrer.

— Est-ce que tu peux aller la chercher ?

— Chez Scarlett ?

— Oui.

— OK.

Elle referme la porte.

Je crie :
— Mary !
Elle ouvre la porte.
— Oui ?
Je descends du lit et je lui dis :
— Laisse, je vais la chercher moi-même.

AVANT d'aller chez Scarlett pour récupérer Ruth, je descends la côte, dans la direction opposée. Je franchis le pont et je passe devant l'église.

La voiture de Frère Weatherford n'est pas là. Voilà comment je le formule. *La voiture de Frère Weatherford n'est pas devant l'église.* Je prends la contre-allée et je repars vers l'église. Je veux m'assurer qu'il n'est pas garé derrière ou sous les arbres, où j'aurais pu ne pas voir sa voiture. Je veux lui donner le bénéfice du doute. Peut-être que j'imagine simplement des choses.

Mais non.

Il n'est pas à l'église.

— Où es-tu, Frère Weatherford ?

À PARTIR du moment où je récupère Ruth chez Scarlett, elle ne cesse de bavarder. Johnny et elle sont mes plus jeunes enfants et ils sont différents des trois premiers, qui forment presque une famille distincte. Ils ont grandi ensemble, Matthew et Mary prenant soin de Mark. Ils sont plus proches les uns des autres. Johnny et Ruth ne sont pas seulement plus jeunes que les trois autres, ils ont davantage besoin d'attention. Au quotidien, Ruth veut partager avec moi tout ce qui lui est arrivé dans les moindres détails.

Elle me fournit une restitution intégrale des conversations qu'elle a eues avec son amie cet après-midi. Je fais semblant d'écouter quand quelque chose me parvient.

— Scarlett m'a demandé si tu étais pasteur.

— Quoi ?

— Elle m'a demandé si tu étais pasteur comme Papa.

— Qu'est-ce que tu as répondu ?

— J'ai dit non.

Je ne réagis pas, mais quelque chose là-dedans me vexe. Ruth demande :

— Tu n'es pas pasteur, hein ?

— Non, mais en tant qu'épouse de ton père j'ai une certaine position dans l'église. Tu ne l'as pas remarqué ?

— Qu'est-ce que tu veux dire ?

— Les gens me respectent. Je fais un cours de catéchisme. Je dirige l'école biblique pendant les vacances. Je suis la présidente des Dames auxiliaires. Tu le sais, n'est-ce pas ?

Ruth regarde par la fenêtre.

— Ouais, dit-elle.

Elle réfléchit. Puis elle ajoute :

— J'ai dit que tu aides Papa à diriger l'église.

— C'est ce que tu as dit ?

— Oui.

— C'est exact. J'aide ton père à diriger l'église. De la même manière que nous gérons la famille.

— Mais c'est Papa qui commande, hein ?

Je jette un coup d'œil à ma fille, son petit front lisse barré de plis tandis qu'elle essaye de mettre les morceaux ensemble pour créer une image du monde qu'elle peut comprendre.

Je prends une profonde inspiration.

— Oui, dis-je.

MA mère ne respectait que les surfaces qu'elle ne pouvait pas percer à jour. Tout l'intérêt de présenter un visage au monde, après tout, est de convaincre le monde qu'il s'agit de votre vrai visage.

Pour moi, le plus difficile dans l'adaptation à la vie de femme mariée a été de réconcilier le public et le privé chez l'homme que j'avais épousé. Richard n'était pas radicalement différent à la maison de ce qu'il était à l'église. Il ne buvait pas, ne me battait pas, ne criait pas contre les enfants. Dès le début, il a été un bon mari et un bon père. Il était un homme dévoué à sa famille. Il rapportait un salaire à la maison. Il menait une vie irréprochable.

Et pourtant, comment puis-je réconcilier l'homme que tout le monde aime et respecte avec l'homme qui me met dans cet état ? Lorsque nous entrerons à l'église demain matin pour le dimanche de Pâques, Richard et moi serons les deux citoyens les plus en vue de la ville. Je me trouverai dans les bras et les prières de tous demain matin. Je sais quelle robe je porterai, la violette et blanche. Et je trouve cette certitude réconfortante. Du solide sous mes pieds. C'est ma vie, la seule vie que je connais, la seule vie que je veux.

Mais je n'aime plus Richard depuis des années. Je peux faire beaucoup de choses pour ce mariage. Je peux montrer un visage avenant au monde, et je peux porter des enfants et les élever. Je peux ravaler ma fierté et me rabaisser si c'est le prix à payer pour garder le visage de Sœur Penny Weatherford. Comme ma mère me l'a appris, tout l'intérêt de présenter un visage au monde est de convaincre ce même monde qu'il est vrai, parce qu'en faisant cela, il devient votre vrai visage. Mais la seule chose que je ne peux pas faire – la seule chose que je refuse de faire – c'est l'aimer. Je resterai avec lui, mais ma fierté ne me fera pas aimer un homme qui ne m'aime pas en retour.

18

Brian Harten

Je dépose la voiture de Roxie et je mets les voiles avant qu'elle puisse sortir en courant et me sonner les cloches. J'ai bien fait. Je ne veux pas avoir à lui parler, et je ne veux pas passer plus de temps dans sa voiture alors que les flics sont à ma recherche. En plus je suis crevé, et tout ce dont j'ai envie, c'est boire un verre et aller me coucher.

Mais quand j'approche de chez moi, je passe par les bois pour observer les lieux avant de rentrer dans mon appartement. Tout est calme. Pas de flics. Pas de voisins pendus à leur fenêtre. Il se passe que dalle.

Même si j'ai super envie d'avancer, je me retiens et je vérifie tout. Je suis nerveux, comme si j'avais ingurgité du café toute la journée. Je secoue mes mains, je tape des pieds.

Le soleil s'est couché et tout paraît froid dans le clair de lune. Quelques voitures sur le parking. Quelques lumières dans certains appartements. Mais dans l'ensemble, c'est calme. Erikson n'est pas dehors en train de mater une paire de couilles félines, tout baigne.

Je prends une inspiration et je sors du bois ; les aiguilles de pin craquent sous mes semelles. Je traverse le parking aussi vite que je peux pour rejoindre ma porte sans un bruit. J'aurais dû laisser la lumière allumée en partant. Je mets la clé et je me glisse dans l'appartement. J'allume. Je ferme la porte à clé derrière moi et j'attends.

— Hello ? je dis.

Rien.

Je vais dans la cuisine prendre une bière. Je suis vidé.

Je vais dans la chambre, j'allume la lumière et mon bide explose.

Je suis à genoux. Mon déjeuner remonte à toute vitesse vers ma bouche.

— Espèce d'enculé, il dit. Putain d'enculé.

Il me frappe dans le dos. Fort. C'est du bois. Une batte.

Je me recroqueville, j'essaye de ne pas prendre de coup sur la tête. Mais il vise pas la tête. Il ne veut pas m'achever. Pas encore. Il me frappe dans les cuisses.

— Tommy…

— Ta gueule. Te relève pas.

— Tommy, écoute, je…

— T'as de la merde dans les oreilles ou quoi, espèce d'enculé ? Ferme ta putain de gueule.

Je la ferme.

— Mets-toi contre le lit.

Je rampe jusqu'au lit et j'essaye de regarder Tommy, mais l'ampoule allumée sur le ventilateur du plafond m'éblouit comme un projecteur d'interrogatoire. Il fond sur moi comme s'il allait me mordre la figure.

— Où est mon argent ?

Je secoue la tête, mais avant que j'aie le temps d'inventer un mensonge il arme son bras et me flanque un coup sur le tibia. Je hurle et mon déjeuner remonte à nouveau jusqu'à ma bouche. Un haut-le-cœur, une main sur la bouche, l'autre sur la jambe.

— Chuis pas la CIA, dit Tommy. J'ai pas toute la nuit pour te torturer. Je vais juste te tabasser jusqu'à ce que tu me rendes mon argent. Et si ça marche pas…

Il tapote sa hanche et je vois qu'il porte son Glock accroché à la ceinture.

— J'vais vomir, je réussis à dire.

— Si tu dégueules sur moi, je jure devant Dieu que je te pète les dents.

Il respire fort, son gros ventre se gonfle et déborde sous son polo rose. Il a la batte dans une main, et l'autre calée sur sa hanche ramollie.

Je me plie en deux, en me tenant la jambe. Mon tibia doit être cassé.

Il regarde. Secoue la tête.

— J'arrive pas à croire que tu l'as fait. T'es putain de stupide ou quoi, Harten ? J'ai jamais pensé que t'étais con. Con à ce point. Tu as vraiment cru que tu allais me voler et que ça se passerait comme ça ? Qu'y aurait pas de conséquences ?

— Les flics arrivent ? j'arrive à demander.

— Ouais, bien sûr. Ils me suivent. Ils m'ont dit d'aller devant et d'entrer par effraction chez toi avec une batte de base-ball et un flingue.

Je serre mon tibia comme s'il était sur le point de se casser en deux.

— Où est mon argent ? Et me dis pas que tu l'as dépensé pour récupérer ta bagnole parce que je viens de te voir sortir des bois comme un putain de plouc.

— Je ne l'ai pas.

Il brandit la batte.

— S'il te plaît…

Les larmes me montent aux yeux.

— Tu pleures ? (Il lève les sourcils.) J'aurais envie de me foutre de toi, Harten, mais Dieu tout puissant, je crois que je suis plus offensé qu'autre chose.

Je les déteste. Je déteste les larmes. Depuis que je suis gosse, je peux pas retenir mes larmes. Elles montent dans les moments où j'ai la trouille ou quand je suis vraiment énervé. Je suis pas une chochotte. Je peux juste pas empêcher les larmes de venir.

— Je pleure pas.

— Ça y ressemble, de là où je suis.

— J'ai les larmes qui montent, c'est pas la même chose.

— Parles-en à ton gynéco. La seule chose que je veux entendre de toi c'est où t'as planqué mon argent.

— J'ai été obligé de le donner à quelqu'un.

— Qui ?

Je ne sais pas pourquoi je ne lâche pas le nom du pasteur. Je lui dois rien. Et j'ai aucune raison de me faire tabasser pour lui, c'est sûr. C'est à cause de lui que j'ai des emmerdes. C'est lui, la cause de toutes mes emmerdes.

Mais j'hésite une seconde. Peut-être que j'ai seulement peur. Je ne sais pas ce qui va se passer une fois que je dirai son nom.

Mais Tommy lève la batte…

— Weatherford ! Richard Weatherford !

Il fait la grimace comme si j'avais largué une caisse.

— Quoi ? N'importe quoi.

— Je le jure devant Dieu, mec.

— Le pasteur ?

— Oui.

— T'es sûr que tu l'as pas envoyé par la poste à Billy Graham ?

— Je le jure devant Dieu. Pourquoi j'inventerais un truc pareil ? Pourquoi je dirais que je lui ai donné si c'est pas la vérité ?

— Comment ça ?

— Si je devais mentir, je dirais pas que l'argent était pour Richard Weatherford. Je dirais qu'il était pour des usuriers ou un truc comme ça.

— Il t'a demandé de me voler ?

— Non, il voulait juste que je lui trouve de l'argent.

— Pourquoi ?

Je me cramponne au bord du lit pour me hisser en position debout. On dirait que j'ai un bocal à poissons à la place du ventre.

— Donne-moi juste une seconde, mec. Une seconde. Putain, tu m'as défoncé le bide. J'ai probablement une hémorragie interne.

Tommy ne dit rien mais il baisse la batte.

— Tu as donné l'argent à Richard Weatherford…, dit-il en réfléchissant. Alors, tu m'as volé de l'argent pour quoi faire ? Pour l'acheter ? C'est à cause du vote ?

— Ce n'était pas mon idée. Il m'a appelé aujourd'hui. Il a dit qu'il voulait qu'on se rencontre pour discuter du vote. Je me suis dit, j'ai rien à perdre, j'y vais. C'est là qu'il me dit qu'il a besoin de fric, de source non officielle. Je ne sais pas pourquoi et il refuse de me le dire. Mais il a besoin de fric.

Tommy s'appuie contre le mur.

— Et il t'a dit que si tu lui trouvais l'argent dont il a besoin…

— Il ferait basculer le vote en ma faveur.

— Et tu l'as cru ?

— Ouais…

— Voilà ce qu'on gagne à écouter un pasteur. Ils sont pires que les hommes politiques ou les vendeurs de voitures d'occasion. Les mecs qui gagnent leur vie en parlant peuvent pas être honnêtes.

— Je sais mais…

— Le pasteur de la plus grosse église baptiste du comté t'a dit qu'il allait faire basculer le vote, faire accepter la vente d'alcool dans le comté, et tu l'as cru ?

— Bien sûr, pourquoi pas ?

— Parce que s'il essayait, ils le crucifieraient, voilà pourquoi. Qu'est-ce qu'il fera après, il mariera deux pédales ? Un pasteur comme Weatherford n'est pas un gourou. Il peut pas sortir des trucs de nulle part. Il faut qu'il serve à ses paroissiens la même daube que leur mère leur raconte depuis qu'ils sont nés. Et tu sais ce que les baptistes racontent à leurs gamins depuis cent putains d'années ? Que l'alcool sort direct du trou de balle de Satan.

Je hausse les épaules.

— J'étais désespéré, mec.

— Pourquoi il a besoin de l'argent ?

— Qu'est-ce que j'en sais.

— Peut-être qu'il a engrossé quelqu'un et qu'il faut qu'il la fasse taire. Ou il joue ? Non, pas le jeu. Mais peut-être qu'il a tout perdu dans la négo d'une affaire…

Je hausse les épaules à nouveau.

Tommy tapote la batte contre sa jambe.

— Tu lui as donné l'argent quand ?

— Tout à l'heure.

— Où ?

— À la station de lavage sur Huddo.

— Il y avait à peu près vingt mille ?

— Dix-neuf mille et des brouettes.

Il me regarde fixement.

— Quoi ? je fais.

— Ta gueule.

Il réfléchit. Très bien. Je bronche pas. Je n'arrive pas à savoir ce qui fait le plus mal, mon bide ou mon tibia. Ils m'ont l'air bousillés, les deux.

— Appelle-le, dit Tommy.

Je m'apprête à lui dire que le pasteur m'a ordonné de ne jamais l'appeler, mais je me ravise et je sors mon portable de ma poche. Je manque me couper les doigts sur les bris de verre de l'écran. Il produit encore de la lumière, mais y a rien d'autre que des lignes blanches qui servent à rien.

— Putain, t'as foutu en l'air mon portable, mec.

Il me regarde, c'est tout.

Je regarde mon téléphone éclaté. C'est toute mon affaire. Tous les numéros et toutes les infos dont j'ai besoin. Ray avait l'ordinateur. Ce truc conditionne toute ma vie, et maintenant, il est en miettes.

Ma vie est en miettes.

Je lui montre le téléphone.

Il hausse les épaules.

— Dur dur. T'aurais pas dû mettre le feu à ce qui m'appartenait. T'aurais pas dû jouer les voleurs. Lève-toi.

— Quoi ? Pourquoi ?

— Lève-toi, juste.

— Mec, t'es pas obligé de me frapper à nouveau, OK ? J'ai compris, je suis baisé. Je coopère. Me cogner encore, ça va juste me rendre totalement inutile pour toi.

Il hoche la tête.

— Je sais. Lève-toi.

M'appuyant sur le lit, je me hisse. J'arrive à me mettre debout avec les entrailles qui font la java et l'impression que ma jambe vole en éclats.

— On y va, il dit.

— On va où ?

— D'après toi ? On va récupérer mon fric.

19

Richard Weatherford

Le parking de Walmart est à moitié plein et j'ai déjà vu une famille de notre église se garer et entrer alors que j'étais enfermé dans mon minivan à regarder fixement mon portable. À regarder fixement mon portable et à attendre.

Gary refuse de répondre à mes appels. Je ne veux pas laisser de message ni envoyer de SMS, alors je ne sais pas quoi faire.

Ce que je veux, c'est rentrer à la maison et me coucher parce que soudain je suis si fatigué que j'arrive à peine à me tenir droit sur mon siège.

Mais ma boîte à gant contient la preuve d'un délit. Ce n'est pas beaucoup d'argent, mais il n'est pas nécessaire qu'il y en ait beaucoup. Ces quelques milliers de dollars, cette enveloppe pleine de bouts de papier, suffisent pour détruire ma carrière, mon mariage, ma vie.

J'appelle Gary à nouveau. Rien. Juste un bip standard de répondeur.

Je ne laisse pas de message. Que puis-je faire d'autre que continuer à appeler ou rentrer à la maison et essayer de le trouver demain ?

Non, pas demain. Cette journée a été suffisamment désastreuse. Par ailleurs, le dimanche de Pâques, il me serait impossible de disparaître ne serait-ce que quelques minutes. Cela signifie que je serai obligé de garder cet argent pendant au moins quarante-huit heures et c'est inenvisageable. Il faut que tout ceci se termine ce soir.

Ce qui signifie qu'il ne me reste plus qu'une chose à faire.

Je mets le levier en position DRIVE et je me dirige vers la maison de Gary.

De part et d'autre de la route déserte, les fenêtres éclairées de maisons modestes sont visibles entre les arbres. Je connais presque tous les gens qui vivent là – pour la plupart – personnellement. Ils connaissent tous mon nom, ma réputation.

Je te connaissais avant que tu ne sortes des entrailles de ta mère.

Je secoue la tête, incapable de penser aux ramifications plus vastes de ce que je suis en train de faire. Je n'en ai simplement pas le temps. Je suis en train de me noyer, et les hommes qui se noient n'appellent pas Dieu au secours. Ils luttent pour trouver de l'air.

Les parents de Gary seront certainement à la maison. Jill et Vaughn Doane. Un couple sans histoires. Ils fréquentent notre église, même s'ils ne viennent qu'occasionnellement. Je m'attends à ce qu'ils fassent une apparition demain pour Pâques.

Mais quel genre de gens sont-ils ? À quoi dois-je me préparer ?

Vaughn a toujours semblé être un homme affable. Il travaille chez Bill Linn Chevrolet comme vendeur, et je suppose qu'il est bon dans sa partie. Je sais que Jill enseigne l'anglais au lycée, mais je ne sais plus dans quel établissement. Je crois qu'elle doit faire pas mal de route vers le nord pour y aller, une ville plus modeste dotée d'un lycée plus petit. J'ai toujours eu l'impression qu'elle n'était pas complètement heureuse d'enseigner les classiques de la littérature anglaise à des salles pleines de péquenauds ignorants et réfractaires.

C'est Vaughn qui m'a demandé de parler à Gary après qu'il a lâché ses études. J'ai eu l'impression que faire appel à moi était le dernier recours pour les Doane, ce qui en dit assez long sur la façon dont ils me voient.

J'imagine qu'ils m'aiment bien, mais je ne sais pas quel intérêt ils portent l'un et l'autre à l'église. Je me souviens qu'ils ont assisté à ma série d'études bibliques sur huit semaines intitulée "Le plan de Dieu pour vous aider à gagner de l'argent". Parce que la contribution de l'Amérique à la pensée chrétienne réside dans l'idée qu'un dieu qui ne vous promet pas de vous rendre riche n'est pas un dieu qui mérite d'être servi, et que la réalité est qu'une partie de ma paroisse ne pense à la vie – même à la vie chrétienne – qu'en termes matériels. Les Doane me semblent être ce genre de chrétiens.

J'en déduis que je dois les approcher doucement. Ce genre de personne veut que le pasteur soit conventionnel, utile et par-dessus tout peu exigeant. Je suis ici pour les servir, jamais pour leur demander quoi que ce soit.

Ils vivent dans une impasse où se trouvent cinq ou six autres maisons. Un jour, je suis passé en voiture devant chez eux pour voir si Gary était là. La démarche était idiote, imprudente. Des gens ont forcément dû voir ma voiture et se demander pourquoi le pasteur était dans leur rue. Pour couvrir mes traces, je me suis arrêté dans une autre maison rendre visite à une vieille dame confinée chez elle, une dame qui n'était pas venue dans notre église depuis de nombreuses années. Elle était folle de joie de me voir.

Mais cette fois, je ne peux pas être subtil. Je prends l'impasse et je vais directement chez les Doane. La voiture de Vaughn est garée devant.

J'attrape l'exemplaire de la Bible que j'ai toujours dans la voiture, je sors et je m'empresse d'aller jusqu'à la porte. Je sonne.

Je passe rarement chez quelqu'un sans m'être annoncé. Après tout, se présenter chez les gens sans prévenir est une manière de revenir à l'époque précédant les portables et les réseaux sociaux.

Je perçois que mon coup de sonnette provoque à l'intérieur de la maison une certaine confusion. *C'était la sonnette ? Oui. Qui ça peut bien être ?* Heureusement, alors qu'une visite imprévue du pasteur est rarement bien accueillie, elle n'est pas vraiment inhabituelle. Les Doane redoutent probablement une telle visite depuis des années.

Finalement, la porte s'ouvre et Vaughn me reçoit avec un sourire.

— Frère Richard, s'exclame-t-il comme s'il bondissait de joie de me voir. Comment allez-vous ?

Nous échangeons une poignée de main, de son côté fort vigoureuse. Je dis :

— Vaughn, je vais très bien. J'espère que je ne vous dérange pas.

— Oh non, nous regardions quelque chose sur Netflix, c'est tout. (Il s'écarte :) Entrez.

Il me conduit dans un long couloir immaculé. Au bout du couloir, nous arrivons dans un grand salon auquel on accède en descendant quelques marches, et où Jill est assise sur le canapé devant un téléviseur à écran plat. Sur l'écran, un homme et une femme bien habillés boivent un verre dans ce qui ressemble au bar d'un hôtel.

— Chérie, dit Vaughn. Tu veux bien éteindre ? Nous avons de la compagnie.

La précipitation avec laquelle les gens coupent la télévision quand j'arrive chez eux m'amuse toujours. C'est comme si toutes les personnes à qui je rendais visite étaient en train de regarder quelque chose qu'elles ne veulent pas que je voie.

— Frère Richard, dit Jill en éteignant avant de se lever.

Elle n'ajoute rien, se contente de mon nom. Elle ne fait pas un pas vers moi et ne me tend pas la main.

— Jill, comment allez-vous ?

Elle hoche la tête. Puis, au bout d'un moment, elle ajoute :

— Je vais bien.

Elle regarde son mari.

Vaughn me sourit.

— Puis-je aller vous chercher un verre d'eau ? Ou un coca ?

— Oh non merci. Je voulais juste vous dire bonjour. Je n'ai pas pris de vos nouvelles depuis un moment, et j'étais dans le quartier, alors je me suis dit que je passerais voir ce que vous deveniez.

— Ça va, dit Vaughn. Bien. Les affaires au magasin vont plutôt bien.

— Vous vendez beaucoup de voitures ?

— J'essaye, dit-il en riant.

Je ris aussi.

Jill Doane sourit. À peine.

— Et vous, Jill ?

Elle lève les sourcils.

— Toujours occupée à mener le bon combat.

— Ce n'est pas facile d'enseigner la grammaire dans les Ozarks, je suppose.

En entendant cela, elle sourit spontanément.

— Enseigner la grammaire dans les Ozarks, on dirait le titre d'un mémoire.

Vaughn approuve.

— Tu devrais écrire ce livre.

— Il pourrait vous amener à l'émission littéraire d'Oprah, dis-je.

— Ce serait forcément une histoire éprouvante, dit-elle.

Tandis que nous rions tous poliment, je regarde autour de moi très naturellement et demande :

— Gary est là ? J'aimerais bien lui dire bonjour, à lui aussi.

— Non, je suis désolé, dit Vaughn, vous l'avez manqué.

— Oh, ce n'est pas grave. Comment va-t-il ces derniers temps ?

Vaughn me fait signe de prendre place sur le canapé et nous nous asseyons. Jill s'installe sur la causeuse et croise les mains sur ses genoux.

— Il va bien, dit Vaughn. Mais nous nous inquiétons encore pour lui, bien sûr.

Vaughn commence à me raconter les raisons de leurs inquiétudes les plus récentes. Bien entendu, la plupart des gens en ville sont au courant des problèmes de Gary. Vaughn est venu me voir dans mon bureau peu de temps après que son fils avait été mis à la porte, et nous avons prié pour Gary. La semaine suivante la famille Doane a commencé à venir régulièrement au culte, pour la première fois. Ils ne furent assidus que deux ou trois mois, mais c'est pendant cette période-là que j'ai commencé à voir Gary d'une manière totalement nouvelle. Je le surprenais en train de me regarder, mais pas de la manière dont me regardent la plupart de mes paroissiens. Il paraissait m'observer, comme s'il se fichait complètement des vérités éternelles que je transmettais parce qu'il était trop distrait par *moi*. On aurait dit qu'il regardait toujours au-delà du visage que je présentais au monde, voyant sans le moindre effort quelque chose en moi qui n'était pas accessible à ma femme et mes enfants.

Tandis que Vaughn Doane me parle de ses espoirs pour son fils, tandis que Jill Doane écoute avec attention, tandis que je hoche la tête et réponds avec intérêt et compassion, je surprends mon reflet dans le grand miroir en pied qui se trouve au bout du couloir. Tout droit sorti de Crate & Barrel, je me souviens que Gary m'en avait parlé, et m'avait dit à quel point sa mère y tenait.

Je vois ma bouche bouger. Je vois la compassion dans mon regard tandis que je propose de prier avec eux. Pour la première fois, je vois le masque que Gary perce à jour si facilement. Mais je ne parviens pas à le percer à jour, moi. Qu'y voit Gary que je ne vois pas ?

Quand je prie avec les Doane pour leur fils, je ferme les yeux et j'entends les mots "Notre Père qui êtes aux cieux, nous venons à toi aujourd'hui pour te demander", mais je suis divisé entre le moi qui parle et le moi qui écoute. J'ai dit des milliers de prières, mais je ne me suis jamais senti aussi loin de Dieu.

Quand je termine avec "Au nom du Christ, Amen", nous ouvrons les yeux et je dis :

— Eh bien, il faut que j'y aille. J'espère vous voir à l'office demain. La chorale a préparé de très beaux chants. Je sais que vous les trouverez magnifiques.

Vaughn dit :

— Nous y serons. Nous nous assurerons que Gary vienne avec nous aussi. Même si je dois l'y traîner.

Comme si elle venait d'y penser ou qu'elle voulait faire une petite plaisanterie caustique, Jill ajoute :

— Peut-être que si nous demandons à sa petite amie de venir avec nous, il la suivra.

— Quoi ?

— Sa petite amie. (Elle me dévisage.) Il ne vous a pas dit…

— Vous savez, je ne suis pas certain de m'en souvenir… Rappelez-moi son nom.

— Sarabeth Simmons.

— Je ne crois pas la connaître.

Jill poursuit :

— Sa maman est Carmen Fuller. Je ne sais pas trop d'où vient le "Simmons". J'imagine que Carmen a été mariée à un certain moment.

— Elle était mariée à un type qui habitait à Cave City, dit Vaughn. C'était juste après le lycée.

— Bref, dit Jill, d'une voix de conspirateur, comme si elle était sur le point de partager avec nous un vilain secret, Carmen vit avec Tommy Weller maintenant.

— Et cette Sarabeth et Gary se fréquentent ?

— Je crois bien, dit Vaughn. Mais Gary n'en parle pas beaucoup. Il nous a fait promettre de ne pas le dire à nos amis. Il dit qu'il ne veut pas que les gens parlent de lui, qu'on a assez parlé de lui après qu'il a quitté l'université comme il l'a fait. (Il se gratte la tête.) Bien sûr, comme on ne peut pas garder un secret dans cette ville, j'ai supposé que tout le monde était déjà au courant.

— Je ne savais pas, dis-je.

— Ah.

— Peut-être que Gary n'est pas au centre de toutes les rumeurs comme il le croit, dit Jill.

— Peut-être bien.

Je tends la main et salue Vaughn. Je me penche pour donner l'accolade à Jill, mais elle me tend la main alors j'échange une poignée de main avec elle aussi. Je leur dis à demain.

Au moment où je passe devant le grand miroir, mon reflet vacillant apparaît, essayant d'accrocher mon regard. Je dis au revoir à Vaughn, qui ferme la porte derrière moi. Je vais jusqu'à ma voiture, je monte et sors en marche arrière de l'allée.

Je vais jusqu'au bout de l'impasse et je m'arrête à l'intersection.

Et je reste là.

Gary a une petite amie ?

Je ne…

Je conduis. Je ne sais pas vraiment vers quelle destination. Je conduis par instinct, automatiquement. Des maisons, des bureaux, des pancartes – tous les fragments de ma vie quotidienne qui paraissent déconnectés – passent aussi rapidement que mon reflet dans le miroir du couloir. Je les connais tous, mais aucun d'eux ne semble avoir de sens.

Pourquoi aurait-il une petite amie ? Il est gay.

Pourquoi aurait-il omis de me dire qu'il avait une petite amie ?

Le clair de lune elliptique entre des bosquets de pins. Une maison à étage avec un drapeau américain qui pend dans le jardin et une voiture sur cales dans l'allée.

Un camion me rappelle à l'ordre parce que je suis en pleins phares.

Il n'y a aucune raison que Gary me cache une petite amie. Et forcément, il doit me la cacher. Je le saurais s'il avait une petite amie. Tout le monde en ville le saurait.

Rien ne se passe sous la lumière du jour qui ne soit pas connu de tous.

Mais ce cliché sur le fait que tout le monde sait tout des affaires de tout le monde dans une petite ville n'est simplement pas vrai. Les secrets poussent dans la pénombre, et il y a beaucoup de pénombre dans ces arbres.

Alors, pourquoi Gary me cache-t-il une petite amie ? Il a peur que je sois jaloux ?

Non. Espèce d'idiot. Il n'a pas peur que tu sois jaloux. Il faudrait qu'il te soit attaché pour avoir peur de ta jalousie.

Je sors de la route et je m'arrête brutalement dans la boue et l'herbe.

Je regarde fixement mes doigts, blancs, parsemés de taches de rousseur, serrant le volant. Un autre camion me dépasse, et quand ses phares éclairent ma voiture je saisis mon reflet dans le rétroviseur. J'allume le plafonnier, j'abaisse le miroir de courtoisie pour examiner mon visage, tentant d'identifier ce que Gary doit voir. Je ne vois pas un pasteur, un enfant de Dieu, un mari, un père. Je ne vois que de la peau et des cheveux sur de la chair et de l'os. Mon visage est ridé et la chair est à la fois trop molle et pas assez lisse. Des bosses et des grains de beauté ont commencé à apparaître, ainsi que d'étranges décolorations. Je suis un homme d'âge mûr. Bientôt, je serai un vieil homme. Et ensuite, je serai mort. Et rien de tout cela n'a d'importance. Pourquoi cela serait-il important ? Comment cela pourrait-il l'être ?

Ce garçon n'a jamais éprouvé le moindre sentiment pour moi.

Bien sûr. C'est clair pour moi, maintenant, aussi clair que mon visage qui vieillit. Quand Gary me regarde, il ne voit rien que l'âge et la bêtise, une bêtise aggravée par l'âge. Je la vois maintenant, moi aussi, mais il a été le premier. Il l'a vue d'emblée.

Alors, pourquoi m'a-t-il caché l'existence d'une petite amie ?

Parce qu'ils mijotent quelque chose. Jill Doane n'aime pas la fille, et Jill semble avoir une certaine expérience pour juger les caractères.

Gary a une petite amie secrète, et ce matin il m'a appelé et a exigé que je lui donne de l'argent pour quitter la ville.

Regarde-toi, vieil idiot. Tu as été négligent, aveugle, stupide. Il a joué là-dessus. Ils ont joué là-dessus. Gary et sa copine ont conspiré pour me faire chanter. C'est aussi simple et aussi sordide que ça. Ils m'ont piégé, comme la femme de Potiphar.

Il n'a jamais voulu de moi.

En ont-ils ri ? Attendent-ils l'argent en ce moment même, hilares ?

Je prends mon portable et je l'appelle.

Avant que le bip sonore résonne, je prends une profonde respiration.

— Salut Gary. Ici Frère Weatherford de la First Baptist Church. Je viens d'avoir une agréable conversation avec tes parents, et je me suis dit que j'allais t'appeler pour voir si tu avais envie qu'on se voie bientôt. Cela me ferait très plaisir de parler et de prier avec toi. Rappelle-moi, OK ? Dieu te bénisse, fils.

J'attends, et je ne peux que secouer la tête. Comment ai-je pu choisir d'ignorer ce qui se trouvait juste sous mon nez ? Quand nous parlions au début, Gary se plaignait de ses parents, mais je soupçonne que tout cela était un mensonge, ou au mieux, une exagération. Jill est peut-être un peu froide, mais elle aime son fils autant que Vaughn. Gary s'est joué de moi – ils se sont joués de moi, lui et sa petite amie.

Sarabeth Simmons.

Je me souviens d'elle maintenant, vaguement ; un de ces cas sociaux aux parents déficients qui débarque parfois à l'église et atterrit dans le groupe de jeunes jusqu'à ce que la prochaine bourrasque l'emporte. Je ne me rappelle rien d'important sur elle à l'exception de rumeurs sordides sur une orgie, un soir. Les gens ne partagent pas les détails de ce genre de racontars avec moi, mais je sais que c'était elle. La fille qui est à la caisse chez Pickett's. Et pendant tout ce temps, cette petite traînée riait de moi.

Je jette un coup d'œil à mon téléphone. Gary ne m'a pas rappelé, ce qui est une bonne chose parce que je ne suis pas prêt à me confronter à lui – à eux –, pas encore. Je ne sais pas encore ce que je dois faire. J'ai besoin de m'éclaircir les idées. Peut-être vais-je retourner à l'église, juste pour avoir un endroit où m'asseoir et réfléchir. Si seulement j'avais plus de temps. Des heures, des jours même. Je n'ai pas eu le temps de réfléchir, contrairement à Gary et Sarabeth qui ont eu… en fait, je ne sais pas. Si ça se trouve, ils planifient leur coup depuis longtemps.

Elle est la fille de Carmen Fuller. Je ne sais rien de Carmen en dehors du fait qu'elle coupe les cheveux dans un salon en ville et travaille le soir à Walmart.

Et qu'elle vit avec Tommy Weller…

Ce qui signifie qu'il y a un lien entre Sarabeth et Tommy Weller. Tommy Weller, celui que Brian Harten a volé aujourd'hui.

Je surprends à nouveau mon reflet dans le miroir de courtoisie. Tandis que je m'observe cette fois, je pense à ma photo sur le site web de l'église. Le Frère Richard Weatherford portant un costume, souriant et assuré, un homme de Dieu prêt à aider. Voilà ce que les gens voient. C'est tout ce que les gens de cette ville peuvent voir quand ils regardent mon visage, ce masque qui résulte de longues années d'efforts. J'ai marié ces gens, baptisé leurs enfants, réprimandé leurs adolescents rebelles et enterré leurs vieux parents. C'est ce qu'ils voient. Quand ils me regardent, ils ne voient que le pasteur, un homme qui n'a aucun lien évident avec toute cette laideur sordide.

Et que voient-ils lorsqu'ils regardent les autres personnes impliquées dans cette histoire ? Un propriétaire de débit de boisson. Son ex-employé mécontent. Un étudiant viré dépressif. Et la petite pute de la ville.

20

Sarabeth Simmons

J'ENTRE dans la rue de Gary.

— Tu crois qu'ils sont encore réveillés ?

— Peut-être, il dit. Mais peut-être pas. Ils sont tous les deux des couche-tôt, et ils vont à l'église demain. Alors peut-être qu'on aura de la chance.

— S'ils te voient comme ça, ils vont criser.

— Je sais. Je vais entrer tout doucement. Je sais comment rentrer sans les réveiller. Mon père pourrait rester endormi pendant un tremblement de terre et ma mère ne se lèvera pas même si elle m'entend.

— OK.

Je me gare devant sa maison et je ne coupe pas le moteur. Il sort sans fermer complètement la portière. Ensuite, il va jusqu'à la maison, déverrouille la porte d'entrée et entre.

La rue de Gary est toute calme. J'aime bien. La maison de Tommy est trop paumée dans la cambrousse. Les bois me donnent la chair de poule. Je veux vivre dans une ville. Je préfère entendre des voitures et des sirènes et des gens qui se disputent que d'avoir à écouter les insectes striduler et les branches qui craquent la nuit. On ne sait jamais ce qui se cache dans les bois.

Je regarde les autres maisons. Deux ou trois fenêtres sont éclairées. Une maison a un spot braqué sur une pancarte MAKE AMERICA GREAT AGAIN, un spot qui doit rester allumé vingt-quatre heures sur vingt-quatre, j'en suis sûr. La maison voisine n'a pas d'éclairage dans le jardin, mais j'arrive à voir un panneau Hillary dans le noir. Je me demande si ces voisins s'entendent bien.

La porte d'entrée de la maison de Gary s'ouvre et il sort. Il se dépêche mais il ne court pas. Une fois qu'il est remonté, je recule et je nous éloigne, mais je ne pars pas à toute vitesse. Je démarre tranquille.

— Comment ça s'est passé ?

— Je pense que ma mère était réveillée. J'ai vu la lumière sous sa porte.

— Elle a dit quelque chose ?

— Non.

— Elle ne s'est pas levée pour voir ce que tu faisais ?

— Ce n'est pas vraiment son genre de se lever pour voir comment je vais.

— Oh. OK.

Il a un sac à dos plein de trucs.

Je lui demande :

— Tu as emporté des vêtements pour dormir ?

— Oui.

— Ta brosse à dents ?

Il me sourit. Il a toujours du sang séché et de la terre sur lui, mais il sourit comme un gamin.

— Tu es mignonne, Sarabeth.

Je reprends l'autoroute en direction de chez Tommy ; je vais préparer mes affaires et Gary va se nettoyer.

— Tes parents vont te manquer ? je demande.

— Sûrement, mais je ne disparais pas pour toujours. Je les appellerai demain et je leur dirai que toi et moi, on a décidé de voler de nos propres ailes. Ils seront inquiets, surtout mon père. Ça m'ennuie un peu. Mais ils s'en remettront. Au moins, je ne serai plus en train de traîner dans leur maison à vivre à leurs crochets. Je leur dirai qu'on a un peu d'argent et que tu connais des gens chez qui on peut aller à Little Rock.

— Pourquoi leur dire ça ? Je ne connais personne à Little Rock.

— Ils seront contrariés. Ça les soulagera. (Il tient le sac à dos bien serré.) En plus, il faut bien aller quelque part. On devrait aller à Little Rock, ou au moins à Conway. Avec l'argent on pourra acheter une carte prépayée au Walmart et prendre une chambre d'hôtel. Ensuite, demain matin, en route vers le Texas.

— Alors, on est parti pour Austin ?

— Tu m'as convaincu. Ce serait cool que tu rencontres Wally.

— Quel genre de gars c'est ?

— Il est gentil. Tu l'aimeras. Je l'ai rencontré pendant ma deuxième année à l'université, dans un groupe de travail pour ce cours de littérature qui était trop dur. Le professeur était une vieille dame qui nous faisait scander les poèmes et personne n'en était capable. Alors, on s'est retrouvés à quelques-uns pour essayer de comprendre.

— Et vous avez compris ?

— Pas vraiment. Enfin, moi pas. Mais Wally et moi, on est devenus amis. C'est le premier gars ouvertement gay que j'ai rencontré, tu sais. Il avait un petit ami qui s'appelait Harlan, chez lui au Texas. Ils étaient ensemble genre depuis la seconde. J'arrivais pas à y croire. Il n'avait pas subi ce que moi j'avais subi. Il avait dû supporter les trucs habituels, oui – des péquenauds qui l'insultaient, des membres religieux de sa famille qui lui disaient qu'il irait en enfer –, mais il s'en fichait. Il avait – et je suppose que c'est encore le cas – une parfaite idée de lui-même. J'ai toujours admiré ça chez lui. Tu imagines à quel point il faut être résistant pour être gay dans un endroit comme le Texas ou l'Arkansas ? Wally se regarde dans la glace et il voit Wally et il sait ce que cela signifie. Je regarde dans le miroir et je vois ce visage. Parfois on ne dirait même pas une personne, seulement un visage.

— Tu penses trop.

Je le dis comme une plaisanterie, mais il hausse les épaules.

— Peut-être.

— Une fois à Austin, tu sais comment le contacter ?

— Oh oui. Je peux lui envoyer un SMS demain. Je ne lui ai pas parlé depuis un moment, mais je sais qu'il sera content d'avoir de mes nouvelles.

— Tu crois qu'il m'aimera bien ?

— Quoi ? Bien sûr. Pourquoi tu poses cette question ?

— Je suis qu'une pauvre débile du fin fond des Ozarks. Je suis jamais allée à la fac.

— Tu plaisantes ?

— Non.

— Wally s'en fout, de ça. Crois-moi. Si tu m'aimes bien, il t'aimera bien.

Je hoche la tête. Je ne suis pas certaine que ce soit vrai, mais l'idée de rouler jusqu'au Texas et de rencontrer de nouvelles personnes est plus excitante qu'effrayante.

Gary demande :

— Et ta mère ?

— Comment ça ?

— Est-ce qu'elle sera contrariée que tu partes ?

Je hausse les épaules.

— Elle s'en fout. Un problème de moins sur ses épaules. Elle aura plus à m'écouter me disputer avec Tommy.

Gary se redresse.

— Et à ton avis, il ne sera pas à la maison, hein ?

— Nan. T'inquiète pas, il est au bar. Il est pas allé jusque là-bas pour faire demi-tour et rentrer. Il y restera jusqu'à après la fermeture pour parler de sa putain de statue.

— Et quand est-ce que ta mère rentre ?

— Elle finit à minuit. Elle sera pas à la maison avant une heure du matin, à moins qu'elle aille au bar pour boire avec Tommy.

Je le regarde.

— T'inquiète pas. On a presque fini. On sera tout seuls. Tu pourras prendre une douche. On emballera mes affaires et ensuite…

Il hoche la tête.

— Ensuite, on va voir Richard.

21

Brian Harten

Au moment où on monte dans son camion, je demande à Tommy :

— On va vraiment aller chez lui ?

— Pas moi. Toi.

Je hoche la tête.

— Pas de problème.

— J'espère bien. Tu sais où il habite, le pasteur ?

— Je crois qu'il habite près de chez les Closes. C'est là qu'ils étaient avant, en tout cas. La mère de Ray et son beau-père habitaient là-bas.

— Je sais pas où habitent les Closes.

— Faut monter la côte de l'école. Je te dirai où tourner.

Tommy conduit installé bien au fond de son siège, la main en bas du volant, le tenant à peine, comme s'il pensait même pas qu'il était en train de conduire. Il secoue la tête.

— Bon sang, Harten, tu t'es mis dans un sacré merdier.

Je me contente de hocher la tête. Comme si je savais pas encore que j'avais merdé dans les grandes largeurs.

On arrive à un carrefour et une voiture de flics s'arrête derrière nous.

Tommy se redresse, les deux mains sur le volant. Au lieu d'aller tout droit vers l'école, il tourne à droite.

Il jette un coup d'œil dans le rétroviseur. La voiture tourne après nous.

— Merde.

— Tu crois qu'ils nous suivent ?

— Pas de raison, dit Tommy.

Nous allons jusqu'à la bretelle et Tommy prend l'autoroute. Le flic part dans l'autre sens.

— On reviendra sur nos pas, il dit. On va faire le grand tour. Je ne veux pas que les flics se mêlent de cette histoire. C'est peut-être pas une mauvaise idée d'attendre qu'il fasse un peu plus sombre, en plus.

Je hausse les épaules ; il fait déjà sombre.

— OK.

J'imagine qu'il est encore en train de penser aux flics ou à Weatherford et là il me dit :

— Tu aurais dû me demander.

— Demander quoi ? (Il me regarde fixement comme si j'étais un crétin fini.) De l'argent ? Tu me payes déjà pas ce que tu me dois.

— D'abord, je te dois que dalle. Mais je ne parle même pas d'argent. Je parle du magasin. Tu aurais dû me demander de m'associer avec toi.

On est sur l'autoroute, un peu au nord de la ville, et on passe à côté d'un grand bâtiment vide qui a une belle vue sur les collines. L'endroit a accueilli quatre ou cinq restaurants ces dix dernières années. Pratiquement tous les six mois, quelqu'un décide qu'il va réussir à faire marcher cet endroit, alors il passe quelques mois à retaper le bâtiment. Ensuite il ouvre. Ensuite il ferme.

— T'es en train de me dire que tu te serais associé avec moi ?

— Eh ben, dit Tommy. Je ne te connaissais pas à ce moment-là comme je te connais maintenant. Maintenant que je sais que t'es un putain d'abruti, j'investirais pas dix cents dans une idée venant de toi. Mais tu étais un employé correct quand tu bossais pour moi. Faut que je t'accorde ça. Si t'étais venu me voir pour me demander de m'engager avec toi, ouais, j'y aurais carrément réfléchi. J'aurais vraiment pu t'aider sur ce coup.

Je dis rien du tout, et il me lance juste un regard en coin.

On continue à rouler un moment, mais il veut pas lâcher l'affaire.

— Tu n'as même pas eu les couilles de venir me dire que tu allais lancer ta propre affaire.

— Il faut que je t'informe de tous mes faits et gestes ?

— Ça n'a rien à voir. Je ne t'ai jamais posé de questions sur ton affaire. Mais t'essayes d'ouvrir une boîte rivale dans mon dos…

— Rivale ? C'est pas comme si j'envisageais d'ouvrir le Brian's Bar, par exemple. Je vais ouvrir un magasin d'alcools et spiritueux. Dans une autre ville, dans un autre putain de comté.

— Eh ben, pourquoi tu m'as pas dit ce que tu mijotais ? Sois honnête, Harten. Tu viens travailler tous les jours et tu fais comme s'il se passait rien. Je te demandais tous les jours : "Hé, salut mec, comment ça va ?" et tous les jours tu me regardais, tu souriais et tu me disais que dalle. Ensuite je découvre que tu parles à mes distributeurs dans mon dos ?

— Ça avait rien de personnel, mec. J'essayais de démarrer ma propre affaire. C'est tout. C'était que du business.

— D'accord, mais rappelle-toi que c'est toi qui en as fait une histoire d'argent. Dans mon dos, tu essayes de monter une affaire concurrente, et ensuite, aujourd'hui, tu me voles ? Je te traitais comme un ami avant que tu commences à te comporter comme ça.

Je sais pas quoi répondre à ça. Effectivement, je lui ai caché ce que je faisais. Il en parle comme si c'était une grande conspiration, mais c'était plutôt que je voulais pas me casser la gueule devant lui. En plus, je crois que quelque part, je savais que je serais son rival. Si j'avais pu ouvrir mon magasin, tous les gens du comté de Van Buren qui vont aux Tommy's Bars auraient arrêté de le faire. Ils seraient tous venus chez moi.

Dieu, ç'aurait été génial.

Tommy dit :

— T'aurais dû venir me voir, Harten.

— J'ai compris, ça va. Lâche-moi.

Il est sur le point de continuer à dire ses conneries quand l'habitacle de son pick-up se remplit de lumière bleue.

— Putain de merde, il dit.

— Le flic est derrière nous.

— Tu crois ?

Il ralentit, se range sur le bord de la route et coupe son moteur. On est à quelques kilomètres de Stock, dans la descente de l'autoroute, avec les collines qui nous surplombent à gauche et la vallée en contrebas à droite.

Le flic s'arrête derrière nous et laisse son gyrophare.

Et il reste là, sans bouger.

— C'est qui ? je demande.

Tommy regarde dans le rétroviseur.

— J'arrive pas à voir.

La portière de la voiture de flics s'ouvre et Tommy dit :

— Merde. C'est le shérif. (Il descend sa vitre et laisse ses mains posées sur le volant.) Ta gueule, tu me laisses parler.

Je hoche la tête, mais tout à coup, je percute. Il semble plus nerveux que moi, ce qui est bizarre, parce que pour ce que j'en sais, je suis le seul ici qui a enfreint la loi.

Le faisceau d'une lampe torche balaie la lunette arrière et remonte le long du pick-up.

— Tommy, il dit.

— Bonsoir Bud, dit Tommy.

J'entends Bud dire :

— Qui est assis là, à côté de toi ?

Je fais un petit salut de la main.

— Salut Bud. C'est Brian Harten.

Il se rapproche de la vitre et balaie tout l'intérieur du pick-up avec sa lampe. Bud est un ancien militaire, et ça se voit. Il a toujours les cheveux très courts et il est resté en assez bonne forme pour un homme qui passe la plupart de son temps sur son cul.

— Quels sont vos plans pour la soirée, messieurs ?

— Oh, pas grand-chose.

— Ah non ? Vous allez où ?

Tommy hausse les épaules.

— Nulle part en particulier.

— Vous allez nulle part en particulier assez vite. Tu roulais à cent vingt-cinq kilomètres à l'heure sur un tronçon limité à quatre-vingt-dix.

— Oh merde, dit Tommy en observant son tableau de bord, comme si le chiffre était encore affiché. Je faisais pas attention, j'imagine. Je racontais à Brian des vieilles histoires de base-ball. J'ai dû me laisser absorber. Tu te rappelles le sans-faute que j'ai fait contre Greenbrier ?

— Non, fait Bud en éclairant la banquette derrière nous. Mais j'ai jamais été tellement fan de base-ball. Mon truc, c'est plutôt le foot.

Le tien et celui de tout le monde dans l'Arkansas.

Bud poursuit :

— J'ai entendu dire que t'as eu un peu de remue-ménage ce soir au bar.

— Ouais, dit Tommy en levant les doigts. On a eu un feu. Personne n'a été blessé. Mais j'ai perdu ma statue.

— C'est dommage.

— Ouais.

— Tu sais comment ça a démarré ?

— Non. Pas encore. Mais tout est éteint.

— T'as pas été obligé d'appeler les pompiers ?

— Nan. C'était juste la statue. Elle est complètement détruite, mais il y a pas eu d'autre dégât. Tout était terminé avant qu'on ait le temps d'attraper un téléphone.

— Pas d'autres problèmes ?

— Non.

— Tu ne sais pas ce qui a déclenché le feu ?

— Non.

— On dirait bien un incendie criminel.

— Oh, j'en doute. Je suppose qu'un crétin a laissé sa cigarette posée juste à côté. Un truc comme ça.

— Et pas d'autres problèmes ?

— Non, dit Tommy. Tout va bien.

Bud éclaire la main de Tommy posée sur le volant.

— Qu'est-ce qui est arrivé à ta main ?

Tommy frotte sa main abîmée comme s'il tapotait la tête d'un chaton.

— Rien. Une petite altercation.

— À propos de quoi ?

— Un truc personnel.

Bud se penche et sourit d'un sourire qui respire la méchanceté.

— Tu serais pas en train de me dire de me mêler de mes affaires, Tommy ?

Tommy essaye de s'en tirer en riant.

— Bien sûr que non…

Il soupire un peu et lève les paumes comme si c'était une histoire complètement idiote.

— Tu sais que je vis avec Carmen Fuller, n'est-ce pas ? Sa fille Sarabeth a perdu son job aujourd'hui. Je lui ai remonté les bretelles sur le sujet et son petit ami, ce petit tordu de Gary Doane, s'est jeté sur moi. Je me suis défendu. C'est tout.

— Gary n'est pas blessé ?

— Non. Il va bien. J'ai juste dû lui frotter un peu les oreilles pour le calmer. Pas de quoi être contrarié. Tout baigne.

Bud regarde vers la montagne plongée dans la pénombre, son visage passe du bleu au noir dans les lumières intermittentes provenant de sa voiture. Il marmonne :

— Tout baigne…, puis il hoche la tête. OK, eh bien, laisse-moi te dire ce que je sais, Tommy. Il y a quelques heures, je reçois un appel de Ray Taggart, le shérif de ton coin. Il m'explique qu'il y a un feu chez toi. Il dit que le temps qu'il arrive, tu es déjà venu et reparti. Il a parlé à des gens sur place et les employés ont tous dit en gros la même chose que ce que tu viens de me dire. Mais les clients, eux, avaient l'impression que le feu avait été allumé délibérément pour faire diversion et couvrir un cambriolage. Tu vois ce que je veux dire ? Le feu démarre, tout le monde sort en vitesse, quelqu'un entre en courant et file dans la salle du coffre. Quand le personnel se rend compte que le fric a disparu, ils pètent un plomb et ils t'appellent. Tu arrives sur place et là, tout à coup, il n'y a pas d'argent qui a disparu et ton employé Frankie James a changé sa version de l'histoire.

— Qui a dit tout ça ? Deux piliers de bar ? L'un d'eux était probablement celui qui a laissé sa cigarette allumée sur ma statue.

— Tu es en train de me dire qu'on ne t'a rien volé ?

— Non, mec. Si quelqu'un m'a volé quelque chose, pourquoi j'appellerais pas les flics ?

Bud me regarde. Ensuite il retourne à l'observation des doigts éraflés de Tommy.

— Je ne sais pas, Tommy. Peut-être que tu es du genre à faire justice toi-même. Harten travaille pour toi. Peut-être que vous avez cette batte à l'arrière parce que vous êtes en route pour aller tabasser quelqu'un. Vous seriez pas en train de chercher Gary et Sarabeth, dites-moi ?

Tommy rit et secoue la tête. Me lance un regard genre “T'y crois, mec ?” J'essaye de rire, mais ça sort comme une petite quinte de toux.

— Allez, Bud. Gary et Sarabeth sont deux petits crétins. Ils sont inoffensifs. Et j'ai une batte de base-ball à l'arrière parce que j'adore le base-ball. Il y a une balle et un gant par terre, aussi.

— Et tu n'es pas en route pour aller tabasser quelqu'un d'autre, là, tout de suite ?

Tommy dit :

— Bien sûr que non.

Bud dit :

— Eh bien, voici une autre théorie qui me vient spontanément. Peut-être que tu n'as pas appelé les autorités parce que tu ne voulais pas en faire une affaire officielle et que tu ne voulais pas qu'on s'approche trop de tes finances. Le shérif Taggart et moi on a eu vent d'activités pas très claires dans tes deux bars.

Tommy arrête de sourire, arrête de faire le gentil.

— Je ne sais pas de quoi tu parles, Bud. Je ne sais pas qui a brûlé ma statue ni pourquoi. Mais je ne suis pas parti pour tabasser quelqu'un et je ne cache aucune activité illégale.

Il continue à parler, à protester de son innocence et tout ça, mais je ne fais pas vraiment attention parce que je me rends compte que Bud a forcément raison. Je me demandais pourquoi Tommy n'avait pas juste appelé les flics pour me les foutre au train tout de suite, et maintenant, je sais. Il veut pas de vagues.

— Et toi, Brian? me demande Bud. T'as quelque chose à dire?

— Non Bud. Tommy raconte pas d'histoires.

— Hmmm. (Bud hoche la tête.) Je veux juste que vous réfléchissiez tous les deux à ce que je vous ai dit ici ce soir. Je ne sais pas ce qui se trame, mais vous feriez mieux de faire attention.

D'une seule voix, nous répondons:

— Oui monsieur.

— Et surveille ta vitesse, il dit à Tommy.

Tommy lui fait un petit salut et Bud repart à sa voiture en roulant des mécaniques.

Tommy démarre son pick-up, et nous reprenons la route. Bud coupe son gyrophare, démarre derrière nous et reste dans notre sillage.

— Il nous suit.

Tommy dit:

— Ça veut rien dire. Il retourne juste en ville.

— Qu'est-ce qu'on va faire s'il continue à nous suivre?

Tommy réfléchit encore un peu.

— On s'arrêtera chez Sonic.

— Ça risque d'être fermé.

— Eh ben, on s'arrêtera chez Exxon et je prendrai de l'essence. Ferme-la, laisse-moi réfléchir.

Je la ferme et nous roulons un moment ; je suppose qu'il réfléchit. Je regarde les arbres défiler dans la nuit.

Derrière nous, la voiture du shérif tourne et prend une autre route.

— Où il va ? je demande.

Tommy regarde dans le rétroviseur.

— On s'en fout. Du moment qu'il est parti.

Je m'enfonce dans mon siège.

— Bon Dieu.

Il secoue la tête et je remarque qu'il transpire à grosses gouttes.

Je demande :

— Alors, c'est quoi ? De la drogue ? Des filles ?

— Putain, mais de quoi tu parles ?

— Frankie James vend de l'herbe et de la meth dans les deux bars. Tout le monde le sait. Et je sais que Sweetie et Katie font des passes. J'ai payé pour avoir une pipe de Sweetie.

— Alors, qu'est-ce que tu cherches à dire, Harten ?

— Bud avait raison. C'est pour ça que t'as pas appelé les flics.

Il hausse les épaules.

— Mes affaires sont mes affaires. J'ai pas besoin que Taggart ou Bud me posent tout un tas de questions. (Il me lance un regard en coin.) Et va pas t'imaginer que ça change quoi que ce soit. Ça change que dalle. Faut que tu me rendes mon fric.

— Ouais, je sais.

— On va toujours chez le pasteur.

Je me penche.

— Au fait…

— Quoi ?

On sort de l'autoroute et je montre du doigt le parking de la First Baptist Church, qui est désert à l'exception d'un minivan.

— Il est encore au boulot.

22

Richard Weatherford

ILS ne me voient pas quand ils entrent dans le sanctuaire. Ils s'arrêtent près des portes de derrière pour contempler la taille de l'édifice, et j'entends la voix de Tommy Weller.

— J'arrive pas à me rappeler la dernière fois que j'ai mis le pied dans une église. Jamais venu ici. Putain de balaise, celle-ci, hein ?

— S'il vous plaît, ne parlez pas comme ça dans mon église, dis-je.

Weller rit :

— Vous êtes où, révérend ?

J'ai verrouillé tous les accès au bâtiment à l'exception de la porte qui leur a permis d'accéder au foyer. La plupart des lumières sont éteintes, il n'y a qu'un spot qui éclaire, depuis la galerie, le pupitre équipé du micro sur la scène où, demain, je ferai le récit de la Passion. Je suis de l'autre côté de la galerie du chœur, dans les ombres sous la croix de Cody Crawford.

Je me fraye un chemin à travers le décor plongé dans la pénombre : un mur de pierre en plastique et un éboulis en papier mâché devant une tombe qui n'est que du feutre marron drapé sur le squelette d'une tente de camping familiale. Je marche avec précaution de manière à ne pas abîmer le beau travail des Dames auxiliaires. Penny saura dès son arrivée demain matin si un seul détail n'est plus à sa place.

J'entre dans la lumière.

— Ici.

— Qu'est-ce que vous faites ? demande-t-il.

— Je m'occupe de mes affaires.

— Ah ouais ? dit-il, apparaissant au pied de l'estrade avec Brian Harten sur ses talons. Moi aussi.

Brian s'arrête au niveau des bancs.

Weller monte les marches de l'estrade. Il tient une batte de base-ball. Il y a une arme accrochée à sa ceinture.

— Pourquoi portez-vous ceci ? demandé-je.

— Je crois que vous le savez.

— Vous venez armé dans mon église pour me menacer ?

Il pointe la batte vers moi, et je parviens presque à sentir les taches de sueur sous les aisselles de son polo rose crasseux.

— Vous avez mon argent ?

Je hoche la tête sans tenir compte de la batte ni de la menace qu'elle implique.

— Oui, lui dis-je. Vous pouvez le reprendre.

— Où est mon fric ?

Je le sors de ma poche arrière et le lui tends. Il le prend, me regardant moi plutôt que l'argent.

— Il y a combien ?

— Tout ce qu'on m'a donné. Je n'y ai pas touché.

Par-dessus son épaule, il lance :

— Combien, Harten ?

— Dix-neuf mille huit cents, répond Brian.

Weller fourre le paquet dans sa poche et me demande :

— Alors, c'est quoi, tout ce cirque ?

Je secoue la tête.

— Que voulez-vous dire ?

— Pourquoi est-ce que ce débile m'a volé de l'argent pour vous l'apporter ? Comment ça se fait qu'il faut que je vienne à l'église baptiste au milieu de la nuit pour récupérer ce qu'on m'a pris ?

— Je ne sais pas comment répondre à cela.

— Et si vous essayiez, pour voir ?

— J'avais besoin d'argent.

— Pourquoi ?

— Ce ne sont pas vos affaires.

Il secoue la tête.

— C'est devenu mes affaires quand vous avez envoyé ce débile chez moi voler mon argent. Harten a brûlé ma statue. (Il pointe la batte sur moi.) Ce qui veut dire que *vous* avez brûlé ma statue, et comme ce connard n'a pas un rond, c'est vous qui allez me rembourser.

— OK, dis-je. De quelle somme s'agit-il ? Combien vous dois-je ?

— Cinq mille dollars.

— Cinq mille dollars ?

— Y a pas moyen que ta statue débile ait coûté autant, réagit Harten.

Weller se retourne et pointe la batte vers Brian. Debout à côté du premier banc, juste à la limite du rond de lumière projeté par le spot, Brian a l'air pâle et flou dans la pénombre. Weller me dit :

— Vous deux, vous me devez cinq mille dollars.

Brian me regarde, effrayé.

J'essaye de trouver une réponse à lui faire quand Weller se retourne soudain et descend les marches.

Il s'arrête à côté de Brian. Regardant autour de lui, observant le vaste sanctuaire, avec le haut plafond cathédrale et les rangées de bancs, il dit :

— Vous savez, tout ce que j'ai à faire, c'est dire aux gens la vérité quand ils demanderont ce qui s'est passé aujourd'hui. Brian Harten a mis le feu à ma statue et a vidé mon coffre parce que le pasteur l'a poussé à le faire. Et vous savez ce que tout le monde, y compris les flics, voudra savoir ? Ils voudront savoir pourquoi le révérend Richard Weatherford, surtout lui, avait tellement besoin de vingt mille dollars qu'il était prêt à se mouiller dans une entreprise illégale avec incendie criminel et vol, pour les obtenir. (Weller se tourne vers Brian et ajoute à son intention :) Je crois que le pasteur va pas pousser le vote dans ton sens, après tout, Harten. Tout son baratin ne va te servir qu'à te retrouver en taule.

Là-dessus, Weller descend l'allée et s'enfonce dans les ténèbres, les chaussures frottant sur le tapis.

Je dégringole les marches en courant, je laisse Brian dont le visage est devenu livide et sans expression.

— Monsieur Weller ? lancé-je. Tommy, attendez. Parlons de tout cela, voulez-vous.

Je le suis jusqu'à l'entrée baignée de lumière orange provenant des lampadaires du parking. Nos pas claquent sur le linoléum bon marché.

— S'il vous plaît, attendez, Tommy.

Il est sur le point d'atteindre les portes en verre.

Je l'attrape par le bras et je le tire.

— Attendez une seconde, écoutez ce que…

Il retire son bras et brandit la batte.

Les paumes levées, je le contourne et bloque la porte. Mon corps est bouillant et le verre produit une sensation de fraîcheur sur mon dos.

— Qu'est-ce que vous faites ? dit-il. Laissez-moi passer.

— Je peux vous avoir les cinq mille.

— Le prix a monté.

— Qu'est-ce que vous racontez ?

— Cinq mille, c'était le prix de là-bas, dit-il. Maintenant on est au prix de je-vais-pas-tarder-à-passer-la-porte.

— Qui est… ?

— Pourquoi vous ne me le dites pas ? Mais vous avez intérêt à ce qu'il soit carrément impressionnant parce que je suis sur le point de sortir et remonter dans mon pick-up.

— Écoutez, je n'ai pas beaucoup d'argent sous le coude. Mais j'ai beaucoup d'argent qui passe par ici toutes les semaines. Je pourrais vous en mettre de côté. Je parle d'un revenu assuré sur une base hebdomadaire, cinquante-deux semaines par an. Prenez juste une minute et réfléchissez bien.

Il ne dit rien, alors je continue à parler, cherchant désespérément des mots, des idées, pour le retenir.

— Il y a d'autres choses en dehors de la quête… Le fonds pour le bâtiment, par exemple. Vous possédez une partie de l'Arkansas Integrity Lumber, n'est-ce pas ? N'est-ce pas ? Alors je persuade l'église de faire une extension, avec Arkansas Integrity comme fournisseur de matériaux. Je pourrais même faire un peu plus pour vous, vous reverser une partie du fonds pour le bâtiment, par exemple… Et quoi d'autre ? Les événements. Votre restaurant de pizza est le nouveau fournisseur exclusif de tous nos événements jeunesse à partir de maintenant. C'est tous les mercredis soir et tous les dimanches soir…

Il rit en entendant la proposition sur les pizzas, ce qui est une bonne chose, parce qu'au moins, j'ai réussi à ce qu'il reste dans l'échange.

— Vous m'achetez avec des pizzas ?

— Écoutez ce que je vous propose. Je propose que vous preniez une partie de la quête tous les dimanches.

Que vous preniez une partie du fonds consacré aux événements du groupe des jeunes chaque semaine. Que vous récupériez une partie du fonds pour le bâtiment. À ce stade, vous êtes de fait en partie propriétaire de l'église. C'est de l'argent assuré. Me poursuivre en justice ? C'est de l'argent hypothétique. Peut-être que vous l'aurez, peut-être pas, mais c'est moins d'argent et plus de peine. Quant à me calomnier en ville, ça ne mettra pas le moindre dollar dans votre poche. Mais si vous faites ce que je vous propose, vous gagnez une partie de tout ce que fait cette église toutes les semaines pendant des années. Vous allez vraiment sortir d'ici et laisser tout cet argent ici ? À cause d'une statue ?

Weller pose la batte sur son épaule comme un joueur de base-ball prenant le temps d'observer le terrain avant le début du match.

— Combien est-ce que l'église ramasse sur une semaine ? demande-t-il.

— Ça dépend de la période de l'année. Après Pâques et Noël, il y a toujours un pic.

Brian apparaît derrière Weller.

— Toi, tu bouges pas, lui dit Weller. J'en ai pas fini avec toi.

Brian ne dit rien. Il tend le bras, prend l'arme dans le holster de Weller, vise son dos et appuie sur la détente.

Quand le coup part, nous sursautons tous. Weller lâche la batte, qui roule jusqu'à mes pieds. Il tombe sur un genou, le dos de son polo taché de noir dans la lumière orange. Tandis qu'il essaye de se remettre debout, il me regarde, jure, ses yeux aussi ronds que des badges de campagne électorale.

Brian a collé une main sur une de ses oreilles et je réalise que les miennes sifflent. Il regarde Weller, toujours à genoux, comme s'il observait un enfant en train de subir une opération chirurgicale.

— Oh bon sang, dit-il. Tommy…

— Putain de merde, Brian, crache Tommy dans une dernière fanfaronnade.

Il tâte sa poitrine. Il n'y a pas d'orifice de balle. Il essaye d'atteindre son dos, d'où proviennent la douleur et le sang, mais il n'y parvient pas.

— Putain de merde, dit-il à nouveau, mais cette fois avec plus de peur que de colère.

Il me regarde.

— Aidez-moi à me relever.

Je le dévisage sans broncher.

Il est chancelant, il se tâte la poitrine comme s'il avait du mal à respirer.

— Aidez-moi, bordel, dit-il à nouveau, sa voix rauque commençant à défaillir.

Optant pour le discours raisonnable, il ajoute :

— Allez… Je viens de recevoir une balle. Il faut appeler les secours. Aidez-moi.

Il m'attrape par le bras.

Je regarde Brian.

— Qu'est-ce que vous avez fait ?

Son visage est blême et mouillé en même temps. Il porte une main à son front.

— Bon Dieu. Putain de bon Dieu.

Tommy avale de l'air et me tire par le bras. Sa lourde main épaisse tremble, ruisselante.

— Faut qu'on appelle quelqu'un.

Puis se rendant compte qu'il peut le faire lui-même, il fouille dans sa poche pour trouver son portable.

— Tommy, arrête, dit Brian.

Il se rapproche de nous et ramasse la batte à mes pieds.

— Brian, dis-je.

Tommy Weller m'attrape à nouveau par le bras, mais je m'écarte de lui et bats en retraite jusqu'au mur.

Tommy essaye d'attraper son portable, mais Brian le frappe au visage avec la batte. Je me colle encore plus contre le mur. Weller tombe en hurlant et se protège la tête. Brian pousse un horrible cri, comme s'il venait de se brûler, et il lève la batte au-dessus de sa tête telle une hache, fendant une dalle du faux plafond au passage, et assène à Weller un coup sur la nuque. Tommy crie, essaye de se protéger. Brian s'arrête et le regarde ; de la poussière qui tombe du plafond voltige avant de se déposer sur nous. Puis il prend une inspiration, serre les dents et arme son bras, et cette fois il fend le crâne de Weller.

Baissant la batte ensanglantée contre sa jambe, Brian le regarde fixement. Moi aussi.

Weller porte sa main à sa tête – doucement, lentement –, mais il est désorienté. Il touche le linoléum bon marché à carreaux à la place. Il le caresse du bout des doigts.

23

Brian Harten

Le pasteur et moi, on se dit pas un putain de mot. On écoute juste Tommy respirer et on regarde fixement l'entaille dans son crâne. On dirait qu'il y a une bouche ensanglantée qui soudain s'ouvre au milieu de ses cheveux. Je me plie en deux et je regarde ses yeux. Rien. Il prend une inspiration. J'attends qu'il expire, mais il expire pas.

Mon cœur bat fort. Mes oreilles sifflent.

— Oh bon Dieu.

Mes yeux se remplissent de larmes, mais ses yeux à lui regardent le vide.

Le pasteur me regarde, regarde la batte dans ma main.

— J'étais obligé, je dis.

Ma voix se brise.

Le pasteur se retourne et observe la petite pente herbeuse entre le parking vide et l'US-65, de l'autre côté des doubles portes en verre.

C'est là que je me rends compte que je peux voir la grande route d'où je me trouve.

Je n'y ai pas pensé. Pas du tout.

Je demande :

— Personne n'est passé en voiture, hein ?

Le pasteur regarde au loin sans cligner des yeux. Puis il secoue la tête.

Je laisse tomber la batte à côté de Tommy.

La figure du pasteur vire à l'orange pisseux dans la lueur des lampadaires. Je me rends compte qu'il respire plus fort que moi.

Je désigne les portes.

— Les gens peuvent voir à l'intérieur ?

— Je ne… je ne crois pas. (Il se tourne et regarde les portes.) Oh Dieu.

— Vous en êtes sûr ? Réfléchissez. Si quelqu'un est passé en voiture, est-ce qu'il a pu voir à l'intérieur, depuis la route ?

— Je… je ne crois pas. La nuit, on ne voit rien d'autre que la lumière aveuglante des spots.

— OK, je dis. OK. Fermez les portes à clé.

J'essuie mes larmes et je me penche pour attraper les pieds de Tommy.

— Quoi ?

— Les portes, fermez les portes.

Il les regarde. Il me regarde. Je crois qu'il va dire quelque chose, mais il change d'avis et va jusqu'aux portes et les verrouille.

Je prends une grande inspiration.

— Il faut qu'on le bouge.

Le pasteur regarde Tommy, les murs, le trou dans le plafond, le sol. Il ferme les yeux.

Quand il les rouvre, il dit :

— Éloignons-nous des portes. Personne ne peut nous voir de la route, et je ne crois pas que quelqu'un va venir à cette heure-ci, mais on ne sait jamais.

Je hoche la tête et j'attrape Tommy par les chevilles. Elles sont poilues et encore humides de sueur. Il y a des toilettes pour hommes d'un côté du hall et des toilettes pour dames de l'autre. Je traîne Tommy vers celles pour les dames, laissant une trace de sang noir par terre. Quand je lâche les pieds, les poumons de Tommy exhalent son dernier souffle. On s'arrête tous les deux et on le dévisage jusqu'à ce qu'on soit sûr que le salopard va pas se remettre à bouger.

Mes mains sont mouillées de la sueur de Tommy et j'ai l'impression que mes entrailles sont en train de bouillir. J'essaye de penser à ce qu'il faut qu'on fasse maintenant, mais j'arrive à penser à rien, sauf à la sueur de Tommy qui commence à sécher dans mes paumes.

Le pasteur dit :

— Il nous faut quelque chose pour l'envelopper, pour éviter de mettre du sang partout. Il faut qu'on le déplace, mais avant on doit au moins lui envelopper la tête et la poitrine.

— Ouais…

— Il y a un placard à vêtements. Des dons pour les nécessiteux. On peut aller en prendre là-bas. (Il montre la grande nef.) Il faut traverser le sanctuaire et…

— Vous, allez-y, je dis.

— Vous voulez rester avec le corps ?

Je veux pas rester avec Tommy. Et je ne veux pas être ici seul si quelqu'un débarque avec la clé.

— C'est où ? je dis.

— Traversez le sanctuaire, passez les grandes portes doubles sur la droite de l'estrade. Au bout du couloir, vous aurez encore une double porte. Ensuite, la réserve est la première porte sur la droite. Il y a écrit PLACARD DU SAMARITAIN dessus.

— Quoi ?

— “Placard du Samaritain”. Première porte à droite.

Je m'apprête à partir, mais je m'arrête à la porte.

— Vous… vous allez pas vous tirer et me laisser avec un cadavre, hein ?

— Non. Et vous ?

— Non.

— Bien. Ai-je l'air de paniquer, Brian ?

En fait, il a pas l'air paniqué, plus maintenant. Je reconnais bien le gars qui a pas arrêté de m'envoyer chier dans les réunions du conseil du comté, ces derniers mois.

— Non.

— Alors, allez chercher les vêtements. Je ne crois pas qu'il y ait des serviettes de toilette, mais vous trouverez des chemises, des pulls, des choses comme ça. Prenez quelque chose pour enrouler autour de sa tête et couvrir son dos. Dépêchez-vous.

Je file dans l'immense salle de l'église. Ça fait un peu peur, tellement c'est silencieux et sombre, avec le spot qui fait un rond sur l'estrade juste à côté d'une grande croix. Je remonte l'allée dans le noir *j'avais huit ans, Maman était malade et ma tante m'a emmené à l'église pour prier pour elle et j'ai prié, et le vieux pasteur a dit "ne reste pas dans l'allée si tu veux être sauvé de l'enfer" et j'ai avancé et je suis venu jusqu'à l'autel et je lui ai demandé de prier pour moi et pour Maman et il a dit qu'il le ferait, mais il a dit "est-ce que tu veux être sauvé" et j'ai demandé "est-ce que c'est obligé" et il a dit "oui mais pas aujourd'hui, aujourd'hui je peux seulement prier pour toi et ta maman", et j'ai dit "merci"* et j'arrive aux doubles portes et je les passe. Il fait noir, mais comme certaines fenêtres sont visibles depuis la route, je préfère pas allumer. Je sors mon téléphone portable, l'écran éclaté donne encore de la lumière, et j'avance dans le couloir. Des ombres biscornues rebondissent sur les murs à chaque pas que je fais.

La porte à gauche porte une plaque RICHARD WEATHERFORD, PASTEUR PRINCIPAL. La porte à droite dit SALLE DE PRIÈRE. Ensuite, des toilettes pour hommes. Une fontaine à eau. Des toilettes pour dames. Plus loin, une porte à gauche où je lis SECRÉTAIRE. Accroché au mur, un poster d'un bébé qui dort dans un drapeau américain suspendu sur une croix. Ensuite une porte qui dit DUSTIN FIELDS, AUMÔNIER DES JEUNES.

J'arrive à une autre double porte. En aluminium avec des petites fenêtres. Je glisse un coup d'œil et je vois un autre long couloir sinistre. J'ouvre une des deux portes. À droite, une porte en bois avec une plaque : PLACARD DU SAMARITAIN.

Je l'ouvre. Il contient de grandes caisses en plastique rangées sur des étagères avec des étiquettes faites de scotch gribouillé au feutre. HAUTS GARÇONS, HAUTS FILLES, PANTALONS GARÇONS, PANTALONS FILLES, VÊTEMENTS BÉBÉS. Il y en a un paquet. J'en trouve une marquée PULLS et j'en sors deux ou trois bien pliés. Dans une caisse marquée DIVERS, je trouve une robe de chambre noire sans ceinture.

J'attrape le tout et je repars vers les doubles portes, et je suis déjà dans le couloir quand elles claquent derrière moi. Je pousse un cri de chien effrayé et je lâche mon portable. Il tombe à plat, l'écran contre le sol et il faut que je me mette à genoux sur la moquette et que je le cherche à tâtons. Quand je le retrouve, j'éclaire la porte. Je la regarde fixement jusqu'à ce que je sois sûr qu'il ne va rien se passer d'autre.

24

Richard Weatherford

Il y a eu un moment – je l'ai vu dans son regard – où il a compris que nous allions le tuer. Tommy a levé les yeux vers moi et son regard m'a clairement demandé *Allez-vous laisser une chose pareille arriver* et je sais qu'il a vu *Oui* sur mon visage. Avant cet instant, il ne lui était jamais venu à l'esprit que Brian et moi accordions plus de valeur à notre situation qu'à sa vie.

Cela ne m'était jamais venu à l'esprit non plus.

Maintenant, la réalité du danger dans lequel je me trouve m'a brutalement rendu ma lucidité. Je suis conscient de ce qui doit être fait et je suis conscient du danger que ce cadavre représente pour moi. La perspective de sa découverte m'envoie une décharge électrique dans le corps et clarifie ma pensée. J'ai peur mais je n'éprouve pas de panique. Je sais, très simplement et très nettement, que ce sont les heures les plus dangereuses que j'aie jamais vécues.

La sueur me couvre comme une nouvelle couche de peau. Mon corps est une évidence criante. Ma respiration et mes boyaux et mon sang. Je suis vivant. Malgré le danger dans lequel je me trouve – non, à cause du danger dans lequel je me trouve –, je ne me suis jamais senti aussi intensément vivant. J'ai toujours considéré le corps comme un carcan humiliant de maladie et de douleur, mais maintenant, enfin, *enfin*, je me rends compte que je ne suis rien d'autre qu'un corps.

Mes sens sont en éveil. Je suis envahi par les odeurs de produits ménagers, de sang et de sueur. Le silence de l'église est ponctué par ma propre respiration, et les chuchotements et craquements du bâtiment.

Jusqu'à ce moment, j'ai vécu ma vie dans l'avenir, dans des rêves, des peurs, des espoirs et des angoisses. J'ai vécu dans la perspective de demain, de l'année prochaine, de l'éternité elle-même.

Mais là, penché sur cet homme mort, je me rends compte à quel point je me suis trompé.

Je contemple sa main recroquevillée, puis ma main.

Nous sommes de la viande destinée à l'abattoir.

25

Brian Harten

Il est exactement là où je l'ai laissé et il regarde fixement sa main comme un abruti complet.

Et il y a Tommy mort par terre *Tommy au bar qui ouvre des cacahuètes avec une main en balançant la coque avec son petit doigt et qui jette la cacahuète dans sa bouche avec son pouce, Tommy qui rit tellement fort qu'il essuie des larmes* et j'ai tellement envie de pisser. La porte des toilettes pour dames est ouverte, je lâche les vêtements et je la pousse et j'ai à peine le temps de sortir ma queue. La pisse se déverse et j'en suis tout étourdi.

Je tire la chasse et je ressors, pour trouver le pasteur penché sur Tommy, en train d'enrouler la robe de chambre autour de sa poitrine.

— Je sais pas, mec, je dis.

Il tire sur le tissu.

— Il n'y avait pas de ceinture pour cette robe de chambre ?

— Non.

— C'est vraiment dommage. Ça aiderait bien pour la faire tenir.

— J'ai dit que je sais pas, mec.

— Qu'est-ce que vous ne savez pas ?

— Tout ça. Je l'ai tué, putain. Putain, j'ai tué Tommy. Je veux dire…

Il hoche la tête comme s'il avait déjà entendu ça, comme si ça faisait partie du boulot de pasteur.

— Vous vous êtes éloigné quelques minutes, il explique, l'esprit et l'attention occupés par une autre tâche. Maintenant que vous êtes revenu ici, vous êtes choqué par la réalité de tout ça. C'est compréhensible. Mais rien n'a changé depuis le moment où vous avez quitté la pièce. La situation ne s'est pas améliorée et elle n'a pas empiré. Rien n'a changé. Nous sommes toujours obligés de la gérer.

Il sort un T-shirt de la pile et l'enroule autour de la tête de Tommy comme un sac, avant de nouer le bas. Il l'observe un instant, se lève et va dans la salle de bain, ouvre la porte du placard sous le lavabo et sort une boîte de petits sacs-poubelle en plastique. Il retourne auprès de Tommy, s'accroupit, et après avoir enfilé deux sacs comme des gants, il commence à en passer un troisième sur la tête de Tommy.

Quand je vois sa tête emballée comme ça, je ne peux plus respirer. J'ouvre grand la bouche pour trouver de l'air.

Le pasteur me lance un coup d'œil et hoche la tête tout seul. Sa voix est calme.

— Ne regardez pas. Regardez le mur. Bien. Prenez une inspiration. Peut-être que vous vous sentirez mieux si nous discutions de notre plan.

J'arrive enfin à prendre une bouffée d'air et je la laisse ressortir lentement. Ensuite je dis :

— On a pas de plan.

— Oui. Bon. Eh bien, concevons un plan.

— Qu'est-ce qu'on va faire, mec ? Je sais pas…

— Cela dépend de ce qu'on veut qu'il se passe ensuite. Si la police le trouve ici, nos vies sont finies. Votre vie telle que vous la connaissez est finie.

— Putain de bordel de Dieu.

— Oui. Exactement. Putain de bordel de Dieu. (Il hoche la tête.) Je me suis toujours demandé pourquoi le blasphème séduisait tant. Maintenant je comprends. C'est une manière de faire descendre le Tout-Puissant jusqu'à notre niveau.

— Mais putain, qu'est-ce que vous racontez ?

Il me fait signe de laisser tomber.

— C'est assez simple, Brian. À moins que vous ne vouliez aller en prison dès ce soir, il faut qu'on se débarrasse de ce corps.

— Mais on peut pas juste le balancer quelque part un peu plus loin.

— Non, on ne peut pas. Alors, réfléchissons. Comment vous êtes arrivés ici ? Ensemble ?

— Ouais, dans son pick-up.

Il réfléchit.

— Où est-il ?

— Garé sur le côté.

— Sous les arbres.

— Ouais.

— Bien. C'est bien. C'est un endroit bien caché, qui n'est pas visible depuis le côté nord de la US-65. Ce qui signifie que seulement les gens venant du sud pourraient le voir, et je crois qu'il faudrait vraiment qu'ils regardent. Alors il y a de bonnes chances pour que, surtout à cette heure de la nuit, personne ne vous ait vus.

Je prends de l'air et je baisse les yeux. Il a emballé la tête écrabouillée de Tommy dans un T-shirt pour éponger le sang et ensuite dans un sac en plastique pour récupérer ce qui coule. Il noue le sac autour du cou de Tommy. Et ça me frappe en pleine gueule à nouveau. Tommy est mort. Je le connais depuis des années et il est mort.

— Je l'ai tué…

— C'était de la légitime défense. Comme vous l'avez dit, vous étiez obligé de le faire. Si nous l'avions laissé brandir cette chose sur nous…

— Je… Je l'ai tué.

— Nous l'avons tué. C'est ce qu'un jury dirait.

— Bon Dieu. (Je me frotte la figure et ma main dégouline de sueur.) Je savais que quoi qu'il arrive d'autre entre vous, je serais baisé. Je perdrais le magasin, mes gosses, et j'irais probablement en prison.

Le pasteur s'interrompt et me regarde.

Je dis :

— Mais maintenant, je pense qu'on est baisés.

— Ne parlez pas comme ça. Nous pouvons encore arranger ça.

— Non, mec. Regardez, je crois…

— Arrêtez, Brian. Ne dites rien. Nous avons tous eu l'occasion de faire ce qu'il fallait et personne ne l'a saisie. Tommy, vous, moi. Nous tous. Cette occasion est passée et maintenant, nous gérons les conséquences. Vous voulez vraiment aller en prison ? Qu'arrivera-t-il à vos enfants ?

J'ai chaud au visage.

— Ne parlez pas de mes enfants, mec. Vous vous foutez complètement de moi ou de mes enfants.

— J'importe peu, Brian.

Toujours avec les sacs en plastique sur les mains comme des gants, il enlève la ceinture de Tommy et s'en sert pour serrer la robe de chambre autour de son torse ensanglanté.

— Ne pensez pas à moi du tout. Je ne me préoccupe pas de vous et vous ne vous préoccupez pas de moi. Très bien. Alors oubliez-moi. Demandez-vous ce qui va vous arriver, et ensuite, prenez votre décision. C'est ce que je vais faire.

— Qu'est-ce que ça veut dire ?

Il lève les yeux et embrasse toute l'église d'un seul regard.

— Ça veut dire que je ne vais pas ficher ma vie en l'air ce soir. Et vous ne devriez pas non plus. Nous pouvons encore arranger ça.

— Je sais pas ce que vous racontez, mec. Tommy est mort. On n'y peut plus rien.

— Si, on y peut quelque chose.

— Comment ?

— Nous mettons son corps dans son pick-up et nous l'emmenons au pont.

— Bon sang.

— Et nous le jetons du pont.

— Putain de bordel de Dieu. On ira en prison. N'importe qui voit bien qu'il a été assassiné.

— Oui, mais on peut faire en sorte qu'on croie que c'est quelqu'un d'autre.

— Qui ?

— Gary Doane et Sarabeth Simmons.

— Sarabeth ? La belle-fille de Tommy, c'est ça ?

— Oui. Et son petit ami.

— Gary Doane, c'est le gamin qu'a perdu les pédales…

— Oui. Exactement. Tout le monde sait qu'il a des problèmes psychologiques. Et elle n'est rien qu'une traînée.

— Mais pourquoi leur mettre ça sur le dos ?

— Parce que l'argent est pour eux.

— L'argent… est pour eux ? Pourquoi ?

Le pasteur prend une grande inspiration.

— Parce que j'ai couché avec Sarabeth. Ils me faisaient chanter.

— Oh, bon Dieu…

— Vous allez m'aider à porter le corps jusqu'au pick-up. Le plan est parfait. Nous balançons le corps, ensuite je donne l'argent à Gary et Sarabeth et ils quittent la ville avec le pactole. Ça fera d'eux les principaux suspects, vous ne croyez pas ?

— Ouais, sauf qu'ils diront que c'est vous qui leur avez donné l'argent. Ils diront que c'est vous.

Il hausse les épaules. Il est tellement calme maintenant qu'il peut même hausser les épaules, putain.

— Et je dirai que ce n'est pas vrai.

— Je sais pas, mec.

Il secoue la tête.

— Mais moi, je sais, Brian. Vous allez m'aider à balancer Tommy du haut du pont et ensuite, vous allez rentrer chez vous et ensuite, il ne vous arrivera rien de mal. Si la police vient me parler, je gérerai.

— Putain, je suis censé vous croire sur parole ?

— L'autre option, c'est appeler la police et aller en prison. Nous pouvons rentrer chez nous ce soir ou aller en prison ce soir. Je sais ce que je choisis.

J'essaye de réfléchir, mais c'est tellement dur. Il a tellement de sang-froid. Il se remet debout. On croirait jamais qu'il a un mort à ses pieds. Il est calme, et c'est bizarre, mais ça me fait me sentir un peu mieux. C'est comme si on était tous les deux perdus, mais au moins lui, il a une idée de l'endroit où il faut aller.

Et Bud dans l'histoire ?

— Le shérif m'a vu avec Tommy, je lui dis.

— Quand ?

— Ce soir. Il y a une heure, environ.

— Vous lui avez parlé ?

— Ouais.

— Qu'est-ce que vous lui avez dit ?

— Rien, en réalité. Mais il croyait qu'on était à la recherche du fric, c'était clair.

— Il savait que vous veniez me voir ?

— Non.

— Bien. Alors si on vous demande ce qui s'est passé, vous dites que Tommy vous a déposé à l'église. Et je vous couvrirai. Vous êtes venu à l'église et nous avons parlé du vote et Tommy est parti à la recherche de Gary et Sarabeth.

Ça colle. Je pourrais faire ça. Le pasteur et moi, on parlait à l'église et Tommy est parti à la recherche des gamins qui lui ont piqué son fric.

Le pasteur dit :

— C'est bien. Ça va marcher. Vous et moi, on a un alibi. Tommy vous a déposé. Et je l'ai vu partir au volant de son pick-up. Je suis un alibi parfait pour vous et vous êtes un bon alibi pour moi.

Je sais pas quoi faire d'autre. Je hoche la tête.

Le pasteur me regarde comme s'il comprenait, comme s'il était mon père en train de me réconforter dans un moment difficile.

— Ça sera bientôt fini, il dit.

— Je...

— Tout va bien se passer, Brian. Rien ne pourra ramener Tommy. Alors il faut que nous pensions à ce qui est le mieux pour nous et ce qui est le mieux pour nos familles. Nous pouvons y arriver.

— Ouais...

— Nous lisserons les détails plus tard, mais là, il nous faut agir. D'accord ?

— D'accord. Oui.

Je me penche lentement et je remonte les chaussettes de Tommy parce que je veux pas toucher ses jambes nues. C'est dense comme sensation. Bizarre et dense. Ses chaussettes sont encore trempées de sueur. Le pasteur l'attrape sous les bras et on le soulève. Lourd. On grogne. J'ai l'estomac retourné parce que Tommy dégouline de pisse et de merde dans sa robe de chambre. Le pasteur grogne.

— Attendez une seconde, dit-il, et on pose Tommy par terre.

Le pasteur scrute la route et déverrouille la porte.

— Le pick-up est dans le parking sur le côté ?

— Oui.

— Bien. Une fois qu'on arrivera au pick-up, grâce aux arbres et à la pénombre, il y aura peu de chances qu'on soit vus depuis la route. La seule chose dont nous devons nous préoccuper, c'est le court trajet entre ici et le pick-up.

Je hoche la tête.

Il examine à nouveau la route.

— Nous y sommes, il dit. On fonce.

— OK.

Il pousse la porte et nous sommes dehors. L'air est froid et Tommy est lourd et j'ai de nouveau envie de pisser. Mes mains sont en sueur et mes jambes me brûlent et j'ai peur de le laisser tomber. *Qu'est-ce qu'on fait, là ?* On traverse le parking, on arrive sous les pins et on le pose par terre. Pendant que le pasteur fouille dans les poches de Tommy à la recherche des clés, j'essaye de retrouver mon souffle. Le pasteur glisse les clés dans sa poche de chemise et abaisse le hayon. Ensuite, on hisse péniblement Tommy à l'arrière du pick-up.

— La batte, dit le pasteur. (Il me regarde intensément une minute, et finit par dire :) Je reviens tout de suite.

Puis il retourne en courant dans l'église pour récupérer la batte.

Et maintenant je suis seul, debout à côté du pick-up dans la nuit et Tommy est mort et les sauterelles et les grillons font tellement de bruit ce soir qu'on dirait qu'ils me crient dessus.

Voilà l'occasion pour toi de filer.

Peux pas. Pas d'endroit où aller. Faut le faire. Faire ce qui est le mieux pour moi. Pour les gosses.

Regarde l'église. Elle est tellement grande. S'il dirige un truc aussi grand, c'est qu'il sait ce qu'il fait.

Il revient avec la batte et la jette dans le plateau du pick-up et elle cogne contre Tommy. Il monte sur le camion et défait la robe de chambre, sort les bras des manches et défait le sac et tous les trucs sur la tête de Tommy. Ensuite il remet à Tommy sa ceinture, avec le holster vide sur sa hanche.

— Je jetterai tout ça, il dit en désignant la robe de chambre et le sac en plastique. Il faut qu'il aille dans l'eau avec rien d'autre que ses vêtements.

Je hoche la tête.

— Montez, il dit en descendant du plateau.

Il est tellement calme. J'arrive à peine à aligner deux idées et il est tellement putain de calme.

Je monte à la place passager, il prend le volant et il démarre. Nous sortons du parking et prenons la contre-allée.

Au bout du chemin, là où il va rejoindre la route, il y a un petit bosquet d'arbres que je n'avais jamais remarqué et il se gare là et coupe le moteur. Je regarde vers le pare-brise arrière et Tommy est allongé là dans le clair de lune, et se voit comme le nez au milieu de la figure.

— N'importe qui peut le voir.

— Personne ne le verra, dit le pasteur.

26

Richard Weatherford

De l'endroit où nous sommes garés dans les arbres, nous pouvons voir l'autoroute qui descend la colline et passe devant l'église, traverse le pont puis contourne le centre-ville vers le nord. Un camion arrive au col, il se dirige vers nous. En même temps, des phares au loin approchent de la ville.

— OK, je dis. Après le passage de cette voiture et de ce camion, on y va. Il faut qu'on fasse vite. Pas question de rester sur le pont plus longtemps que nécessaire. Alors, dès que j'ai mis le pick-up sur PARK, on sort, on l'attrape et on le balance.

Je jette un coup d'œil à Brian pour voir s'il comprend. Il est en train de me dévisager.

— Quoi ?

Il secoue la tête.

— J'arrive pas à croire que c'est vous.

Je reporte mon attention sur la route. Le camion descend à bonne vitesse et croise la voiture qui arrive par le pont. Les feux arrière du camion disparaissent dans la nuit. La voiture monte la côte.

— Je ne suis pas moi-même, là, tout de suite, lui dis-je.

Il semble accepter ma réponse, puis tout à coup, il demande :

— Qui êtes-vous ?

Je manque d'éclater de rire.

— Alors, c'était que des conneries tout ça ?

— Quoi ?

— Tout votre truc chrétien. Tout ce temps. Tout ce que tout le monde pense de vous. Vous faisiez semblant ? Le vrai vous, c'est celui-ci ?

— Préparez-vous, dis-je.

La voiture disparaît derrière le col dans un chuchotement, je démarre le moteur et nous partons.

27

Brian Harten

Le pick-up bondit dans le noir. J'ai envie de fermer les yeux mais je ne peux pas. Sans phares, la nuit est aussi bleue qu'un hématome et on dirait que je suis poussé par l'arrière. La route et les arbres et le pont et l'eau, noirs.

Au milieu du pont, le pasteur freine. Il se range tout près de la rambarde, tellement près que j'ai du mal à sortir. J'ai traversé en voiture ce pont un million de fois, mais je ne me suis jamais trouvé debout dessus. Dans le noir, on dirait qu'on est à un kilomètre au-dessus de l'eau qui clapote. On va à l'arrière en courant, on abaisse le hayon et on attrape chacun une jambe. Je regarde par-dessus mon épaule. Pas de voiture qui arrive. On traîne Tommy pour le sortir du plateau, on le dresse et on le cale contre la rambarde. Ensuite, on le soulève et on le passe par-dessus et il s'éloigne de nous. Une chaussure vole dans la nuit. J'arrive à distinguer son polo rose quand il tombe dans la rivière.

L'eau emporte son corps et il disparaît sous le pont et l'arrière de ma tête explose

Crac

non, j'essaye de crier, arrêtez

crac crac

rambarde

par-dess

air
peux pas crier
de l'eau partout
n

28

Richard Weatherford

J'ESSUIE la batte ensanglantée avec la robe de chambre et je la balance par-dessus la rambarde après Brian. Ensuite je jette la robe de chambre à l'arrière du pick-up et je cours vers la portière ouverte. Je dois manœuvrer en trois temps pour reprendre la direction de l'église. Le pistolet, l'argent et le portable de Weller tombent bruyamment du siège. Je ne croise aucune voiture jusqu'à mon retour dans la contre-allée.

Je suis essoufflé quand je sors du pick-up, et marquant une pause pour retrouver ma respiration, j'examine le parking. Pas d'autre véhicule que le mien.

Je récupère les objets tombés sur le plancher, entre dans l'église en courant et referme toutes les portes à clé derrière moi. Je devrais être seul. Pas une seule des personnes qui ont la clé n'a de raison de venir si tard. Je regarde mon portable. Pas de nouveau message.

Du sang dans l'entrée.

J'attrape du savon à main liquide dans les toilettes et je traverse précipitamment le sanctuaire plongé dans le noir. En passant à côté de l'orgue installé à droite de l'estrade, j'entre dans le vestiaire du baptistère et j'ai un mouvement de recul quand je vois mon reflet dans le miroir. Le sang séché de Tommy Weller et de Brian Harten constelle mon visage comme des taches de rousseur. Je me déshabille complètement, je récupère des serviettes de toilette et je monte les escaliers jusqu'au baptistère. Je fais couler l'eau chaude et je me lave avec du savon. Avec les serviettes, je nettoie le baptistère. Le sang part facilement. Je sais bien sûr que je n'ai aucun moyen de faire disparaître toutes les preuves microscopiques de mes crimes, et ce serait une perte de temps d'essayer. Il vaut mieux me laver, nettoyer la scène et espérer que les morts de Weller et d'Harten ne conduiront pas la police jusqu'ici. Mon meilleur rempart, c'est que personne n'a de raison de me soupçonner. Personne n'a de raison de venir ici chercher des preuves de meurtres, ici encore moins qu'ailleurs.

Après m'être lavé avec soin, je prends une serviette sèche et je l'attache autour de ma taille. Je fonce jusqu'au placard du concierge, je prends le produit de nettoyage ultra puissant et un sac poubelle noir et je transporte le tout dans l'entrée. La serviette n'arrête pas de tomber, alors je l'enlève pendant que je frotte tout du sol au plafond. Je lave les vitres, je récure les sols à quatre pattes, je lessive les murs et les portes. J'enlève la dalle endommagée du plafond et je la descends dans la benne à ordures. Je la casse en quatre morceaux avant de la jeter. En remontant, j'en attrape une dans la réserve au sous-sol. Je la mets en place avant d'allumer les lumières pour pouvoir inspecter les lieux en détail. Je trouve que tout a l'air normal, et j'éteins les lumières.

Ensuite je me lave une deuxième fois, je me sèche, je jette tout dans le sac poubelle et je vais dans mon bureau. J'y ai une tenue de rechange que je porte sous ma robe pastorale quand je baptise des convertis. C'est juste un T-shirt gris ordinaire, un jean, un caleçon et des chaussettes que je garde dans mon placard. Je m'habille et je descends le sac poubelle en bas, dans l'autre cagibi du concierge, où nous avons la machine à laver et le séchoir. Ils nous ont été offerts par testament par la vieille Mme Rutherford il y a deux ou trois ans parce qu'elle se tracassait du fait que les gens venant de se faire baptiser soient obligés de rapporter des vêtements mouillés chez eux. C'est drôle, les choses qui préoccupent les gens. La vérité est que nous ne faisons pas assez de baptêmes pour justifier ce genre d'équipements, mais c'est pratique de les avoir pour laver les serviettes et le linge de table. Lors de la dernière mauvaise saison de tornades, nous avons pu aider plusieurs familles qui n'avaient plus de courant.

Nous avons un bidon de Tide Ultra, que Penny a acheté exprès pour pouvoir enlever les taches de faux sang sur les costumes de Pâques. Je mets à tremper mes vêtements, les serviettes et la robe de chambre dans laquelle j'ai enveloppé Tommy.

Ensuite je mets la machine en route. Je ne sais pas si les taches partiront complètement, mais en tout cas, elles seront moins visibles. Quand tout sera lavé et séché, je les plierai et les rangerai en bas de mon placard, dans mon bureau, avant de pouvoir mettre l'ensemble dans un sac que je jetterai dans la benne à ordures juste avant le ramassage lundi.

Je monte l'escalier en courant et examine les lieux une dernière fois. J'allume les lumières et je cherche des taches sur le sol dans le sanctuaire et dans les couloirs, mais je n'en vois pas. Quand même, je décide d'appeler dès lundi l'entreprise de nettoyage des tapis.

Je monte les marches du baptistère, j'inspecte les lieux et j'éteins les lumières dans le vestiaire.

Je retourne dans le sanctuaire et je vérifie la mise en scène pour Pâques.

Tout est en ordre.

Faisant défiler les contacts sur le portable de Tommy, je la trouve. Sarabeth Simmons.

Je regarde ses derniers SMS pour avoir une idée de sa manière d'écrire à lui. Les caractéristiques principales de son style sont des majuscules omniprésentes, une incapacité à faire la différence entre *ses* et *ces* et l'absence totale de ponctuation à l'exception d'un usage abusif du point d'exclamation.

Je m'assois au premier rang à côté du pistolet de Tommy.

J'envoie un SMS à Sarabeth.

29

Sarabeth Simmons

Je suis en train d'emballer mes dernières affaires quand mon portable bipe. Ça me fait sursauter. Même s'ils n'ont pas mon numéro, j'ai peur que ce soit les parents de Gary. Je le prends et je lis.

— Putain, mais d'où ça sort ?

— Quoi ? demande Gary en se séchant les cheveux avec une serviette.

Je lui montre.

— Regarde ça.

Ça vient de Tommy. "Il faut que je te parle."

Gary fronce les sourcils.

— Qu'est-ce qu'il veut ?

— J'en ai pas la moindre idée. Peut-être qu'il veut pas que je parle à ma mère de ce qui s'est passé ? Ça me surprendrait pas qu'il préfère que je dise rien. Putain, quel salopard.

Je lui réponds : "Après c'que t'as fait ? va te faire foutre"

Une seconde plus tard, il écrit : "C'EST IMPORTANT !"

Je réponds direct "Te faire foutre c'est important"

Celle-là lui en bouche un coin, mais au bout d'une minute environ il envoie "C'EST À PROPOS DE L'ARGENT".

— Alors ? demande Gary.

Je lui montre.

On se regarde une seconde.

— Qu'est-ce qu'il veut dire ? je demande.

Gary s'assoit sur mon lit. Sa peau est encore rose à cause de la douche.

— Il ne parle pas de l'argent du pasteur. Il n'est pas au courant.

— Non.

— Demande-lui de quoi il parle.

"Quel argent", j'écris.

Je manque me chier dessus quand il répond "TU SAIS QUEL ARGENT".

Gary dit :

— Il veut forcément parler de l'argent qu'on va avoir du pasteur.

— Mais il ne sait rien de ça.

— T'es sûre ? T'as rien laissé échapper ?

— Non, bien sûr que non. Je suis pas débile. J'ai rien dit à personne. Et si je voulais le dire à quelqu'un, ce serait pas lui. Tu es sûr que t'as rien dit non plus ?

— Non, bien sûr que…

Le portable bipe à nouveau. Tommy en a eu marre d'attendre. "TU SAIS QUEL ARGENT ! L'ARGENT QUE GARY ET TOI VOUS AVEZ CRU VOUS FAIRE AUJOURD'HUI ! FAUT QU'ON SE VOIE !"

— Merde, jure Gary. Il sait.

— Je comprends pas comment.

— Peu importe. Qu'est-ce qu'il mijote ? Il devrait s'en foutre, non ?

— Ben, il essayerait pas de nous empêcher de le récupérer, mais sûrement qu'il veut en piquer une partie pour se la garder.

Gary me regarde bêtement.

— Vraiment ?

— On répond quoi, à ton avis ? Il veut qu'on se voie.

Gary secoue la tête.

— Je ne veux pas le revoir.

Je sens bien qu'il a peur de se faire tabasser à nouveau, mais j'ai plus peur que Tommy se foute en pétard et qu'il fasse foirer tout notre plan. S'il commence à en parler à des gens, ça pourrait vraiment mal tourner.

— Gary, s'il est au courant, faut qu'on aille lui parler. Comme t'as dit, on est dans un plan totalement illégal. On va en prison pour des trucs comme ça. Alors, il faut qu'on lui parle. Il va rien dire par SMS ou au téléphone, et je crois qu'on devrait faire pareil, nous aussi. Alors, on y va et on voit ce qu'il sait.

Il hoche la tête.

— OK.

— OK ?

— Ouais, OK. Demande-lui où il veut qu'on se retrouve.

30

Gary Doane

Je laisse la clé sur le contact, j'attrape mon sac et je sors rapidement de la voiture de ma mère pour monter dans celle de Sarabeth. Je n'ai pas besoin de courir, pourtant. Je sais qu'ils sont encore au lit. Tandis que Sarabeth remonte lentement la rue tranquille dans laquelle j'ai grandi, je jette un coup d'œil à ma maison, silencieuse et plongée dans la pénombre, la seule lumière étant celle du porche, que mon père a laissée allumée pour moi. Je prends la main de Sarabeth.

On ne dit rien et elle nous ramène vers la ville. Elle ne met pas la radio, alors on reste dans le silence, en se tenant par la main, à écouter le vent siffler autour de la voiture.

Tout paraît différent. D'une certaine manière, on a l'impression qu'avant aujourd'hui, c'était pas sérieux. Je suis émerveillé par ce nouveau sentiment. Je l'aime. Elle m'aime. Je ne me suis jamais senti aussi proche de quelqu'un qu'en ce moment. Je sais que je peux compter sur elle, et elle sait qu'elle peut compter sur moi. Quelle chose extraordinaire, tellement simple, mais qui a l'air bien réelle, un ancrage solide.

Qu'est-ce qu'on était donc, avant? Une si grande partie de notre relation était basée sur des rancunes partagées. Nous détestions les mêmes personnes. Quand nous avons commencé à parler de Richard, j'ai été surpris par la colère qui nous animait l'un et l'autre. Que nous avait-il fait, à ce moment-là ? Rien, en réalité. Il avait essentiellement célébré l'hypocrisie de la ville. Il avait béni les mensonges que les gens d'ici se racontent. Il leur disait qu'ils étaient de bons, de respectables chrétiens, peu importait la petitesse et la mesquinerie de leur vie. Nous le détestions pour ça.

Nous partagions cette haine. Nous haïssions la ville, nous voulions nous éloigner de nos parents, et nous voulions nous réveiller ailleurs. Nous partagions tout ça.

Mais je ne savais pas que je l'aimais avant maintenant.

Est-ce qu'elle se servait seulement de moi ? Au début, certainement. Sarabeth a enduré beaucoup de choses. J'ai pas mal souffert ici, mais je sais que ça a été pire pour elle. Mes parents ne sont pas parfaits, mais je sais qu'ils m'aiment. Qu'est-ce qu'a eu Sarabeth ? Une mère indifférente qui se maque toujours avec des ivrognes et des sales types. Sarabeth a fait ce qu'il fallait pour survivre. Mais les choses ont changé maintenant. Elle m'aime et je l'aime.

Et là, nous y sommes. J'ai besoin d'être fort pour elle. Elle a besoin d'être forte pour moi. Nous quittons la ville ce soir, un point c'est tout. Nous appellerons le pasteur. Soit il me donne tout mon argent ce soir, soit il nous en donne assez pour prendre la route. Il peut nous envoyer le reste par mensualités. C'est l'idée de Sarabeth. Malin.

Mais d'abord, il faut qu'on voie Tommy une dernière fois. Il faut qu'on comprenne ce qu'il sait. S'il entreprend quelque chose, on gérera, et on gérera ensemble.

Je la regarde.

Pendant un moment, elle ne le remarque pas. Elle est concentrée sur la route, sur l'endroit où on va. Quand elle me voit enfin la fixer bêtement, elle sourit :

— Quoi ?

— Je t'aime, Sarabeth.

Elle sourit, me presse un peu la main. Elle me regarde :

— Ah ouais ?

— Ouais.

Elle secoue la tête.

— Ça m'épate, dit-elle. (Elle serre ma main.) Vraiment.

Je lui souris.

Elle pose ses deux mains sur le volant. Le tableau de bord se reflète dans ses yeux mouillés.

— Me fais pas pleurer, dit-elle avec un petit rire. Garde ça pour plus tard.

31

Sarabeth Simmons

QUAND j'arrive au pont, je prends la toute petite route de terre qui descend vers la rivière, là où Tommy veut qu'on se retrouve. Le genou de Gary se met à tressauter comme chaque fois qu'il est nerveux. Je pose une main sur sa jambe, et il sourit et hoche la tête. La route contourne la colline, cachant la lune de mon côté, mais par la vitre du côté de Gary, j'aperçois son reflet qui rebondit sur l'eau. Quand j'arrive au virage, des phares sortent du noir et foncent droit sur nous.

Je donne un coup de volant pour éviter le pick-up, mais comme je fais ça, la route disparaît. Je crie. Je ne peux pas bouger, j'arrive pas à enlever mon pied de l'accélérateur. Gary essaye d'attraper le volant, mais on est déjà en train de dégringoler la pente à toute vitesse. Des jeunes arbres se cassent sur la voiture et des branches de pin giflent le pare-brise. On se prend un arbre mais on s'arrête pas. On va trop vite. L'arbre se couche, écrasé sous la roue avant côté conducteur et on se retourne.

L'instant est mouvement, lumière opalescente, impact, verre qui m'éclate au visage et on s'arrête brutalement.

Je ferme les yeux pour que ça cesse de tourner.

J'ai un goût de terre mouillée dans la bouche. J'entends la rivière qui coule tout près, imperturbable.

Quand j'ouvre les yeux, Gary est à moitié sorti de la voiture et j'essaye de crier mais j'arrive pas à trouver de l'air.

Un homme s'approche de la voiture.

Le pasteur.

Il nous regarde. Il a l'air effrayé. J'essaye de le supplier de nous aider, mais ma bouche n'est plus que sang et terre et verre.

Il va du côté de Gary et se penche dans la voiture.

j'essaye de lui parler
pas d'air
des ailes de moustique qui hurlent dans mon oreille
du sang plein mes yeux
pas d'air
j'entends plus la rivière
entends plus le moustique
le clair de lune devient rouge
puis noir

32

Richard Weatherford

JE monte les marches à pas de loup, aussi silencieusement qu'un voleur, mais je tremble tellement que je dois m'arrêter avant d'atteindre ma porte et m'agripper à la balustrade. Je ne sais pas si ce sont les nerfs ou l'épuisement. J'ai juste envie de m'écrouler sur mon lit et de dormir, mais je ne sais pas si je pourrai. À cette minute, j'ai l'impression que je ne réussirai plus jamais à trouver le sommeil.

Je ferme les yeux et j'attends que passe une vague d'étourdissement.

Quand je suis prêt, je sors la clé de ma poche. J'actionne la poignée de la porte aussi doucement que la serrure d'un coffre-fort. Au moment où je referme discrètement la porte, je me rends compte que Penny est assise dans le canapé du salon.

Elle me regarde fixement dans la faible lueur d'une seule lampe posée sur le guéridon. Même l'éclairage de l'escalier, que nous laissons toujours allumé la nuit, a été coupé. Aucune lumière n'est visible au premier, là où nos enfants dorment, perdus dans leurs propres rêves ou cauchemars.

Les mains de Penny sont posées sur ses cuisses, ses pieds nus bien à plat sur le plancher. Elle attend que je parle.

À mi-voix, je lui demande :

— Qu'est-ce que tu fais, tu n'es pas encore couchée ?

Elle se lève. Elle n'est pas en tenue de nuit et elle porte le même jean et le même pull gris anthracite depuis ce matin.

— Viens par ici, Richard.

Elle m'emmène dans le couloir et ouvre la porte du sous-sol. Elle allume et commence à descendre l'escalier.

— Ferme la porte, dit-elle.

Je referme la porte derrière moi et je la suis dans l'escalier en bois. Arrivée en bas, elle se retourne. Elle a l'air toute petite au milieu des grandes caisses empilées jusqu'au plafond. Elle croise les bras.

— Dis-moi.

— Quoi ?

Elle secoue la tête comme pour dire que “quoi” ne suffit plus, désormais.

— Dis-moi, Richard. Dis-le-moi, c'est tout. Dis les mots à haute voix. Fais-moi plaisir, après toutes ces années, dis les mots à haute voix.

Il faut que je cale bien mes pieds et que je prenne bien mes appuis avant d'arriver à prononcer :

— OK.

— Tu me trompes.

— Oui.

Les lèvres pincées, elle hoche la tête. Déglutit.

— Ce n'est pas ça, n'est-ce pas ? demande-t-elle. Ce n'est qu'une partie de l'histoire ?

— Oui.

— Dis-moi le reste.

Il y a un léger bourdonnement dans mon oreille droite et le sang qui tambourine dans mes tempes. Les muscles entre mes épaules sont totalement noués. Je n'arrive pas à me résoudre à lui mentir. Je suis trop épuisé, trop rincé sur le plan émotionnel. La journée tout entière est en train de me rattraper. Et elle ne bronche pas. Elle a exigé la vérité et il n'y a plus aucun moyen de me soustraire à l'aveu.

Je prends une inspiration et je dis :

— Je nous ai tous mis en danger.

Elle se contente de me dévisager, la mine sombre. La seule preuve qu'elle ressent quelque chose est la respiration qu'elle prend avant de dire :

— Qu'est-ce que tu as fait ? (Elle examine de plus près mon visage, mes vêtements, mes mains.) Dis-moi.

Je hoche la tête, mais je ne sais toujours pas comment lui confesser ce que j'ai fait.

Elle demande :

— Qui as-tu vu ce matin ?

J'inspire profondément et j'expire lentement.

— Gary Doane.

Son expression ne change pas. Son regard se porte sur un de mes yeux, puis sur l'autre. Ensuite elle ferme les siens quelques instants. Elle hoche la tête en réaction à une pensée qu'elle n'exprime pas à voix haute.

— Dis-moi le reste, dit-elle. Tout le reste. Ne m'oblige pas à te tirer les vers du nez.

Je lui dis. Je lui dis tout, Dieu m'en soit témoin. Je n'essaye pas d'inventer. Je lui raconte simplement, en commençant par l'appel téléphonique de Gary ce matin, tout ce qui s'est passé.

Au départ, son visage se durcit en une fureur glaciale. Elle me dévisage, la mâchoire serrée, les bras croisés sur son ventre, comme si elle tenait son estomac. Je suis entré dans la maison ce soir comme son mari et quelques instants plus tard, je suis un homosexuel qui a commis l'adultère. Maintenant je suis aussi un pasteur corrompu qui magouille autour de questions politiques avec Brian Harten. Elle reçoit l'histoire tellement rapidement qu'elle est incapable d'en intégrer les éléments. Mais je ne peux pas m'arrêter pour lui donner le temps de comprendre. Je n'ai pas des heures et des heures à consacrer à une conversation sur l'adultère. L'accident était visible depuis le pont. La police est probablement déjà sur place. Il faut que je l'amène du simplement douloureux au véritablement épouvantable.

— Brian a volé l'argent à Tommy Weller. Quand Weller a découvert que c'était Brian, il est venu nous accuser.

Son visage est livide, mais sa voix ne tremble pas quand elle demande :

— Et que s'est-il passé ?

— Brian a tué Tommy.

Elle ouvre grand la bouche.

— Et ensuite, dis-je, les yeux pleins de larmes, pour me défendre, j'ai tué Brian.

Alors même que ma voix se brise quand je prononce cette phrase, je suis surpris par cette poussée d'émotion, comme si désormais une partie de moi observait à distance mes propres ressentis comme les mouvements des nuages d'orage à l'horizon.

Elle porte sa main droite à sa bouche. Son regard se pose sur mes vêtements.

— Tu me dis la vérité ?

Je hoche la tête. Je m'éclaircis doucement la voix.

— Oui. Je suis désolé. Je suis tellement désolé, Penny.

— Et Gary ? Où est-il ?

— Il est mort aussi. Sarabeth et lui, tous les deux. Ils… ont eu un accident.

— Richard…

Elle plaque sa main plus fort sur sa bouche et fixe le sol en béton.

Pendant un certain temps, elle ne dit rien. Je reste là, je n'ai plus rien à dire, plus rien à faire d'autre qu'attendre, au milieu des ruines de notre mariage, de notre famille, et me demander ce qu'elle va faire.

Que vais-je la laisser faire ? N'est-ce pas la vraie question ? La laisserai-je me frapper à nouveau ou me maudire ou remonter en courant pour réveiller les enfants et s'enfuir de notre maison avant que le toit s'écroule ? La laisserai-je vraiment faire cela ? Après tout ce que j'ai fait cette nuit, puis-je vraiment la laisser appeler la police ?

Tandis que je regarde ma femme peser les options qui s'offrent à elle, j'ai une vision terrible. Une vision de meurtre, dans ce sous-sol silencieux et froid, à cette heure de la nuit, pendant que mes enfants dorment à l'étage. Il y a quelques jours, j'aurais été horrifié d'avoir une telle vision. J'aurais cru qu'une telle chose était impossible. Cependant, cette journée m'a ôté la croyance erronée que s'agissant des êtres humains l'impossible puisse exister. Jusqu'à aujourd'hui, j'ai fermé les yeux, je me suis bouché les oreilles pour ne pas voir ni entendre la vérité que le monde m'assène depuis ma naissance. Tous les gens que j'ai connus, toutes les tragédies, grandes et petites, auxquelles j'ai assisté – aucune ne m'a atteint. J'ai refusé de voir, refusé d'écouter. Je me suis barricadé derrière les murs des Écritures et de la doctrine. Je me suis caché derrière le vernis de ma propre réputation, je me suis même, et peut-être surtout, caché de moi-même.

Les choses que j'ai faites ce soir m'ont appris une autre vérité. Je ne suis qu'un être humain et les êtres humains sont capables de tout.

Pourtant, tout en le sachant, je sais aussi qu'il n'y a rien à gagner à commettre un acte de violence dans cette maison. J'ai besoin de Penny. J'ai besoin qu'elle m'aide, qu'elle soutienne ma version des événements. Si quelque chose devait lui arriver, cela ne ferait que faciliter le travail de la police pour me démasquer.

Il y a autre chose, aussi. Elle ne s'est pas encore enfuie de la maison. Elle est toujours là. Et quand elle détourne ses yeux de moi pour fixer un point au plafond, je me rends compte qu'elle regarde en direction des chambres des enfants. Oui, je suis capable de tout. Mais elle aussi.

— Je devrais appeler la police, dit-elle.

Je hoche la tête.

— Peut-être que tu devrais.

— Tu penses que je ne le ferai pas ?

— Je pense que tu feras ce qui est le mieux pour les enfants.

— Bien sûr, je ferai ce qui est le mieux pour les enfants.

— Bien sûr.

— C'est tout ce que tu arrives à dire, "bien sûr" ?

— Je peux te dire pourquoi tu ne devrais pas appeler la police.

— Pourquoi ?

— Parce que c'est presque fini. Parce que tout ce qui s'est passé cette nuit sera imputé à d'autres personnes. Parce que tous ceux qui sont morts ce soir sont morts à cause de choix qu'ils ont faits. Je suis la seule personne mêlée à cette affaire qui n'a pas de lien évident avec elle. Pour l'instant, nous ne craignons rien. Si nous ne faisons rien, si nous nous comportons normalement, nous ne craignons rien.

Pour la première fois, elle donne l'impression qu'elle va fondre en larmes.

— Nous ne craignons rien ? Ce n'est pas le problème. Et Gary ? Et ses parents ?

— Il a entrepris de me séduire pour que lui et cette fille puissent me faire chanter. Je suis désolé de ce qui est arrivé à Gary, mais il n'était pas une victime innocente. Aucun d'eux ne l'était. Il faut que tu le comprennes.

— Cela ne rend pas les choses acceptables pour autant.

— Il n'est pas question d'acceptable. Je rappelle simplement les faits. Si je vais en prison ce soir, cela ne ramènera personne à la vie. Les souffrances de personne ne s'en trouveront soulagées. Ce sont nos enfants qui en pâtiront le plus.

Elle me dévisage.

— Tu serais prêt à te servir de nos enfants pour te protéger…

Je secoue la tête.

— Je ne me sers pas d'eux. Je ne m'inquiète plus de moi désormais. Quand j'ai jeté Brian Harten du pont, une partie de moi a coulé dans la rivière avec lui. Je mérite d'aller en prison pour ce que j'ai fait ce soir. Je le sais. Et si tu veux appeler la police, eh bien, je comprendrai. Tu veux faire ce qui est juste. Mais si je vais en prison, cela va traumatiser nos enfants jusqu'à la fin de leurs jours. Ils devront tous payer pour mes péchés.

Elle ferme les yeux.

— Oh mon Dieu ! (Elle lève une main.) S'il te plaît… tais-toi. (Finalement, elle ouvre les yeux.) Comment peux-tu être sûr que la police n'est pas en train d'arriver ici ?

— Parce que rien ne me relie personnellement à eux. Gary et Sarabeth, Brian et Tommy sont tous reliés entre eux. Je suis seulement le pasteur de Gary. Il n'y a aucune autre connexion.

— Des SMS et des messages échangés avec Gary ?

— Juste quelques-uns. Rien qui ne paraîtrait pas professionnel, juste un pasteur qui parle à un paroissien instable.

— Et personne n'est au courant, pour toi et Gary ?

— Non.

— Tu es sûr ?

— Pour ce que j'en sais.

— Pour ce que tu en sais ?

— Oui, je n'ai aucune raison de penser que Gary et Sarabeth auraient parlé à quelqu'un de leur idée de me faire chanter. Et j'ai toutes les raisons de penser qu'ils l'ont gardée pour eux.

Progressivement son regard dévie jusqu'au sol. Elle secoue la tête et se passe les mains dans les cheveux, les laisse glisser derrière son crâne pour finir par attraper sa nuque. Son visage est inexpressif, calme, elle est perdue dans ses pensées, jusqu'à ce que tout à coup, quelque chose lui revienne, et elle me regarde.

— Qu'est-ce qui est arrivé à l'argent ?

La question me prend au dépourvu.

— L'argent ? C'est Gary et Sarabeth qui l'ont.

Elle me regarde fixement.

— Tu as dit que leur voiture a quitté la route.

— Ils ont…

— Tu as provoqué l'accident.

Je me mordille un instant l'intérieur de la joue avant d'admettre :

— Oui. C'était nécessaire pour qu'on leur impute la responsabilité de ce qui s'était passé…

— Il ne fallait pas qu'ils puissent dire la vérité, dit-elle.

Je n'ai rien à répondre à cela.

Elle poursuit :

— Et ensuite, tu as jeté l'argent dans la voiture.

— Oui.

Elle ferme les yeux. Quand elle les rouvre, elle demande :

— Est-ce que tu es sûr de ne pas avoir laissé d'empreintes de pas ?

J'expire un air que je n'avais pas conscience d'avoir dans les poumons.

— Oui, dis-je.

33

Penny Weatherford

J'OUVRE les yeux et je regarde l'homme qui est en face de moi, dans notre sous-sol sombre et froid. Nous sommes entourés de cartons pleins de certificats de naissance, de dessins faits au catéchisme et de bulletins scolaires. De dossiers médicaux et de décorations pour les jours de fête. L'histoire de notre famille.

— RICHARD, j'ai besoin que tu…

Je suis obligée de m'arrêter, de retrouver mon sang-froid avant de pouvoir reprendre.

— J'ai besoin que tu me dises tout ce qui s'est passé aujourd'hui. Dis-moi tout ce que tu as omis jusqu'à maintenant. Qui tu as vu, et quand et où tu les as vus, et ce que tu leur as dit.

J'entends les mots sortir de ma bouche mais ma voix sonne creux, comme déconnectée de mon corps. Mon regard va se poser quelque part dans l'espace qui nous sépare. Je devrais appeler la police. Mais si je le fais, Richard ira en prison et je me retrouverai sans argent, sans maison, sans amis. Je n'aurai plus rien que cinq enfants abîmés et tous ces cartons. Il a apporté le désastre jusqu'à notre porte, mais c'est à moi qu'il revient de lui ouvrir et de le laisser entrer. Et je ne peux pas faire ça. Dieu a dit à Abraham de sacrifier son fils Isaac sur l'autel pour prouver sa vertu. Abraham était prêt à le faire. Mais moi, non. J'ai atteint la limite de ma vertu. Je préférerais perdre mon âme que de sacrifier mes enfants.

— Il faut qu'on passe tout en revue, dis-je, au cas où tu aurais manqué quelque chose.

Quelque chose comme un sourire de soulagement se peint sur le visage de Richard. Je secoue la tête.

— Non, dis-je à mi-voix. Ne souris pas. S'il te plaît, ne souris pas. Nous devons décider comment gérer ceci au mieux, Richard. Et nous devons le faire maintenant, parce qu'à tout instant le téléphone peut sonner et ce sera quelqu'un qui nous appellera pour nous donner la nouvelle. Et c'est là qu'on devra commencer à vivre ce nouveau paquet de mensonges que tu as inventés. Si nous pouvions mourir pour ça sans faire de mal aux enfants, je choisirais cette solution. Mais nous ne le pouvons pas. Tu les as pris en otage. Alors nous allons passer tout ceci en revue, maintenant, tant que nous en avons le temps, pour décider ce que nous allons faire. Mais ne souris pas comme si tu étais content.

— Je ne suis absolument pas content, dit-il. Je suis seulement épuisé. Et de savoir que tu es avec moi… je suis soulagé.

À nouveau, je dois fermer les yeux.

— Dieu nous pardonne.

Le premier appel arrive alors que nous sommes au lit. Bien que nous ne puissions dormir ni l'un ni l'autre, nous voulons paraître aussi normaux que possible au cas où l'un des enfants se réveillerait. J'ai passé mes vêtements de nuit – un vieux T-shirt VBS et une espèce de pantalon à carreaux en coton –, et il est en caleçon et

T-shirt blanc. Nous n'avons pas échangé un mot depuis une heure, lorsque son portable se met à vibrer sur la table de nuit.

Il se redresse et le regarde.

— C'est Bobby Collins, me dit-il, le portable toujours en train de vibrer dans sa main.

Bobby Collins est adjoint au bureau du shérif. Il fréquente notre église avec sa femme Jonell. Jonell est enceinte de leur premier enfant, une fille.

— Rappelle-toi, il t'a réveillé, dis-je à Richard. Et mets-le sur haut-parleur.

Richard hoche la tête.

— Allô ?

— Bonjour Frère Weatherford, dit la voix dans le téléphone. Ici Bobby Collins. Je suis désolé de vous déranger si tôt le matin.

— Ce n'est pas grave, Bobby. Tout va bien ?

— Non, je crains que non. Il y a eu un grave accident. Vous connaissez Gary Doane, il vient à votre église ?

— Gary, oui.

— J'ai peur qu'il s'agisse de lui et sa petite amie, Sarabeth. Vous savez, Sarabeth Simmons ?

— Sarabeth... oui, je crois que je me souviens, mais je ne l'ai jamais rencontrée.

— Eh bien, ils ont fait une sortie de route, celle qui descend vers la Little Red River. Ils ont été tués tous les deux.

— Oh Seigneur, dit Richard.

— En fait, la raison de mon appel, c'est que le papa de Gary est ici. Il est dans un sale état. Je me demandais si ça ne vous ennuierait pas de venir et peut-être de le ramener chez lui. Je demande ça parce que le shérif voudrait dégager la scène. Et Vaughn est franchement agité. S'il devient trop dérangeant, j'ai peur que le shérif nous ordonne de l'arrêter. Je préférerais ne pas avoir à faire ça…

— Bien sûr, j'arrive tout de suite. Donnez-moi quelques minutes.

Je me lève et je me mets à m'habiller avant que Richard ait raccroché.

— Il n'y a aucune raison que tu viennes, me dit-il. Je peux…

— Je viens. Dépêche-toi.

Une fois que j'ai lacé mes chaussures, j'ouvre doucement la porte de notre chambre et je vais sur la pointe des pieds jusqu'à celle de Matthew. Il dort encore. Je m'approche de son lit et je le secoue par le bras.

— Matt, chéri, réveille-toi. Réveille-toi.

Il s'essuie les yeux avec le dos de sa main et demande :

— Maman ? Qu'est-ce qui se passe ?

— Il y a eu un accident, des gens de l'église sont blessés. Ton père et moi, on va voir si on peut aider.

Ses cheveux sont partagés par une raie sur le côté.

— Je dois venir ?

— Non. Tu restes ici. Je ne sais pas combien de temps ça va prendre. Peut-être pas beaucoup, mais peut-être toute la matinée. Je compte sur toi pour que tout le monde soit prêt pour aller à l'église comme d'habitude. J'appellerai dès que j'en saurai plus.

Il cligne des yeux.

— Quelle heure est-il ?

— Presque cinq heures.

— Qui c'est ?

— Quoi ?

— Dans l'accident, c'est qui ?

— Gary Doane.

Mon mari et moi roulons en silence jusqu'à la scène de son crime. La nuit est encore accrochée au ciel et notre quartier si familier semble étrange, les maisons alignées aussi rigoureusement que des pierres tombales. Tandis que nous descendons la route en lacets vers le pont, je vois des lumières bleues d'un éclat pas naturel se refléter par intermittences sur l'eau. Puis je remarque qu'il y a aussi la lumière rouge d'une ambulance.

— Pourquoi y a-t-il une ambulance ? je demande.

J'ai la nausée.

— Procédure normale, dit-il.

— Si quelqu'un est vivant, là en bas…

— Personne n'est vivant. Je peux te l'assurer.

Quelle chose incroyable à dire. C'est mon mari. C'est ma vie, maintenant, garder les secrets de cet homme, être rassurée qu'il n'ait laissé aucun survivant dans le sillage de ses crimes.

Nous traversons le pont et prenons le petit chemin de terre qui descend jusqu'à la rivière. Une voiture de patrouille est garée au milieu de la route pour bloquer l'accès et un jeune policier que je ne connais pas nous oblige à nous arrêter.

Quand Richard baisse sa vitre, le policier dit :

— Vous ne pouvez pas passer, monsieur. Il y a un grave accident.

— Je suis Richard Weatherford, répond mon mari. Bobby Collins m'a appelé et nous a demandé de venir l'aider à gérer Vaughn Doane. Je suis le pasteur de la First Baptist…

— Il est parti.

— Vaughn ?

— Oui monsieur, il est parti il y a environ deux minutes. Peut-être même une minute. Vous venez de le manquer.

— Oh.

— Attendez une seconde. (L'agent se penche vers le micro accroché à sa chemise.) Vous pouvez répéter ?

Je n'entends pas ce que la personne à l'autre bout dit mais le policier répond :

— C'est Richard Weatherford, le pasteur de l'église baptiste. Il dit que Bobby l'a appelé… OK. Bien reçu. (Il se tourne vers nous.) Est-ce que vous pourriez attendre ici une seconde, Frère Weatherford ? Le shérif arrive, et je crois qu'il voudrait vous dire deux mots.

— Bien sûr.

L'agent retourne à sa voiture. Ni Richard ni moi ne disons rien, mais j'entends ma respiration. J'entends Richard déglutir.

Le shérif monte la côte. Il se gare à côté du jeune policier, sort de sa voiture, lui donne des instructions, puis vient nous rejoindre d'un pas nonchalant.

Je n'ai jamais eu de conversation avec Bud Ison, même si je l'ai croisé de temps en temps. Il est grand et musclé et d'allure militaire. J'ai rencontré sa femme Cynthia par l'association de parents d'élèves. Ils sont méthodistes et ont trois fils.

— Frère Weatherford, dit le shérif. (Il me salue en inclinant la tête.) Madame. Merci à vous d'être sortis du lit à cette heure si matinale. Je suis désolé, M. Doane était très agité. C'était compréhensible, bien sûr, mais j'ai dû lui demander de rentrer chez lui. J'ai envoyé Bobby à sa suite, pour s'assurer qu'il était bien rentré. Je suis désolé de vous avoir fait venir pour rien.

— Ce n'est pas grave, dit Richard. Je suis juste désolé de ne pas avoir pu aider.

— Savez-vous ce qui s'est passé ? demandé-je.

— Il s'agit de Gary et Sarabeth. Sarabeth Simmons. Ils sont morts tous les deux.

— Oh mon Dieu, dis-je. Vous avez une idée de comment l'accident est arrivé ?

— Je ne devrais pas en parler, madame. Mais il y a des questions qui se posent. Disons-le comme ça. Je connais deux gars à qui je veux parler.

— Vous croyez que quelqu'un…

Richard me prend doucement la main pour me faire taire, mais le shérif ne remarque pas parce qu'on crie dans sa radio.

— Putain de merde, shérif ! On a un autre corps, par ici…

— Comment ?

— Oui monsieur, on a un corps. Celui-ci est dans l'eau et vous allez pas croire qui c'est…

Le visage du shérif change de couleur. Il nous fait un signe de tête et retourne précipitamment à sa voiture sans un mot. Nous le regardons redescendre à toute vitesse jusqu'à la berge, en soulevant un grand nuage de poussière.

Nous rentrons en silence. Vaughn Doane est probablement chez lui, maintenant. Il essaye de dire à Jill ce qui s'est passé. De dire à Jill que son fils est mort.

— Gare-toi, dis-je.

— Quoi ?

— Gare-toi !

Richard fait une embardée et s'arrête dans un fossé herbeux, et je manque de tomber de la voiture. Je crois que je vais vomir, mais je n'y arrive pas. Je suis pliée en deux, le regard fixé sur la rosée qui brille sur les herbes épaisses et les fleurs sauvages.

Quand je suis sûre que ça va aller, je retourne à la voiture.

Richard ne parle pas tandis que nous roulons vers notre maison.

Je lui dis :

— Il faut que tu appelles Vaughn dès qu'on arrive et que tu voies ce qu'il sait.

— Tu ne crois pas que je devrais attendre et les laisser venir d'abord ?

— Non. Tu dois appeler pour lui faire savoir que tu es au courant pour Gary. Imagine qu'il apprenne que tu t'es rendu sur la scène ce matin et que tu n'as pas pensé à appeler. Dans n'importe quelle circonstance normale, tu appellerais. (Je me tourne vers lui.) Tu as peur de lui parler. Tu te sens coupable parce que tu as tué son fils. Mais c'est trop tard pour ça. Si tu devais te sentir mal, tu aurais dû te sentir mal de coucher avec un garçon de l'âge de Matthew.

Je sens ma haine contre lui grandir à chaque mot. Lui aussi. Son visage se durcit.

— Tu vas appeler Vaughn, dis-je. Plus tard aujourd'hui, ou peut-être demain, j'appellerai Jill. Quand le moment sera venu, nous irons chez eux pour prier avec eux.

Je regarde les pierres tombales défiler tandis que le ciel commence à blanchir avec les premières lueurs du jour.

— Il faut que nous nous rendions indispensables auprès des Doane.

Il hoche la tête.

— J'appellerai Vaughn quand on arrivera.

— Bien.

Il me regarde quelques instants.

— Qu'est-ce que tu vas faire, maintenant ?

Je contemple mes ongles.

— Qu'est-ce que tu crois ? Je vais me préparer pour aller à l'église.

Je me douche, je laisse l'eau envelopper mon corps en flots glacés. Je suis tellement tendue que je pourrais me briser. Si seulement j'avais de l'alcool ou des cachets. J'aimerais pouvoir prier. Mais je n'ai rien de cela pour m'aider. Quand je coupe enfin l'eau, ma peau blanche couverte de gouttes me donne l'impression d'être aussi serrée que mes boyaux.

Je sors de la douche, j'enroule une serviette autour de ma poitrine.

Richard tape à la porte.

— Entre, dis-je.

Il passe la tête.

— Je voulais juste te dire que j'ai appelé Vaughn.

— Je t'ai dit d'entrer. Viens dans la salle de bain et ferme la porte derrière toi.

Il entre et il ferme la porte. Nos reflets dans le miroir embué sont flous, impossibles à reconnaître.

— J'ai appelé Vaughn, dit-il.

— Et ?

— Il ne pouvait pas vraiment parler. Il pleurait.

— Il pleure parce que son fils est mort.

Richard baisse les yeux.

— Oui.

— Tu t'attendais à quoi ?

— Moi ? À rien. Je savais qu'il serait bouleversé. Je me suis juste dit que je devrais te le dire.

— Eh bien, tu me l'as dit.

— Oui. OK. Je vais y aller et te laisser te préparer…

Il tend la main vers la porte.

— Richard.

Il s'interrompt et se tourne vers moi.

Je le regarde, debout là, dans son jean et ses baskets et son vieux T-shirt. La haine me réchauffe la peau.

— Mets-toi à genoux.

— Quoi ?

— Mets-toi à genoux.

— Mais qu'est-ce que tu racontes ?

— À genoux.

Il fronce les sourcils et attrape la poignée de la porte, qu'il tourne. Il ouvre de quelques centimètres avant que je referme d'un coup de pied.

— Qu'est-ce que tu fais ?

— Mets-toi à genoux, Richard.

— Je…

— Tu n'as pas besoin de dire quoi que ce soit. Mets-toi à genoux, Richard. Maintenant. Ne m'oblige pas à répéter.

Il me regarde, la bouche ouverte, cherchant ses mots. Il essaye de m'adresser son sourire incrédule, cette grimace fausse qu'il utilise comme un gourdin, mais il n'arrive pas bien à le faire. Il ne peut plus recourir à aucun de ses anciens trucs, il ne peut plus être le Richard qu'il a été jusque-là. Il ne peut plus se débarrasser de moi comme avant.

Le fait de le voir enfin se mettre à genoux me fait mouiller.

— Sur les mains.

— Penny…

Je me penche et je l'attrape par le cou. Il est plus gros que ma main mais je peux serrer sa gorge, sentir les stries de son cartilage sous mes doigts.

— Baisse-toi.

Il obéit.

Je lâche la serviette humide et elle tombe sur la coiffeuse, reste accrochée à un tiroir ouvert, et traîne par terre. J'écarte les jambes et j'attrape la tête de Richard en saisissant une poignée de cheveux dans mon poing. Je pousse son visage entre mes cuisses. L'eau coule de mes cheveux, se mêle à ma sueur, et tombe sur son front, dans ses yeux.

— Lèche.

III

Dimanche matin
Un an plus tard

34

Richard Weatherford

— Jésus Christ est mort le Vendredi saint et il a ressuscité le dimanche de Pâques, mais le Samedi saint, il gisait mort dans sa tombe tandis que ses disciples tremblaient seuls dans leurs doutes. Cela se passait il y a plus de deux mille ans, mais ce matin, je sais que certains d'entre vous tremblent encore…

Je contemple la congrégation. Les bancs sont pleins ce matin, même pour un culte de Pâques, le reflet de l'augmentation constante de la fréquentation cette année. La plupart des visages familiers sont là, mêlés à de nouveaux, avec le mélange habituel de membres de la famille venus en visite et de chrétiens qui ne pratiquent qu'aux fêtes. Des taches pastel de jaune, rose et violet égayent les choix vestimentaires, car les gens soignent davantage leur mise pour Pâques que pour nos offices ordinaires.

— Dieu ne veut pas que nous soyons seuls. Dieu ne veut pas que nous trébuchions dans les ténèbres. Dieu ne veut pas que nous grelottions dans le froid. Dieu sera notre compagnon indéfectible, notre lumière dans les ténèbres, notre abri pour nous réchauffer dans le vent glacial.

Je m'approche du bord de l'estrade.

— Je veux remercier tous ceux qui ont participé aujourd'hui, pour leur talent et leur dévouement, qui nous ont offert ce programme de théâtre et de musique pour Pâques. C'était magnifique. Mais avant que nous nous égaillions pour continuer à savourer cette journée spéciale, je dois vous dire la vérité.

Les membres de ma famille occupent leurs places habituelles au troisième rang. Penny avec son bras autour des épaules de Johnny. Matthew assis à côté de sa fiancée, Sydnie. Mark à côté de Ruth.

Il ne manque que Mary; c'est la première fois que l'un de nos enfants n'est pas avec nous à Pâques. Elle dit que ça ne veut rien dire. Elle a trop de travail, dit-elle. Je soupçonne une autre raison, et je sais que Penny a ses propres théories sur notre fille aînée.

En dehors de Mary, ma famille est à sa place, celle qu'elle occupe depuis si longtemps. D'où elle me regarde, elle m'écoute, elle m'aime. Contrairement aux enfants, contrairement à tout le monde ici, Penny me dévisage avec une expression froide, la distance entre nous étant la même qu'entre un acteur et un critique. Son jugement est dur, précis et silencieux.

— Oui, il faut que je vous dise la vérité, redis-je. Et la vérité est que la vie n'est que perte.

La congrégation se tortille à cette idée. "La vie n'est que perte" n'est pas une idée réconfortante, après tout, et cette pensée inconfortable est à la fois inattendue et inopportune, une ombre soudaine à la fin de notre office de Pâques rempli de soleil.

— La vie n'est que perte, dis-je, et la vérité est que nous perdrons tout le monde dans cette vie. Au bout de toute relation – qu'elle commence avec un garçon demandant à une fille de sortir avec lui, ou avec une mère qui tient son bébé dans ses bras pour la première fois –, au bout de toute relation, il y a une tombe. Nous voulons tellement désespérément que les choses soient permanentes, mais elles ne le sont pas.

“Nous tremblons à cette idée. Cette idée, cette certitude absolue que nous perdrons tout le monde… est simplement trop grande, trop écrasante pour que nous la gardions à l'esprit plus de quelques instants. Mais nous savons qu'elle est vraie et cette certitude nous hante. Nous mourrons, et quand cela arrivera, notre corps descendra dans la même tombe noire qui est la destinée de tout homme, toute femme, tout enfant.

“La mort est le sens de la vie, mes amis. Pourquoi les symboles de notre foi sont-ils la croix et la tombe ? C'est pour nous rappeler que le sens de la vie est la mort. Nous perdrons tous ceux que nous aimons. Si nous ne les perdons pas en premier, ils nous perdront, eux.

“Certaines âmes bien intentionnées diront ‘Eh bien, ce qui importe, c'est ce qu'on laisse derrière soi.’ C'est une belle idée. Mais la pénible vérité est que le monde ne sera pas affecté du tout par notre départ. Le jour où je mourrai, les feux de signalisation continueront à passer du rouge au vert et Burger King continuera à vendre des hamburgers et le monde, pour l'essentiel, continuera à tourner.

“‘Et qu'en est-il de nos enfants chéris ? Vous leur manquerez.’ Et bien sûr, c'est vrai. Mais un jour, ils seront partis et puis un jour leurs enfants seront partis et ensuite plus personne dans ce monde n'aura le moindre souvenir de moi. Il en sera pour moi comme pour tous ceux qui sont ici ; ce sera comme si je n'avais jamais existé.

L'église est plongée dans le silence. Tout le monde attend.

Je leur ai dit l'affreuse vérité, que tout le monde meurt, que la mort est la fosse sans fond dans laquelle nous disparaissons tous. Je leur ai dit que le début de la connaissance est cette vérité selon laquelle la vie elle-même est fragile et finie. Mais ils attendent le mensonge.

Alors je le leur donne. Je les apaise avec une contre-vérité belle et élaborée; je leur dis que la mort n'est pas vraiment la mort. Je me tourne pour être face à la croix et je leur dis que le Christ est descendu dans sa tombe et qu'il est ressuscité, nous apportant ainsi le cadeau de la vie éternelle. Je leur dis qu'il n'y a pas de mort de l'autre côté pour ceux qui acceptent ce cadeau.

Je me replace face à eux. La plupart d'entre eux me croient. La plupart d'entre eux n'ont jamais réfléchi sérieusement à la question de la vie et de la mort. Quand ils étaient enfants, ils ont souvent entendu dire que la mort de Jésus signifiait qu'en quelque sorte ils ne mourraient jamais vraiment, et ils l'ont toujours cru. Bien que la mécanique exacte de cette théologie soit aussi inintéressante pour eux que la mécanique exacte de leur téléphone portable, leur théologie, comme leur téléphone, fait ce qu'elle est censée faire. C'est tout ce qu'ils ont besoin de savoir.

— Rappelez-vous ce que Paul a écrit aux Corinthiens, leur dis-je. "Ô mort, où est ton aiguillon ? Ô mort, où est ta victoire ?"

Je leur dis que la mort est morte. Je leur dis que Jésus l'a tuée. Je leur dis qu'ils vivront pour l'éternité au ciel.

La plupart d'entre eux me croient. Ils veulent me croire.

Cependant, l'incrédulité se lit sur deux visages dans la foule. Ces gens ne peuvent pas me croire, pourtant ils sont tous les deux présents pour la même raison.

Carmen Fuller n'a jamais assisté à l'office dans cette église, pour autant que je m'en souvienne. Peut-être est-elle passée une fois, il y a des années, chercher sa fille Sarabeth au groupe de jeunes. Si c'est le cas, je ne l'ai pas vue. Je ne la connais que pour l'avoir croisée en ville. Je la vois dans les allées du Walmart. Je fais le plein à côté d'elle chez Exxon. C'est une femme mince, hâve, aux yeux marqués par la déception et à la toux de fumeuse.

Elle est assise au fond, le regard dans le vague. Elle est venue à l'église aujourd'hui en espérant, j'en suis sûr, trouver un peu d'apaisement le jour du premier anniversaire de la mort de sa fille.

Quelques rangs devant elle, Vaughn Doane. Ils ne se saluent pas. Il est seul aujourd'hui, aussi seul que Carmen. Sa femme Jill refuse de venir à l'église. La mort de leur fils il y a un an a eu raison du peu de foi qu'elle a peut-être eu un jour. Vaughn m'a dit qu'elle est fâchée contre Dieu, même si je soupçonne qu'il serait plus vrai de dire qu'elle est fâchée contre son mari qui continue à croire en un dieu qui les a suprêmement déçus.

Vaughn doit avoir la foi, pourtant. Il fait partie de ces gens-là, qu'il soit béni. Il lui faut croire ou céder à l'abîme. Sa foi est la seule bouée qui le maintient à flot dans son désespoir.

Je demande si quelqu'un qui veut accepter le Christ comme son sauveur souhaite s'avancer, ou quelqu'un qui veut consacrer à nouveau sa vie au Christ.

Il n'y a pas de conversion ni de renouvellement d'engagement, ce qui est un peu décevant car j'aimais bien mon sermon. Mais je ne suis pas vraiment surpris. Les gens demandent rarement à être sauvés lors de l'office de Pâques. La plupart des gens veulent juste rentrer chez eux et manger.

Mais quand je demande si quelqu'un voudrait venir prier avec moi pour une autre raison, Vaughn se lève, le costume froissé, la cravate de travers. Il veut prier avec moi. Je savais qu'il le voudrait. La plupart des gens présents aujourd'hui savent déjà pourquoi il remonte cette allée recouverte d'un tapis avec des larmes brillant dans ses yeux. Ils se penchent en avant.

SON fils est mort il y a un an aujourd'hui. Au milieu de la nuit, Vaughn et Jill ont été réveillés quand leur fils a laissé leur voiture devant chez eux avant de s'en aller avec sa petite amie Sarabeth. Pendant l'heure suivante, Vaughn et Jill ont essayé de joindre Gary plusieurs fois. N'obtenant pas de réponse, ils ont appelé le bureau du shérif du comté. La police n'y a pas vu d'urgence, mais a promis d'ouvrir l'œil et a dit à Vaughn de rester chez lui. Vaughn n'a pas écouté. Il a pris sa voiture et il est venu en ville. Quand il est arrivé près du pont, le pont qui n'est pas loin de cette église dans laquelle je suis en train de tendre les bras pour l'accueillir, Vaughn a vu des gyrophares partout sur la berge de Little Red River.

— Je savais, m'a-t-il dit après. Quand j'ai vu ces lumières, j'ai su qu'il était mort.

Bien sûr, ce matin-là, tandis que la terrible réalité s'imposait à lui, il ne pouvait pas savoir comment ni pourquoi son fils était mort. La police reconstituerait l'histoire les jours suivants : comment Gary Doane, Sarabeth Simmons et Brian Harten avaient comploté pour voler l'argent de Tommy Weller, comment Harten avait mis le feu à la statue de Tommy pendant que Sarabeth restait devant le bar et Gary s'introduisait à l'intérieur par la porte de derrière. Tommy Weller, ayant découvert ce qui s'était passé, s'est d'abord confronté à Harten, puis l'a forcé à l'aider à trouver les jeunes amants. Mais pendant l'entrevue, Harten a tiré sur Weller et l'a tabassé à mort à coups de batte de base-ball. Alors que le trio était en train de se débarrasser du corps au pont, apparemment, Gary s'est retourné contre Harten avec la batte, lui a fendu le crâne et l'a poussé dans la rivière où il s'est noyé. Ensuite, pris de panique, probablement, Gary et Sarabeth sont descendus à la rivière en voiture, peut-être pour sortir de l'eau un des corps, ou les deux. Dans la panique, Sarabeth est sortie de la route, les tuant tous les deux.

Les preuves ont coïncidé, rapidement et clairement. La police a interrogé l'ex-femme de Harten, qui a confirmé qu'il avait emprunté sa voiture pour aller voir Weller, et qu'il ne la lui avait rendue que plusieurs heures plus tard, puant l'essence. Deux serveuses au bar ont assisté à une dispute entre Harten et Weller à propos d'argent. La police a parlé à la propriétaire d'une petite station à Birdtown, qui s'est souvenue avoir vendu à Harten une quantité ridicule d'essence juste avant l'incendie. Des clients du bar ont confirmé la présence de Sarabeth là-bas quand la statue a brûlé, et ils ont rapporté qu'elle est partie avant que les forces de l'ordre arrivent pour enquêter. Peu de temps après l'incendie, le shérif lui-même a arrêté Weller pour excès de vitesse, et il a découvert que Harten était son passager. Weller lui-même a reconnu devant le shérif qu'il avait eu une altercation physique avec Gary et Sarabeth juste après le feu, et les SMS de Weller à Sarabeth confirment qu'il essayait de récupérer son argent auprès du couple.

Les enquêteurs ont trouvé des gouttes du sang de Harten sur la balustrade du pont. Bien que le courant ait emporté le corps de Weller presque deux kilomètres plus bas, Harten s'est noyé juste sous le pont et son corps s'est échoué sur la berge peu de temps après, ce qui a permis à la police scientifique de trouver des traces de poudre et du sang de Weller sous ses ongles. L'arme de Weller et l'argent disparu, presque vingt mille dollars en petites coupures, dont certaines comportaient des traces de sang de Weller et Harten, ont été trouvés sur le plancher de la voiture accidentée de Sarabeth.

La plupart des gens présents à l'église aujourd'hui sont au courant de certains de ces détails, si ce n'est de tous. La plupart d'entre nous connaissions au moins l'un des défunts, et les Doane sont membres de cette paroisse depuis des années. J'ai pu aider la police à reconstituer l'état d'esprit de Gary et de Brian, puisque j'avais parlé à l'un et à l'autre le jour de leur mort. J'étais triste de devoir confirmer auprès des enquêteurs que Gary était effectivement un jeune homme dépressif qui fréquentait une fille peu recommandable, et que Brian, comprenant que sa tentative de faire voter la fin de la prohibition était vouée à l'échec, paraissait désespéré et incohérent.

Les gens m'interrogent encore sur ces terribles événements tout le temps et je leur dis ce que Paul a dit aux Romains :

— Le salaire du péché, c'est la mort, mais le don gratuit de Dieu est la vie éternelle.

QUAND Vaughn, le pauvre homme, arrive près de moi, il s'écroule en sanglots dans mes bras. L'église sait pourquoi. Personne ne bronche, pas même les enfants, et cette assemblée de Pâques n'a plus envie de partir déjeuner, de rentrer retrouver la télévision. Rien à la télévision ne peut rivaliser avec le théâtre vivant d'un office où se joue la plus grande scène. Au fond d'eux, bien qu'ils soient nombreux à l'ignorer, c'est la première raison pour laquelle ils viennent à l'église. Ils ne viennent pas pour la musique stérilisée ou la théologie vieillotte. Ils viennent pour la possibilité de voir la fragilité humaine authentique mise à nu, cette même fragilité que toute la nourriture, la bière et le football ne peuvent les aider à conjurer. Ils savent ce qu'est le chagrin. Nous savons tous ce qu'est ce chagrin. Les sanglots de Vaughn, la confession publique de son impuissance, sont la seule rédemption qui nous soit accessible. Aucune divinité invisible ne s'inquiète de nous, aucun texte ancien ne peut nous sauver. Cet homme a été brisé par la cruauté de la vie, brutalisé par l'indifférence totale de l'univers envers sa souffrance. Il a besoin de quelque chose à quoi se raccrocher, il a besoin de quelqu'un qui le soutienne pour l'empêcher de disparaître dans les régions les plus sombres du désespoir.

Il a besoin de moi.

295 John Gierach, *Danse avec les truites*
294 Giorgio Scerbanenco, *Les Milanais tuent le samedi*
293 James Crumley, *La Contrée finale*
292 Craig Johnson, *Molosses*
291 Wallace Stegner, *Angle d'équilibre*
290 Sarai Walker, *Les Voleurs d'innocence*
289 Walter Tevis, *La Couleur de l'argent*
288 William Boyle, *Éteindre la Lune*
287 Howard Fast, *Spartacus*
286 Mario Rigoni Stern, *L'Année de la victoire*
285 Larry McMurtry, *Cavalier, passe ton chemin*
284 Giorgio Scerbanenco, *Les Enfants du massacre*
283 Jenny Lund Madsen, *Trente jours d'obscurité*
282 Mark Haskell Smith, *Épices & Love*
281 S. Craig Zahler, *Dédale mortel*
280 Dennis Lehane, *Le Silence*
279 Andrew J. Graff, *Le Radeau des étoiles*
278 Kent Wascom, *Le Sang des cieux*
277 Friedrich Dürrenmatt, *La Panne*
276 Peter Swanson, *Ceux qu'on tue*
275 Daniel Woodrell, *Winter's Bone*
274 Piergiorgio Pulixi, *Le Chant des innocents*
273 Ross Macdonald, *Argent noir*
272 Tess Gunty, *Écoutez-moi jusqu'à la fin*
271 Julia Glass, *Je te vois partout*
270 Craig Johnson, *Dark Horse*
269 Aldo Leopold, *Almanach d'un comté des sables*
268 Blake Crouch, *Wayward Pines 3 : Destruction*
267 Blake Crouch, *Wayward Pines 2 : Rébellion*
266 Blake Crouch, *Wayward Pines 1 : Révélation*
265 Jennifer Haigh, *Mercy Street*
264 Maren Uthaug, *Là où sont les oiseaux*
263 Chris Offutt, *Les Gens des collines*
262 Pete Fromm, *Avant la nuit*
261 Lance Weller, *Le Cercueil de Job*
260 John Gierach, *Truites & Cie*
259 James Crumley, *Les Serpents de la frontière*

258 Giorgio Scerbanenco, *Tous des traîtres*
257 Friedrich Dürrenmatt, *La Promesse*
256 Larry McMurtry, *Et tous mes amis seront des inconnus*
255 Wallace Stegner, *Vue cavalière*
254 Piergiorgio Pulixi, *L'Illusion du mal*
253 Helene Bukowski, *Les Dents de lait*
252 JoAnne Tompkins, *Ce qui vient après*
251 Mark Haskell Smith, *Elephant crunch*
250 Tiffany McDaniel, *L'été où tout a fondu*
249 Alan Le May, *La Prisonnière du désert*
248 Oakley Hall, *Warlock*
247 Peter Swanson, *Chaque serment que tu brises*
246 Giulia Caminito, *L'eau du lac n'est jamais douce*
245 Christina Sweeney-Baird, *La Fin des hommes*
244 John D. Voelker, *Testament d'un pêcheur à la mouche*
243 Maren Uthaug, *Et voilà tout*
242 Ross Macdonald, *La Face cachée du dollar*
241 Pete Fromm, *Le Lac de nulle part*
240 Julia Glass, *Conte d'automne*
239 Giorgio Scerbanenco, *Vénus privée*
238 Elliot Ackerman et James Stavridis, *2034*
237 Thomas Savage, *La Reine de l'Idaho*
236 Kathleen Dean Moore, *Sur quoi repose le monde*
235 Walter Tevis, *L'Arnaqueur*
234 Paul Tremblay, *La Cabane aux confins du monde*
233 Mario Rigoni Stern, *Histoire de Tönle*
232 Kate Reed Petty, *True Story*
231 William Boyle, *La Cité des marges*
230 Keith McCafferty, *Le Baiser des Crazy Mountains*
229 Elliot Ackerman, *En attendant Eden*
228 John Gierach, *Même les truites ont du vague à l'âme*
227 Charles Portis, *True Grit*
226 Jennifer Haigh, *Ce qui gît dans ses entrailles*
225 Doug Peacock, *Marcher vers l'horizon*
224 James McBride, *Deacon King Kong*
223 David Vann, *Komodo*
222 John Farris, *Furie*
221 Edward Abbey, *En descendant la rivière*
220 Bruce Machart, *Des hommes en devenir*

219 Mark Haskell Smith, *À bras raccourci*
218 Winston Groom, *Forrest Gump*
217 Larry McMurtry, *Les Rues de Laredo*
216 Terry Tempest Williams, *Refuge*
215 Wallace Stegner, *La Vie obstinée*
214 Piergiorgio Pulixi, *L'Île des âmes*
213 Giulia Caminito, *Un jour viendra*
212 Julia Glass, *Refaire le monde*
211 David Heska Wanbli Weiden, *Justice indienne*
210 Alex Taylor, *Le sang ne suffit pas*
209 Ross Macdonald, *Le Frisson*
208 Tiffany McDaniel, *Betty*
207 John D. Voelker, *Itinéraire d'un pêcheur à la mouche*
206 Thomas Berger, *Little Big Man*
205 Peter Swanson, *Huit Crimes parfaits*
204 Andy Davidson, *Dans la vallée du soleil*
203 Walter Tevis, *L'Homme tombé du ciel*
202 James Crumley, *Le Canard siffleur mexicain*
201 Robert Olmstead, *Le Voyage de Robey Childs*
200 Pete Fromm, *Chinook*
199 Keith McCafferty, *La Vénus de Botticelli Creek*
198 Tom Robbins, *Jambes fluettes, etc.*
197 Nathaniel Hawthorne, *La Lettre écarlate*
196 Jennifer Haigh, *Le Grand Silence*
195 Kent Wascom, *Les Nouveaux Héritiers*
194 Benjamin Whitmer, *Les Dynamiteurs*
193 Barry Lopez, *Rêves arctiques*
192 William Boyle, *L'amitié est un cadeau à se faire*
191 Julia Glass, *Jours de juin*
190 Mark Haskell Smith, *Coup de vent*
189 Trevanian, *L'Été de Katya*
188 Chris Offutt, *Sortis des bois*
187 Todd Robinson, *Une affaire d'hommes*
186 Joe Wilkins, *Ces montagnes à jamais*
185 James Oliver Curwood, *Grizzly*
184 Peter Farris, *Les Mangeurs d'argile*

CET OUVRAGE A ÉTÉ COMPOSÉ PAR
ATLANT'COMMUNICATION
AU BERNARD (VENDÉE).

ACHEVÉ D'IMPRIMER EN OCTOBRE 2024 SUR LES PRESSES
DE NORMANDIE ROTO IMPRESSION S.A.S., 61250 LONRAI
POUR LE COMPTE DES ÉDITIONS GALLMEISTER
13, RUE DE NESLE, 75006 PARIS

IMPRIMÉ EN FRANCE

DÉPÔT LÉGAL : AOÛT 2020
N° D'IMPRESSION : 2404952